日中韓言語文化比較研究
（中）

NITTYUUKAN
GENGOBUNKA HIKAKU KENKYUU

日中韓言語文化比較研究

(中)

李東哲 編著

Emily Sung・金玉雪・金光林・金鍾完・黄少安・
杉村泰・楊吟 著

한국문화사

한국문화사 중국인문학 총서

日中韓言語文化比較研究 (中)

1판 1쇄 발행 2025년 11월 20일

엮 은 이 | 李東哲
지 은 이 | Emily Sung·金玉雪·金光林·金鍾完·黄少安·杉村泰·楊吟
펴 낸 이 | 김진수
펴 낸 곳 | 한국문화사
등 록 | 제1994-9호
주 소 | 서울시 성동구 아차산로49, 404호(성수동1가, 서울숲코오롱디지털타워3차)
전 화 | 02-464-7708
팩 스 | 02-499-0846
이 메 일 | hkm7708@daum.net
홈페이지 | http://hph.co.kr

ISBN 979-11-6919-365-8 93730

はしがき

昨年12月の暮れに、韓国文化社から『日中韓言語文化比較研究』（上）を刊行したが、今回の『日中韓言語文化比較研究』（中）はそれに続く第二弾である。

前回刊行した『日中韓言語文化比較研究』（上）の「はしがき」でも言及したように、これまで日本国内外で公刊された対照・比較研究には日中または日韓２カ国に関する論文や著書は数多いものの、日中韓３カ国の言語や文化を同時に比較・対照したものは極めて少ない。その１つの理由はおそらく言語の壁であろう。

一般的に母国（mother country）以外の文化に対する知識は主として母語（mother tongue）に訳された媒体を通じて得られ場合が多いが、それだけでは対照・比較研究に取り組むことはむずかしいし、たとえ、取り組んだとしても優れた結果が得られないことは自明の道理である。そこで、まず母語以外の言語を習得し、その言語で書かれた論文や書籍などを読んだりして言語の対照研究や文化の比較研究に取り組むことが要されるが、第二言語までは母語話者に近い程度で読み込んで理解したり、書いたりすることができるかもしれないが、第三言語や第四言語となるとそこまで達するのは至難のわざである。

にもかかわらず、幸いなことにわずかながら３カ国にかかわる言語の対照研究や文化の比較研究に挑戦している研究者がいる。彼らの母語はそれぞれ異なるものの、自分の母語をベースにして第二言語と第三言語を習得して３カ国に関する対照・比較研究に取り組んでいるわけである。本書にはこのような数少ない研究者によって書かれた８篇の日中韓３カ国の言語や文化にかかわる比較・対照の論文が収録されているが、その中で７篇は言語に関する対照研究で、１篇は日中韓文化にかかわる論文である。８人の著者は現在日中韓３カ国を中心に世界各地に在住する大学教師、研究者、大学院生、サラリーマンやその他であるが、いずれも現在研究に携わっているか、かつて研究に携わったことのある面々である。また、本書に所収された論文は１篇の書き下ろし（杉村）を除いてすべて以前学術誌に公表された論文または公表された論文をもとにして再構成したものである。

本書も昨年度出版された『日中韓言語文化比較研究』（上）と同様に、編著者（李）が個人的に著者たちに原稿を依頼し、寄稿してもらってから若干の編集を行って、編著者の私費で出版したものである。この場を借りて、寄稿してくださった著者たちに感謝の意を表したい。ただ、原稿依頼の際にとくに論文の枚数には制限を設けていないため、論文によっては数万字に達するものもあれば、１万字を少し上回るものもあって、不体裁な感じは免れない。読者諸賢のご理解をいただければ幸甚である。また、各論文の配列は前回と同じように、基本的に音韻、語彙、文法、言語行動、文化の順にしたがった。なお、各論文の内容に関しては、著者各自が責任を負うものとする。

最後に、編著者の学識と能力不足により本書全体にわたって不備なところが少なくないと思われるが、読者のご叱正を賜りたい。本書がいささかでも日中韓言語文化の比較・対照研究に資するところがあれば、著者一同のこの上ない光栄である。

2025年10月

編著者記す

目次

日中韓の依頼行動の談話構造の対照研究

_ 金鍾完

東アジアにおける有力姓氏とその発生要因

_ 金光林

日本語・中国語・韓国語の語頭破裂音に関する対照研究
―語頭破裂音のVOT、後続母音のF0、H1-H2を中心に―

黄少安（韓国国立全北大学）

1．はじめに

日中韓三ヵ国語に関する比較研究においては、日中、日韓、中韓といった二言語間の対照研究は比較的多く見られるが、三ヵ国語を横断的に対照分析した研究は依然として少数にとどまっている。とりわけ音声学の分野においては、その傾向が一層顕著である。三ヵ国語の発音の中でも、特に破裂音はその特徴が複雑であり、学習者にとって習得が最も重要かつ困難な課題の一つであると考えられる。具体的には、日本語の破裂音には、有声音と無声音の対立は存在するが、有気音と無気音の対立は存在しない。一方、中国語の破裂音には有気音と無気音の対立が存在するが、有声音と無声音の対立は存在しない。韓国語においては、破裂音は平音・激音・濃音という独自の三項対立を成し、有声音と無声音の対立は見られない。中国語と韓国語に共通する特徴として、いずれも無声音である点が挙げられる。本稿では、三ヵ国語の破裂音を区別しやすいように、中国語有気音を「送気音」、無気音を「不送気音」、韓国語無声無気軟音を「平音」、無声有気音を「激音」、無声無気硬音を「濃音」、日本語無声音を「清音」、有声音を「濁音」と、各破裂音の名称を各言語学界での慣用表現に従って提示する。日本語両唇破裂音[p]の場合、日本語学界では「半濁音」と呼ばれるが、実質的に清音の[t][k]と同様に無声音なので、本稿では「清音」で統一する。これらの調音方法における違いは、日本語・中国語・韓国語の学習者にとって、破裂音の発音習得を困難にする要因の一つとなっている。

また、日本語には高低アクセント[1)]が存在し、アクセントの違いによって音節間におけるピッチ（音の高低）の変化が生じる。中国語には四つの声調（トーン）があり、声調の違いにより一つの音節内でピッチの変化が見られる。一方、韓国語においては、破裂音の種類によって語頭音節のF0（基本周波数）が異なるという特徴がある。これら三ヵ国語におけるピッチ変化の音韻的規則も、学習者が各言語の破裂音を習得する際に何らかの影響を与えている可能性があり、今後解明すべき重要な課題の一つである。

2．先行研究

本書『日中韓言語文化比較』上巻においては、先行研究における日中韓三ヵ国語の音響音声学に関する成果を整理・総括するとともに、統計学的分析を利用し、調音方法、調音部位、アクセント型（声調類型）という三大要素が、日中韓三ヵ国語の語頭破裂音におけるVOT、後続母音のF0およびH1-H2にどの程度影響を及ぼすかについて、詳しく考察し、各言語における破裂音の音響的特徴に影響を与える主要な要因および副次的要因を明らかにした。本節では、前段階で得られた実験結果を分かりやすく示すため、ラジアルネットワークグラフ（Radial Network Graph）を用いて視覚的に提示し、簡潔に再整理することとする。

(1) 三大要素が語頭破裂音のVOTに影響を与える程度

図2-1で示したように、調音方法の違いは日本語語頭破裂音のVOTに最も顕著な影響を与える。具体的には、清音は正のVOTを示し、濁音は負のVOTを示すことで、両者は明確に区別できる。調音部位も日本語語頭破裂音のVOTに影響を与える。具体的には、清音においては軟口蓋音のVOTが最も長く、濁音においては両唇音の負のVOTの絶対値が最大となるという傾向が、男女を問わず一貫して観察された。ただし、調音部位による影響は調音方法による影響ほど顕著ではない。日本語単語のアクセント型は日本語語頭破裂音のVOTに顕著な影響を与えないと考えられる。

図2-1：各要素が日本語語頭破裂音のVOTに与える影響の程度

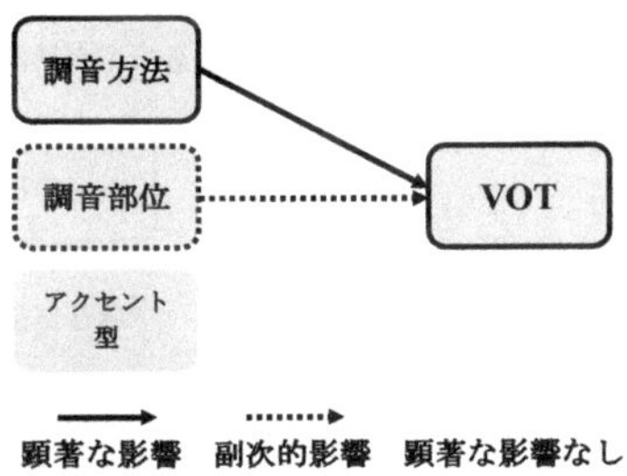

図2-2で示したように、中国語語頭破裂音の場合、調音方法という要素だけがVOTに顕著な影響を与えるのに対し、調音部位と中国語破裂音音節の声調類型はVOTに顕著な影響を与えないと考

えられる。具体的には、送気音と不送気音の間には顕著な差が見られ、不送気音のVOTは短く、送気音のVOTは不送気音より明確に長いという傾向が確認された。

図 2-2：各要素が中国語語頭破裂音の VOT に与える影響の程度

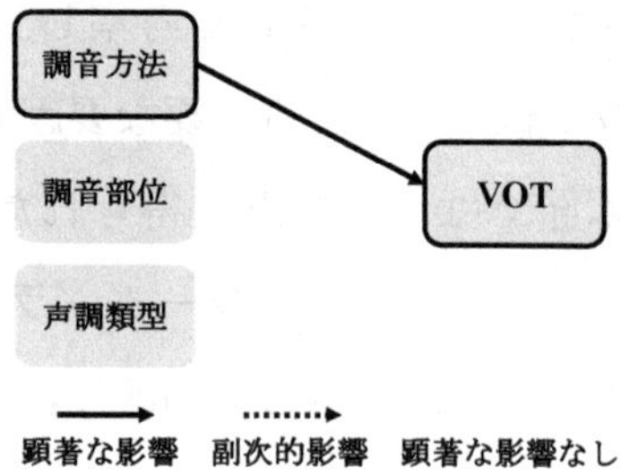

図2-3で示したように、韓国語語頭破裂音の場合も、調音方法だけがVOTに顕著な影響を与え、調音部位による顕著な影響が見られないと考えられる。具体的には、濃音のVOTが相対的に短く、平音および激音のVOTが長いという傾向が確認された。濃音と他の二種類の破裂音（平音・激音）の間には有意な差が認められた。一方、平音と激音の間には、統計的に有意な差は見られなかった。

図 2-3：各要素が韓国語語頭破裂音の VOT に与える影響の程度

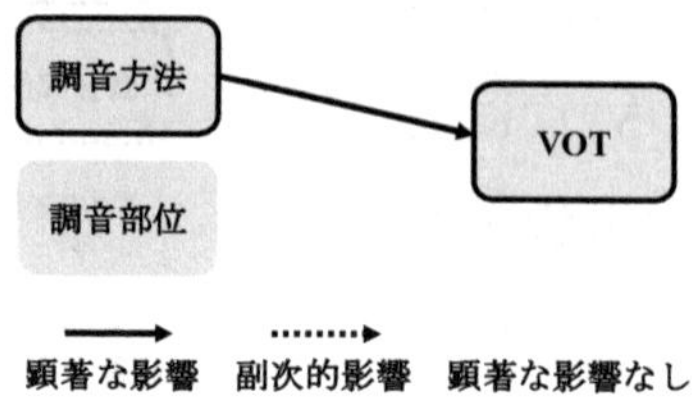

(2) 三大要素が語頭破裂音のF0[2)]に影響を与える程度

図2-4で示したように、調音方法と単語のアクセント型の両方は日本語語頭破裂音のF0に顕著な影響を与えるのに対し、調音部位は日本語語頭破裂音のF0に顕著な影響を与えないと考えられる。具体的には、同じ調音方法および調音部位で発音される破裂音において、頭高型（Ⓗ）は非頭高型（Ⓛ）よりF0が高い。

清音は濁音よりF0が高い。すなわち、日本語語頭破裂音のF0には「頭高型（Ⓗ）の清音が最も高く、非頭高型（Ⓛ）の清音と頭高型（Ⓗ）の濁音が次に高く、類似し、非頭高型（Ⓛ）の濁音が最も低い」という傾向が見られる。

図 2-4：各要素が日本語語頭破裂音の F0 に与える影響の程度

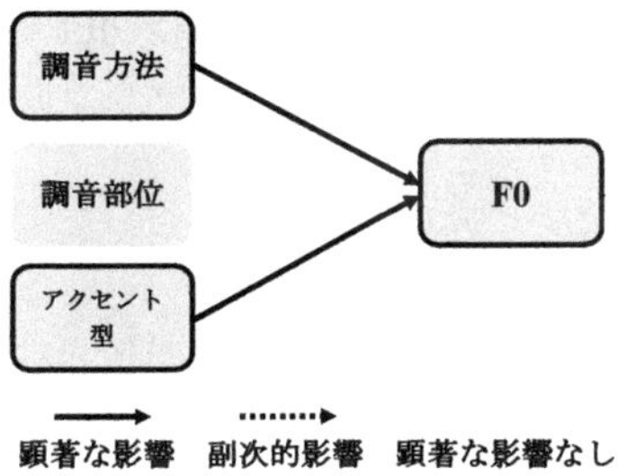

図2-5で示したように、中国語語頭破裂音の場合、破裂音音節の声調類型だけが中国語語頭破裂音のF0に顕著な影響を与える。調音方法と調音部位による顕著な影響が見られないと考えられる。具体的には、高起点（Ⓗ）の声調を持つ破裂音のF0は、低起点（Ⓛ）の声調を持つ破裂音のF0より明らかに高いという傾向が見られる。

図 2-5：各要素が中国語語頭破裂音の F0 に与える影響の程度

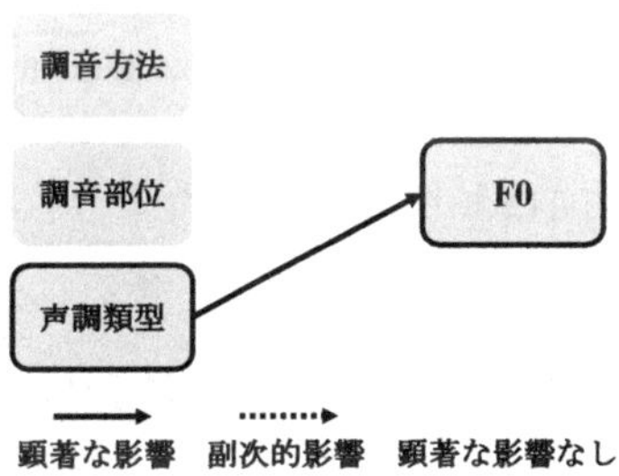

図2-6で示したように、韓国語語頭破裂音の場合、調音方法の違いが韓国語語頭破裂音のF0に顕著な影響を

図 2-6：各要素が韓国語語頭破裂音の F0 に与える影響の程度

与える。調音部位によるF0への影響が見られない。本研究の結果によれば、平音のF0は最も低い値を示したのに対し、濃音および激音はいずれも高いF0を示し、両者の間には顕著な差は認められなかった。

(3) 三大要素が語頭破裂音のH1-H2に影響を与える程度

図2-7：各要素が日本語語頭破裂音のH1-H2に与える影響の程度

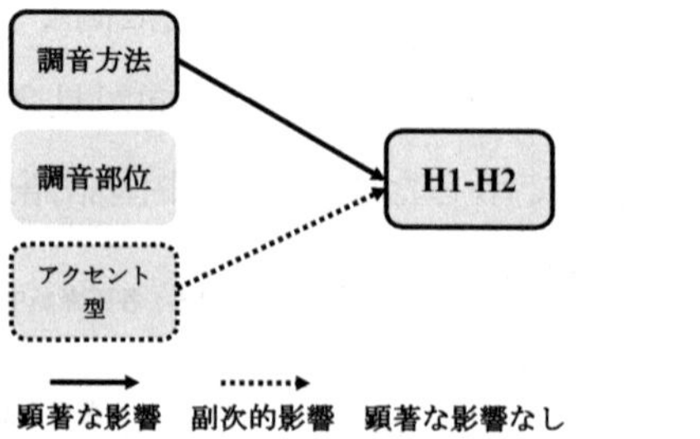

図2-7で示したように、調音方法の違いは日本語語頭破裂音のH1-H2に最も顕著な影響を与える。具体的には、清音のH1-H2は濁音のH1-H2より大きい。つまり、清音はより息漏れ声に近く、濁音はより軋み声に近いと考えられ、息漏れの程度、破裂時の声門の開閉程度において、清音は濁音より大きいということである。単語のアクセント型も影響を与えるが、その影響の程度は調音方法による影響ほど著しくはない。本研究の結果によれば、日本語の清音の頭高型（Ⓗ）と非頭高型（Ⓛ）の対立する6組の破裂音において、H1-H2の値はすべて「Ⓛ＜Ⓗ」であった。つまり、非頭高型（Ⓛ）より、頭高型（Ⓗ）の清音の方が、息漏れが多く、声門の開閉度が大きい。日本語語頭破裂音のH1-H2において、調音部位による影響が見られない。

図2-8で示したように、中国語語頭破裂音の場合も同様に、調音方法の違いはH1-H2に最も顕著な影響を与える。具体的には、男女12組の送気音と不送気音の対立において、男性の低起点

（Ⓛ）の破裂音を除き、他の対立ではすべて「不送気音＜送気音」であったが、男性の低起点（Ⓛ）の破裂音では正反対の結果となった。破裂音音節の声調類型も中国語語頭破裂音のH1-H2に影響を与えるが、その影響の程度は調音方法による影響ほど著しくはない。中国語語頭破裂音のH1-H2においても、調音部位による影響が見られない。

図 2-8：各要素が中国語語頭破裂音の H1-H2 に与える影響の程度

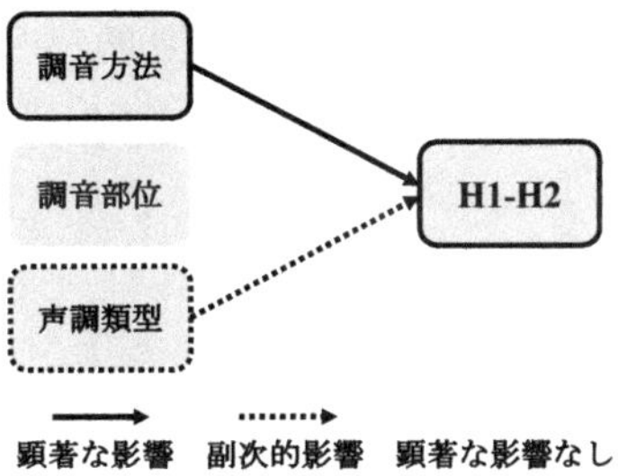

図2-9で示したように、韓国語語頭破裂音の場合、調音方法の違いが韓国語語頭破裂音のH1-H2に顕著な影響を与える。具体的には、濃音のH1-H2は最も小さい値を示し、平音および激音のH1-H2との間には統計的に有意な差が認められた。一方、平音と激音の間には有意差は認められなかった。すなわち、「濃音 ＜ 平音 ≒ 激音」という関係が、男女を問わず一貫して観察された。また、調音部位によるH1-H2への影響は確認されなかった。

図 2-9：各要素が韓国語語頭破裂音の H1-H2 に与える影響の程度

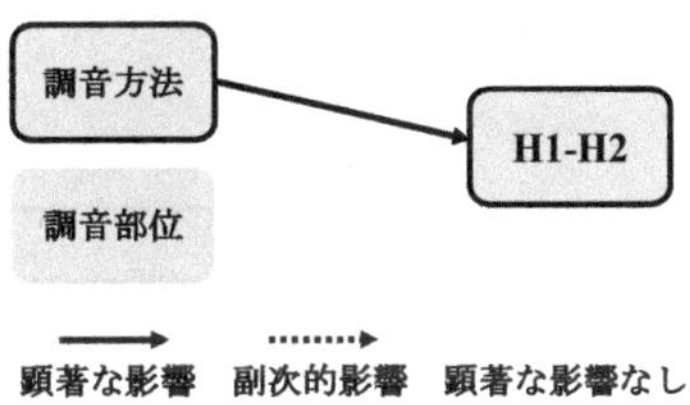

日本語・中国語・韓国語における各破裂音の内部的特徴を明らかにしたうえで、本書中巻の本研究では、同一の調音部位に属する日中韓三ヵ国語の破裂音を一組として、VOT・F0・H1-H2の

三つの観点から横断的な比較を行い、三ヵ国語間における破裂音の声帯振動の開始時点、音高（ピッチ）、および帯気性（声門の緊張度）に関する異同と相対的関係を明らかにすることを目的とする。

3．研究対象および研究方法

3.1 音声データ

プロの放送アナウンサーによるニュースでの発音を研究するため、本稿では日中韓三ヵ国の公式メディア[3)]のニュース放送から音声データを選定した。メディア情報と音声データに関する詳細情報は以下のとおりである。

表3-1：メディア情報と音源データ関連情報

言語	日本語	中国語	韓国語
メディア	日本放送協会—— NHKラジオニュース	中国之声—— 全国新聞聯播	MBC—— MBC라디오뉴스
サイト	https://www.nhk.or.jp/	http://china.cnr.cn/	https://imnews.imbc.com/replay/nwradio/
フォーマット	mp3	m4a	mp3
サンプルレート	48000Hz	48000Hz	44100Hz
周波数帯域	約0～11000Hz	約0～14000Hz	約0～17000Hz
量子化ビット数	32ビット	32ビット	32ビット
ビットレート	64kbps	189kbps	143 kbps

3.2 研究対象となる破裂音音節

本研究では、日中韓三ヵ国の男女アナウンサー計24名（日本人：男性4名・女性4名、中国人：男性4名・女性4名、韓国人：男性4名・女性4名）が発話したニュース放送の音声データを用い、以下の三つの条件に基づいて、日本語288個、中国語288個、韓国語216個、合計792個（両唇破裂音264個、歯茎破裂音264個、軟口蓋破裂音264個）の破裂音を選定した。

①破裂音が語頭にあるもの。破裂音の習得や指導の場合、基本的に破裂音を単独で発音の練習を行うため、その際に、破裂音は語頭にある。語中にある破裂音は、前の音節に影響を受け、多少の異なる調音方法が生じる場合もあるが、語中にある破裂音の調音方法の習得は語頭にある破裂音の特徴を完全に理解し身につけたうえで、自然に形成されるものであり、特別に学ぶものではないと思われる。従って、破裂音の習得および教育の観点からは、語頭にある破裂音の特徴がより重要だと考えられる。もちろん、語中にある破裂音の音響的特性にもそれなりの意義があり、それについては今後の研究内容とする。

②後続母音が[a]であるもの。後続母音は破裂音の音響的特徴に多少な影響を与えると分かっている。日中韓三ヵ国語の対照をしやすくするために、本研究では後続母音を[a]に統一する。また後続母音[a]の後の音素が前置子音に影響を及ぼさないので、今回の研究対象には中国語の二重母音、鼻母音[ai]、[ao]、[an]、[aŋ]、および韓国語のパッチムのある音節も含まれている。

③中国語の四つの声調と日本語の頭高型・非頭高型という2種類のアクセントも考慮に入れて検討。中国語の声調には、第一声(ˉ)[55]〈高平調〉、第二声(ˊ)[35]〈上昇調〉、第三声(ˇ)[214～21]〈降昇調～低平調〉、第四声(ˋ)[51]〈下降調〉の四つがある。( )内はローマ字表記に用いられる声調符号。[ ]内の数字は調値（高低の

変化）を表し、5を最高音程、1を最低音程とする（羅常培・王均, 1957）。これら四つの声調は、起点の音高に基づき、[5]から始まる第一声と第四声を「高起点」声調、[2]または[3]から始まる第二声と第三声を「低起点」声調として分類することができる。ここで留意すべきことは中国語の声調は一つの音節内部の音程変化だということである。日本語には、アクセントがあるが、これはいくつかの音節間での音程変化である。つまり、一つの音節内で音程変化がない。子音の特徴を研究するためには、アクセントを区分する必要がないと思われたが、語頭にある破裂音は頭高型と非頭高型[4)]という二種類のアクセントによって、異なる音響的特徴が出してくる可能性があるので、本研究ではアクセントも考慮に入れて実験を行う。以下では中国語「高起点」と日本語の頭高型は「Ⓗ」で、中国語の「低起点」と日本語の非頭高型は「Ⓛ」で表す。韓国語の場合、一つの音節には音節内の音程変化もないし、同じ種類の子音であれば、音節間（即ち単語内部）の音程変化のパターンが同じであるので、本研究では韓国語の声調を検討しない。

理解しやすくするために、本稿の研究対象となる日本語・中国語・韓国語歯茎破裂音の音節の一部だけを例としてここで挙げる。

表 3-2：研究対象となる日本語歯茎破裂音の音節（一部）

破裂音		性別・番号	アクセント	アクセント型	単語	音声記号
清音	J-[t]Ⓗ	男 1	①	Ⓗ	**玉**木	[ta--]
	J-[t]Ⓛ	男 1	③	Ⓛ	**対**する	[tai]
濁音	J-[d]Ⓗ	男 1	①	Ⓗ	**誰**	[da--]
	J-[d]Ⓛ	男 1	④	Ⓛ	**大**学生	[dai]

表 3-3：研究対象となる中国語歯茎破裂音の音節（一部）

破裂音		性別・番号	声調	声調種類	単語	音声記号
送気音	C-[t^h]Ⓗ	男 1	④	Ⓗ	**碳**排放	[t^han]
	C-[t^h]Ⓛ	男 1	③	Ⓛ	**讨**论	[t^hao]
不送気音	C-[t]Ⓗ	男 1	④	Ⓗ	**道**德	[tao]
	C-[t]Ⓛ	男 1	③	Ⓛ	**导致**	[tao]

表 3-4：研究対象となる韓国語歯茎破裂音の音節（一部）

破裂音		性別・番号	単語	音声記号
平音	K-[t]	男 1	**다**섯	[ta]
	K-[t]	男 2	**당**국	[taŋ]
激音	K-[t^h]	男 1	**타**다	[t^ha]
	K-[t^h]	男 3	**탈**선	[t^har]
濃音	K-[t*]	男 1	**딸**	[t*ar]
	K-[t*]	男 1	**땅**	[t*aŋ]

3.3 測定する音響パラメータ(Acoustic Parameters)

今回の実験研究では上巻の研究と同様に、破裂音のVOT、後続母音のF0、H1-H2という三つのパラメータから、日中韓三ヵ国語の語頭破裂音の音響的特徴について考察する。

VOT（Voice Onset Time）は日本語で「有声開始時間」といい、音声学と音韻論において非常に重要な概念である。VOTは声道開放から声帯振動が始まるまでの時間を指し、この時間の長さが、破裂音が有声（例：[b]、[d]、[g]）か無声（例：[p]、[t]、[k]）かを区別するための重要な指標となる。中国の学界では、破裂音のVOTの長さが帯気性を示す基準ともされている（呉宗濟・林茂璨, 1989; 梁之安, 1963）。すなわち、VOTが長いほど、帯気性が強いとされている。ただし、王璇ほか（2008）の研究によると、破裂音の帯気・非帯気の特性を評価する際、VOTが必ずしも主要な判断基準ではないことを示している。特定の破裂音の帯気性はVOTの影響を受けず、特に専門的な訓練を受けた人々はVOTの短い帯気破裂音とVOTの長い非帯気破裂音を発音しやすいことから、短いVOTでも帯気破裂音と長いVOTでも非帯気破裂音を生み出すことがあると指摘された。また、欧米および日韓の先行研究では、VOTは主に有声音と無声音の区別に使用され、破裂音の帯気性を評価するための観点は多くない。

音響音声学におけるF0（Fundamental Frequency、基本周波数）とは、音声の基本的な周期振動の頻度を指す概念である。具体的には、声帯振動によって生成される音波の1秒間あたりの振動回数を表す値である。F0は音の高さ（ピッチ）と密接に関連しており、声道の構造や話者の発声方法によって異なる値を示す。この指標は、音声の個人差や発話の感情、イントネーションなどの分析において重要な役割を果たしている。また、子音の喉頭調節が後続母音のF0に影響を与えることは、一般音声学において広く知られている。例えば、無声の阻害音（破裂音，破擦音，摩擦音）は後続母音のF0を高め、有声の阻害音は後続母音のF0を低める傾向がある（Lehiste 1970: 71ff.，Beckman 1986: 126ff.参照）。この現象は、日本語でも観察される（Kawasaki, 1983; Shimizu，1996）。韓国語における子音のF0 への影響は、韓国語の音響音声学的研究の初期から指摘がなされてきた（Kim，1965; Han & Weitzman, 1970; Hardcastle, 1973; Kagaya, 1974）。これらによれば、語頭が激音・濃音の場合は、平音の場合と比べてF0が高くなるという。つまり、韓国語にはF0の高さの違いは3種類の破裂音を分別する大事な要素であり、平音より激音・濃音のF0が顕著に高くなる。これに対して日本語では、無声音と有声音の間でF0の違いはみられるものの、その差は韓国語における平音と激音・濃音の差ほど大きくない（宇都木昭, 2009）。

H1は音声の基本周波数（ファンダメンタル周波数、F0）に対応する第1高調波（Harmonic 1）の振幅（強度）を指し、声帯振動が1秒間に何回振動するかを示す。H2は基本周波数の第2高調波（Harmonic 2）の振幅（強度）を指し、基本周波数の2倍の周波数に対応する成分である。H1-H2は、これら二つの高調波の振幅差を指し、声帯の開き具合や声の性質を分析するために使われ、声質や発声様式の違いを理解する上で重要な音響的指標である。H1-H2という概念は、息漏れ声（Breathy Voice）と通常（モーダル）の声（Modal Voice）と軋み声（Creaky Voice）といった声質の特徴を区別するためによく用いられる（e.g., Bickley, 1982; Ladefoged, 1983; Huffman, 1987; Klatt & Klatt, 1990; Blankenship, 1997, 2002）。息漏れ声は、声帯の閉鎖時間が短く、相対的に開放時間が長い（例えば、息漏れ声では一サイクル[ ]の80～100%は声帯が開放しているのに対して、通常の声では65～70%だけ声帯が開放している（Childers & Lee, 1991））。これにより、スペクトラムでは基本周波数のエネルギーが支配的になり、第1高調波（H1）の振幅が他の倍音より著しく高くなる。一方、喉頭化された母音での軋み声（またはStevens（1999）の用語ではPressed Voice「押し声」という）の場合は声帯の閉鎖時間がより長く、開放の比率が小さいため、H1とH2の振幅差が息漏れ声ほどは大きくないという逆の結果になる。つまり、H1-H2の差は発声（Phonation）と関係があり、H1-H2の値が大きい場合、声門が完全に閉じきらず、息が漏れやすい息漏れ声を示す傾向がある。逆に、H1-H2が小さい、または負の値になると、声門が強く閉じ、軋み声や硬い声質を反映することが多い（Cho, 2002）。また、男性と女性の声質の違いや、個々の発話者の発声の特徴を捉えるためにも使われる。

本研究においてはこの三つの音響パラメータの単位について、特別な説明がない限り、VOTの場合はミリ秒（ms）、F0の場合はヘルツ（Hz）、H1-H2の場合はデシベル「dB」で統一する。

3.4 実験プロセスおよび研究ツール

今回の実験は以下のプロセスで行われる（括弧内は使用されたソフトウェアである）。

ステップ①：音源選定およびダウンロード

「3.1 音声データ」で示したサイトで日本語、中国語、韓国語の高音質のニュース音声データをダウンロードする。

ステップ②：破裂音の取り出し（Au）

音声編集ソフト「Adobe Audition 2023（version 23.3）」で選定条件を満たす破裂音の音節をカットし、言語および男女別で保存する。（選定条件は3.2を参照）

ステップ③：パラメータの測定（Praat）

パラメータの測定は、音声分析ソフトPraat（version 6.4.23）によって行われる。VOTは破裂を意味するスペクトログラム上の鋭く伸びている縦線（スパイクフィル/Spike　fill）から声帯振動の開始に対応するスペクトログラム上に現れる横棒（ボイスバー/voice　bar）までの時間を音声波形と合わせながら手動で測定する。F0の数値は、Praatのピッチ自動抽出機能を利用し、後続母音始端部のピッチ値を読み取る。通常の母音であれば，波形1周期分前後の誤差が予想される（邊姫京，2016）。H1-H2については、ソフトウェアによる自動解析では完全な信頼性を得ることはできないため、精度と信頼性を高めるには常に手作業による補正を伴わなければならないとMi-ryoung　Kim（2016）が指摘した。本研究ではPraat公式ウェブサイトで提供された自動測定計算スクリプトベースアルゴリズム（Script-Based Algorithm）を利用してH1-H2の値を測定する。この場合、測定したのは後続母音の30ミリ秒以内のH1-H2（Spectral　tilt）である。得られたデータの中で出た異常値に対しては手作業による再確認・補正を行う。

ステップ④：データ統合整理（Excel）

統計分析をスムーズに進めるために、データの統合整理が必要である。日中韓三ヵ国語間の対照分析をするために、両唇破裂音（男）・両唇破裂音（女）・歯茎破裂音（男）・歯茎破裂音（女）・軟口蓋破裂音（男）・軟口蓋破裂音（女）という六つのシートで分類し、各シートでは中国語送気音・中国語不送気音・日本語清音・日本語濁音・韓国語平音・韓国語激音・韓国語濃音の順番で七つの破裂音を配列する。統計分析や図表を作る際に、漢字での表示が見づらいので、各調音部位による七つの発音は図表で以下のように示す（C-Chinese；J-Japanese；K-Korean）：

表3-5：本稿における各種破裂音の表記法

	中国語		日本語		韓国語		
	送気音	不送気音	清音	濁音	平音	激音	濃音
両唇破裂音	C-[pʰ]	C-[p]	J-[p]	J-[b]	K-[p]	K-[pʰ]	K-[p*]
歯茎破裂音	C-[tʰ]	C-[t]	J-[t]	J-[d]	K-[t]	K-[tʰ]	K-[t*]
軟口蓋破裂音	C-[kʰ]	C-[k]	J-[k]	J-[g]	K-[k]	K-[kʰ]	K-[k*]

本研究ではすべての音声記号はIPA（International Phonetic Alphabet、国際音声記号）に従って示している。IPAには濃音の適切な表記法がないため、韓国語における濃音の音声表記は研究者によってまちまちである。[k] の濃音（ハングルではㄲ）を例にとると：

[ʔk] もしくは [ˀk]：[ʔ]は声門破裂音を表す。

[k']：[']は放出音を表す。

[kˤ]：[ˤ]は咽頭化（咽頭における二次的調音）を表す。

[k͈] ：[͈]は拡張IPAにおいて強めの調音を表す。

[k⁼]：[⁼]は拡張IPAにおいて無気音であることを明示する。

[k*]：アスタリスクは拡張IPAにおいて適切な記号が無い場合に用いるとされる記号である。

濃音は単一の子音であり、声門破裂音と子音の連続音ではない。また、放出音は濃音とは全く異なる音である。濃音は咽頭化を伴うことがあり、また無気音であるが、この二つの特徴は濃音を他の系統の子音（すなわち平音と激音）から区別する本質的な性質ではない。喉頭における緊張を表すIPAが制定されない限り[k*] のような表記が唯一IPAに沿った表記となる（フリー百科事典『ウィキペディア（Wikipedia）』を参照）。よって、

本研究では [k*]で統一する。

また、有声軟口蓋破裂音は国際音声字母で [ɡ] と表記される。[ɡ] は、厳密にいうと印刷においても g ではなく筆記体に似た ɡ となり、Unicode 上でも音声記号と ASCII のラテン文字 g は区別されている。ただし、通常の g (U+0067) を使っても構わないことになっている[5)]。この点については、斎藤純男（2006）においても言及されており、実際、多くの音声学研究論文でも [g] が使用されている。したがって、本研究においても、統計処理や図表作成の便宜上、[g] の表記を用いることとする。なお、[g] と [ɡ] はいずれも同一の音価を示すものであり、意味上の差異はないことをここに注記しておく。

ステップ⑤：データ統計分析（SPSS）

統計分析の段階ではSPSSを利用し、「等分散性の検定——等分散性の場合はパラメトリック検定である一元配置分散分析（ANOVA）——不等分散性の場合は平均値同等性の耐久検定（Welch's ANOVA）またはノンパラメトリック検定であるクラスカルウォリス（Kruskal-Wallis）検定——多重比較：Student-Newman-Keuls (S-N-K) 検定（平均値を中心に）・ボンフェローニ（Bonferroni）調整によるペアごとの比較・箱ひげ図（全体分布特性）」の手順で統計学分析を行う。結果としては、いずれかの群間で差があったときに有意確率（p）は有意（$p<.05$、$p<.01$、$p<.001$）となるが、本研究では有意水準を0.05に設定する。

ステップ⑥：実験結果の考察

最後に、統計分析の結果に基づき、VOTとF0、H1-H2の三つの方面から日中韓三ヵ国語の音響的特徴を対照分析する。

4．日中韓三ヵ国語の語頭破裂音に関する対照分析

本章では同じ調音部位による日中韓三ヵ国語の破裂音を一組として、この一組の破裂音のVOT、F0、H1-H2において、どのような相対関係が存在するかについて、つまり日本語・中国語・韓国語の語頭破裂音の音響的特徴に関する対照分析を行う。測定したデータを調音部位によって整理し、両唇破裂音のVOT（男・女）、歯茎破裂音のVOT（男・女）、軟口蓋破裂音のVOT（男・女）、両唇破裂音のF0（男・女）、歯茎破裂音のF0（男・女）、軟口蓋破裂音のF0（男・女）、両唇破裂音のH1-H2（男・女）、歯茎破裂音のH1-H2（男・女）、軟口蓋破裂音のH1-H2（男・女）という合計18項目の統計分析を行った。そのうち、歯茎破裂音のH1-H2（男性）、軟口蓋破裂音H1-H2（男性）、軟口蓋破裂音のH1-H2（女性）という3項目の分析が等分散性を満たしたため（p=0.232、0.401、0.200＞0.05）、パラメトリック検定である一元配置分散分析（ANOVA）を行い、残る15項目の分析は等分散性を満たさなかったため、平均値同等性の耐久検定（Welch's ANOVA）を行った。

以下は平均値による事後多重比較結果を提示するStudent-Newman-Keuls（S-N-K）検定の結果と全体分布を表す箱ひげ図とノンパラメトリック検定（Kruskal-Wallis検定）によるペアごとの比較結果を照合しながら、日中韓三ヵ国語の語頭破裂音の音響的特徴に関する対照分析を行っていく。

4.1 日中韓三ヵ国語の語頭破裂音のVOTに関する対照分析

本節では日本語・中国語・韓国語の語頭破裂音におけるVOTに関して横断的対照分析を行う。対照分析は同じ調音部位による破裂音の間で行われる。

4.1.1 両唇破裂音[p][b]のVOTに関する対照分析

本項では日本語・中国語・韓国語の両唇破裂音[p][b]のVOTについて、対照分析を行う。まず、日本語・中国語・韓国語における両唇破裂音のVOTの平均値を比較しやすいように整理したものを、以下に示す。

表 4-1：日本語・中国語・韓国語両唇破裂音[p][b]の VOT の平均値（単位：ms）

破裂音	J-[p]		J-[b]		C-[p^h]		C-[p]		K-[p]	K-[p^h]	K-[p*]
性別	Ⓗ	Ⓛ	Ⓗ	Ⓛ	Ⓗ	Ⓛ	Ⓗ	Ⓛ			
男	24.6	31.0	-46.5	-49.0	83.9	90.5	11.2	13.9	50.8	89.2	3.2
女	32.5	35.4	-32.8	-28.7	71.0	76.6	8.0	9.4	45.3	72.2	5.7

次に、日本語・中国語・韓国語の両唇破裂音[p][b]におけるVOTの差異について、S-N-K検定およびペアごとの比較（紙幅の都合上、ペアごとの比較結果は省略。以下同じ）に基づき、有意差の有無を検討する。

表 4-2：日・中・韓両唇破裂音[p][b]の VOT の S-N-K 検定結果（男）

	破裂音	Alpha threshold = 0.05					
		1	2	3	4	5	6
S-N-K	J-[b]Ⓛ	-49.000					
	J-[b]Ⓗ	-46.500					
	K-[p*]		3.211				
	C-[p]Ⓗ		11.167	11.167			
	C-[p]Ⓛ		13.917	13.917			
	J-[p]Ⓗ			24.583	24.583		
	J-[p]Ⓛ				31.000		
	K-[p]					50.786	
	C-[pʰ]Ⓗ						83.917
	K-[pʰ]						89.229
	C-[pʰ]Ⓛ						90.500
	有意確率	0.676	0.177	0.068	0.285	1.000	0.515

男性の場合、S-N-K検定の結果によると、日本語・中国語・韓国語11種類の両唇破裂音は六つのグループに分けられ、同一グループ内の各破裂音の間には、有意差が存在しなかった。各グループの破裂音の種類を確認したところ、以下のような傾向が見られる。

①韓国語濃音[p*]と中国語不送気音[p]の間に有意差が存在しない。

②中国語不送気音[p]と日本語頭高型（Ⓗ）の清音[p]の間に有意差が存在しない。

③中国語の送気音[pʰ]と韓国語の激音[pʰ]の間に有意差が存在しない。

表 4-3：日・中・韓両唇破裂音[p][b]のVOTのS-N-K検定結果（女）

	破裂音	Alpha threshold = 0.05				
		1	2	3	4	5
S-N-K	J-[b]Ⓗ	-32.833				
	J-[b]Ⓛ	-28.667				
	K-[p*]		5.663			
	C-[p]Ⓗ		8.000			
	C-[p]Ⓛ		9.417			
	J-[p]Ⓗ			32.500		
	J-[p]Ⓛ			35.417	35.417	
	K-[p]				45.329	
	C-[pʰ]Ⓗ					71.000
	K-[pʰ]					72.214
	C-[pʰ]Ⓛ					76.583
	有意確率	0.432	0.758	0.582	0.063	0.543

女性の場合、S-N-K検定の結果によると、日本語・中国語・韓国語11種類の両唇破裂音は五つのグループに分けられ、同一グループ内の各破裂音の間には、有意差が存在しなかった。各グループの破裂音の種類を確認したところ、以下のような傾向が見られる。

①韓国語濃音[p*]と中国語不送気音[p]の間に有意差が存在しない。

②日本語非頭高型（Ⓛ）の清音[p]と韓国語平音[p]　の間に有意差が存在しない。

③中国語の送気音[pʰ]と韓国語の激音[pʰ]の間に有意差が存在しない。

最後に、日本語・中国語・韓国語の両唇破裂音[p][b]のVOTの相互関係および全体分布を可視化するために、クラスカルウォリス（Kruskal-Wallis）検定によって生成された箱ひげ図を提示し、日本語・中国語・韓国語の両唇破裂音[p][b]のVOTの特徴を整理する。

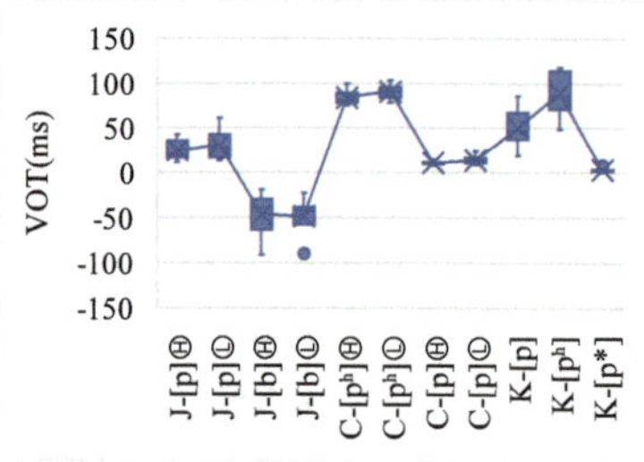

図 4-1:日中韓両唇破裂音[p][b]の VOT の分布
（男）

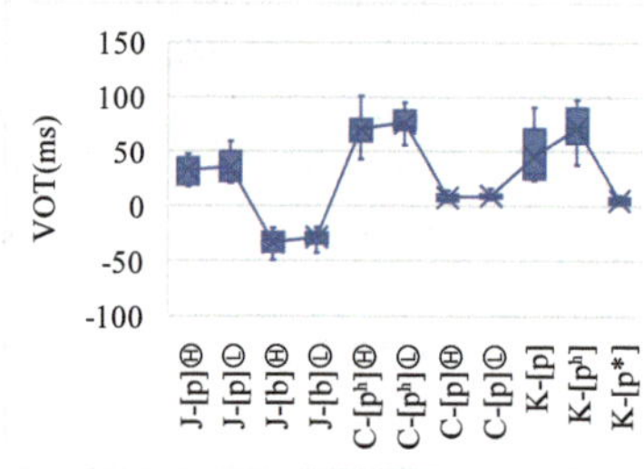

図 4-2:日中韓両唇破裂音[p][b]の VOT の分布
（女）

箱ひげ図の分析から、日本語・中国語・韓国語の両唇破裂音におけるVOTについて、以下のような特徴が認められた。

①日本語の濁音[b]は唯一、負のVOTを示し、他の破裂音と明確に区別できる。

②中国語の不送気音[p]と韓国語の濃音[p*]は、ともにVOTがゼロに近く、ほぼ同程度の値を示す。

③韓国語の平音 [p] のVOT（約25〜75ms）は、日本語の清音 [p] のVOT（約10〜50ms）よりやや長い傾向が見られるが、両者は相対的に近い値を示している。

④中国語の送気音[pʰ]と韓国語の激音[pʰ]は一番長いVOTを示し、両者は近似した傾向を有していると考えられる。

4.1.2 歯茎破裂音[t][d]のVOTに関する対照分析

本項では日本語・中国語・韓国語の歯茎破裂音[t][d]のVOTについて、対照分析を行う。まず、日本語・中国語・韓国語における歯茎破裂音のVOTの平均値を比較しやすいように整理したものを、以下に示す。

表 4-4：日本語・中国語・韓国語歯茎破裂音[t][d]の VOT の平均値（単位：ms）

破裂音 / 性別	J-[t]		J-[d]		C-[t^h]		C-[t]		K-[t]	K-[t^h]	K-[t*]
	Ⓗ	Ⓛ	Ⓗ	Ⓛ	Ⓗ	Ⓛ	Ⓗ	Ⓛ			
男	29.1	27.2	-16.8	-16.0	83.0	85.4	12.1	11.2	56.0	61.2	12.1
女	38.7	30.8	-8.6	-9.6	72.0	77.3	7.9	8.0	62.1	68.0	9.6

次に、日本語・中国語・韓国語の歯茎破裂音[t][d]におけるVOTの差異について、S-N-K検定およびペアごとの比較に基づき、有意差の有無を検討する。

表 4-5：日・中・韓歯茎破裂音[t][d]の VOT の S-N-K 検定結果（男）

	破裂音	Alpha threshold = 0.05				
		1	2	3	4	5
S-N-K	J-[d]Ⓗ	-16.812				
	J-[d]Ⓛ	-15.954				
	C-[t]Ⓛ		11.167			
	K-[t*]		12.058			
	C-[t]Ⓗ		12.128			
	J-[t]Ⓛ			27.163		
	J-[t]Ⓗ			29.120		
	K-[t]				56.002	
	K-[t^h]				61.172	
	C-[t^h]Ⓗ					82.907
	C-[t^h]Ⓛ					85.417
	有意確率	0.847	0.974	0.660	0.246	0.572

男性の場合、S-N-K検定の結果によると、日本語・中国語・韓国語11種類の歯茎破裂音は五つのグループに分けられ、同一グループ内の各破裂音の間には、有意差が存在しなかった。各グ

ループの破裂音の種類を確認した結果、韓国語の濃音 [t*] と中国語の不送気音 [t] の間には有意差が認められなかった。それ以外の組み合わせについては、いずれも言語間に有意な差が確認された。

表 4-6：日・中・韓歯茎破裂音[t][d]の VOT の S-N-K 検定結果（女）

	破裂音	Alpha threshold = 0.05				
		1	2	3	4	5
S-N-K	J-[d]Ⓛ	-9.631				
	J-[d]Ⓗ	-8.564				
	C-[t]Ⓗ		7.875			
	C-[t]Ⓛ		8.000			
	K-[t*]		9.599			
	J-[t]Ⓛ			30.750		
	J-[t]Ⓗ			38.667		
	K-[t]				62.131	
	K-[tʰ]				67.969	67.969
	C-[tʰ]Ⓗ				71.992	71.992
	C-[tʰ]Ⓛ					77.333
	有意確率	0.823	0.930	0.099	0.100	0.125

女性の場合、S-N-K検定の結果によると、日本語・中国語・韓国語11種類の歯茎破裂音は五つのグループに分けられ、同一グループ内の各破裂音の間には、有意差が存在しなかった。各グループの破裂音の種類を確認したところ、以下のような傾向が見られる。

①韓国語濃音[t*]と中国語不送気音[t]の間に有意差が存在しない。

②韓国語平音[t]と韓国語の激音[tʰ]と中国語の高起点（Ⓗ）の送気音[tʰ]との間に有意差が存在しない。

③韓国語の激音[tʰ]と中国語の送気音[tʰ]の間に有意差が存在しない。

最後に、日本語・中国語・韓国語の歯茎破裂音[t][d]のVOTの相互関係および全体分布を可視化するために、クラスカルウォリス（Kruskal-Wallis）検定によって生成された箱ひげ図を提示し、日本語・中国語・韓国語の歯茎破裂音[t][d]のVOTの特徴を整理する。

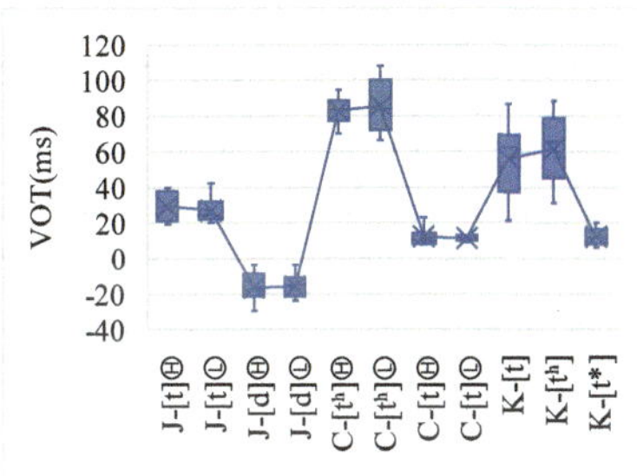

図 4-3:日中韓歯茎破裂音[t][d]の VOT の分布（男）

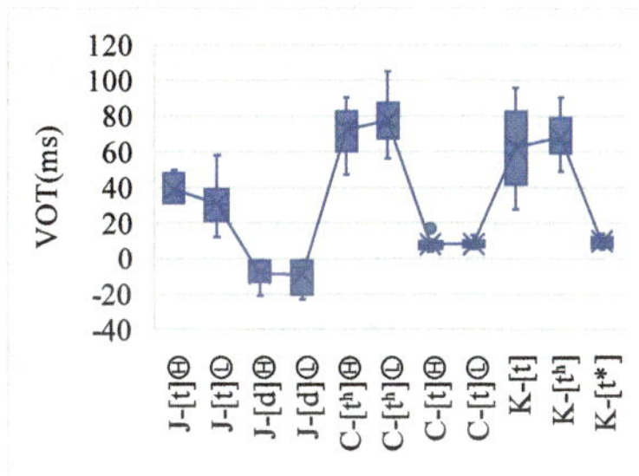

図 4-4:日中韓歯茎破裂音[t][d]の VOT の分布（女）

歯茎破裂音から確認された日中韓三ヵ国語の語頭破裂音のVOTの相対関係は、両唇破裂音の場合とほぼ一致し、次のような特徴が見られる。

①日本語の濁音 [d] は唯一、負のVOT値を示しており、他の破裂音と明確に区別される。

②中国語の不送気音 [t] および韓国語の濃音 [t*] は、いずれもゼロに近いVOT値を示し（両唇破裂音の場合よりやや大きい）、両者の値はほぼ一致している。

③これに続いて、日本語の清音 [t] が比較的大きなVOT値を示す。

④韓国語の平音 [t]、激音 [tʰ]、および中国語の送気音 [tʰ] はいずれも長いVOT値を示し、三者は近似していると考えられる。

4.1.3 軟口蓋破裂音[k][g]のVOTに関する対照分析

本項では日本語・中国語・韓国語の軟口蓋破裂音[k][g]のVOTについて、対照分析を行う。まず、日本語・中国語・韓国語における軟口蓋破裂音のVOTの平均値を比較しやすいように整理したものを、以下に示す。

表 4-7：日本語・中国語・韓国語軟口蓋破裂音[k][g]の VOT の平均値（単位：ms）

破裂音 \ 性別	J-[k]		J-[g]		C-[k^h]		C-[k]		K-[k]	K-[k^h]	K-[k*]
	Ⓗ	Ⓛ	Ⓗ	Ⓛ	Ⓗ	Ⓛ	Ⓗ	Ⓛ			
男	50.8	51.0	-30.2	-39.5	90.6	91.3	16.9	50.8	51.0	-30.2	-39.5
女	35.7	45.7	-8.8	-8.5	82.7	88.3	12.4	35.7	45.7	-8.8	-8.5

次に、日本語・中国語・韓国語の軟口蓋破裂音[k][g]におけるVOTの差異について、S-N-K検定およびペアごとの比較に基づき、有意差の有無を検討する。

表 4-8：日・中・韓軟口蓋破裂音[k][g]の VOT の S-N-K 検定結果（男）

	破裂音	Alpha threshold = 0.05						
		1	2	3	4	5	6	7
S-N-K	J-[g]Ⓛ	-39.500						
	J-[g]Ⓗ		-30.167					
	K-[k*]			5.911				
	C-[k]Ⓗ				16.917			
	C-[k]Ⓛ				21.833			
	J-[k]Ⓗ					50.833		
	J-[k]Ⓛ					51.000		
	K-[k^h]						73.029	
	K-[k]						75.878	
	C-[k^h]Ⓗ							90.583
	C-[k^h]Ⓛ							91.333
	有意確率	1.000	1.000	1.000	0.215	0.966	0.472	0.850

男性の場合、S-N-K検定の結果によると、日本語・中国語・韓国語11種類の軟口蓋破裂音は七つのグループに分けられ、同一グループ内の各破裂音の間には有意差が存在しなかった。つまり、平均値から見ると、日本語・中国語・韓国語の歯茎破裂音の間に、近似している破裂音がないということである。この場合、ノンパラメトリック検定（Kruskal-Wallis検定）によるペアごとの比較結果を確認してみると、日本語の濁音[g]と韓国語の濃音[k*]、韓国語の濃音[k*]と中国の不送気音[k]、中国の不送気音[k]と日本語の清音[k]、日本語清音[k]と韓国語の平音[k]と激音[k^{h}]、韓国語の平音[k]と激音[k^{h}]と中国語の送気音[k^{h}]の間には、有意差が存在しなかった。すなわち、平均値の観点から見ると、絶対的に類似している破裂音は存在しないものの、日本語・中国語・韓国語の11種類の軟口蓋破裂音をVOTの小さい順に並べると、隣接する2種類の破裂音は互いに類似していると考えられる。

表 4-9：日・中・韓軟口蓋破裂音[k][g]の VOT の S-N-K 検定結果（女）

	破裂音	Alpha threshold = 0.05						
		1	2	3	4	5	6	7
S-N-K	J-[g]Ⓗ	-8.750						
	J-[g]Ⓛ	-8.500						
	K-[k*]		5.951					
	C-[k]Ⓗ		12.417	12.417				
	C-[k]Ⓛ			15.417				
	J-[k]Ⓗ				35.667			
	J-[k]Ⓛ					45.667		
	K-[k^{h}]						74.884	
	C-[k^{h}]Ⓗ						82.667	82.667
	K-[k]						83.047	83.047
	C-[k^{h}]Ⓛ							88.333
	有意確率	0.949	0.103	0.447	1.000	1.000	0.099	0.323

女性の場合は男性の場合とほぼ同じである。S-N-K検定の結果によると、日本語・中国語・韓国語11種類の軟口蓋破裂音は七つのグループに分けられ、同一グループ内の各破裂音の間には有意差が存在しなかった。各グループ内の破裂音の種類を確認したところ、以下の傾向が見られる。

①韓国の濃音[k*]と中国の不送気音[k]の間の差異は顕著ではない。

②韓国の平音[k]と激音[kʰ]と中国の送気音[kʰ]の間の差異は顕著ではない。

③日本語の濁音[g]は負の値で、ほかの破裂音と区別されている。日本語の清音[k]は中国の不送気音[k]と韓国語の激音[kʰ]・中国の不送気音[k]との間にあり、前者と後者とも区別されている。

最後に、日本語・中国語・韓国語の軟口蓋破裂音[k][g]のVOTの相互関係および全体分布を可視化するために、クラスカルウォリス（Kruskal-Wallis）検定によって生成された箱ひげ図を提示し、日本語・中国語・韓国語の軟口蓋破裂音[k][g]のVOTの特徴を整理する。

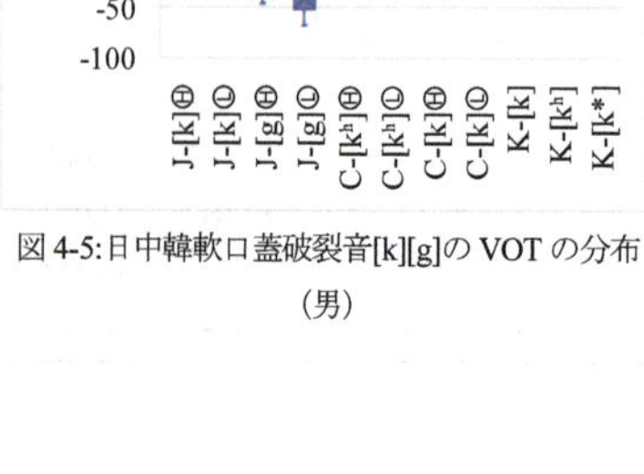

図 4-5: 日中韓軟口蓋破裂音[k][g]の VOT の分布（男）

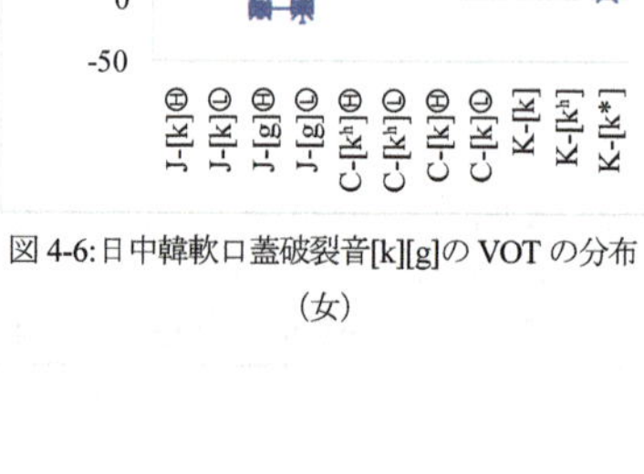

図 4-6: 日中韓軟口蓋破裂音[k][g]の VOT の分布（女）

日本語・中国語・韓国語の軟口蓋破裂音におけるVOTの特徴については、両唇破裂音および歯茎破裂音の場合と同様の傾向が確認された。以下にその傾向を整理する。

①日本語の濁音[g]　は唯一、負のVOT値を示し、ほかの破裂音と明確に区別される。

②中国語の不送気音 [k] と韓国語の濃音 [k*] は、ともにVOTがゼロに近く、ほぼ同程度の値を示す。

③日本語の清音 [k] は、それらに比べてやや大きなVOT値を示す。

④韓国語の平音 [k]・激音 [kʰ] および中国語の送気音 [kʰ] は、いずれも長いVOTを示し、三者間で近似した傾向を有していると考えられる。

4.2 日中韓三ヵ国語の語頭破裂音のF0に関する対照分析

本節では日本語・中国語・韓国語の語頭破裂音におけるF0に関して、横断的対照分析を行う。対照分析は同じ調音部位による破裂音の間で行われる。

4.2.1 両唇破裂音[p][b]のF0に関する対照分析

本項では日本語・中国語・韓国語の両唇破裂音[p][b]のF0について、対照分析を行う。まず、日本語・中国語・韓国語における両唇破裂音のF0の平均値を比較しやすいように整理したものを、以下に示す。

表 4-10：日本語・中国語・韓国語両唇破裂音[p][b]の F0 の平均値（単位：ms）

破裂音／性別	J-[p]		J-[b]		C-[p^h]		C-[p]		K-[p]	K-[p^h]	K-[p*]
	Ⓗ	Ⓛ	Ⓗ	Ⓛ	Ⓗ	Ⓛ	Ⓗ	Ⓛ			
男	145	114	119	108	195	107	177	109	122	169	153
女	236	198	196	185	257	182	246	187	184	277	257

次に、日本語・中国語・韓国語の両唇破裂音[p][b]におけるF0の差異について、S-N-K検定およびペアごとの比較に基づき、有意差の有無を検討する。

表 4-11：日・中・韓両唇破裂音[p][b]の F0 の S-N-K 検定結果（男）

	破裂音	Alpha threshold = 0.05			
		1	2	3	4
S-N-K	C-[p^h]Ⓛ	106.984			
	J-[b]Ⓛ	107.567			
	C-[p]Ⓛ	108.543			
	J-[p]Ⓛ	114.117			
	J-[b]Ⓗ	118.925			
	K-[p]	121.723			
	J-[p]Ⓗ		145.492		
	K-[p*]		153.358		
	K-[p^h]			169.217	
	C-[p]Ⓗ			177.083	
	C-[p^h]Ⓗ				195.942
	有意確率	0.328	0.279	0.279	1.000

男性の場合、S-N-K検定の結果によると、日本語・中国語・韓国語11種類の両唇破裂音は四つのグループに分けられ、同一グループ内の各破裂音の間には、有意差が存在しなかった。各破裂音内部の破裂音の種類を確認したところ、以下のような傾向が見られる。

①低起点（Ⓛ）の中国語の送気音[pʰ]・不送気音[p]と日本語の濁音[b]・非頭高型（Ⓛ）の清音[p]と韓国語の平音[p]の間に有意差が存在しない。

②頭高型（Ⓗ）の日本語の清音[p]と韓国語の濃音[p*]の間に有意差が存在しない。

③韓国の激音[pʰ]と高起点（Ⓗ）の中国語の不送気音[p]の間に有意差が存在しない。

④高起点（Ⓗ）の中国語の不送気音[p]のF0が一番高い。

表 4-12：日・中・韓両唇破裂音[p][b]の F0 の S-N-K 検定結果（女）

	破裂音	Alpha threshold = 0.05		
		1	2	3
S-N-K	C-[pʰ]Ⓛ	182.233		
	K-[p]	183.692		
	J-[b]Ⓛ	184.708		
	C-[p]Ⓛ	187.125		
	J-[b]Ⓗ	196.442		
	J-[p]Ⓛ	198.292		
	J-[p]Ⓗ		235.683	
	C-[p]Ⓗ		246.025	246.025
	K-[p*]		257.267	257.267
	C-[pʰ]Ⓗ		257.433	257.433
	K-[pʰ]			276.692
	有意確率	0.791	0.306	0.072

女性の場合、S-N-K検定の結果によると、日本語・中国語・韓国語11種類の両唇破裂音は三つのグループに分けられ、同一グループ内の各破裂音の間には有意差が存在しなかった。各破裂音内部の破裂音の種類を確認したところ、以下のような傾向が見られる。

①低起点（Ⓛ）の中国語の送気音[pʰ]・不送気音[p]と日本語の

濁音[b]・非頭高型（Ⓛ）の清音[p]と韓国語の平音[p]の間に有意差が存在しない。

②頭高型（Ⓗ）の日本語の清音[p]と韓国語の激音[p^h]の一ペアを除き、頭高型（Ⓗ）の日本語の清音[p]と高起点（Ⓗ）の中国語の不送気音[p]・送気音[p^h]と韓国語の濃音[p*]・激音[p^h]の間に有意差が存在しない。

最後に、日本語・中国語・韓国語の両唇破裂音[p][b]のF0の相互関係および全体分布を可視化するために、クラスカルウォリス（Kruskal-Wallis）検定によって生成された箱ひげ図を提示し、日本語・中国語・韓国語の両唇破裂音[p][b]のF0の特徴を整理する。

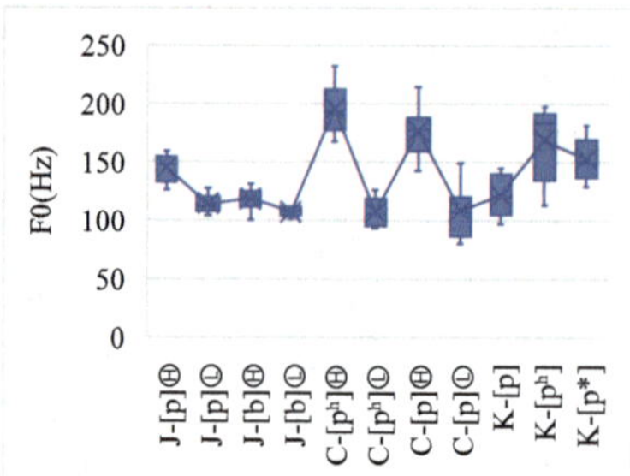

図 4-7: 日中韓両唇破裂音[p][b]の F0 の分布（男）

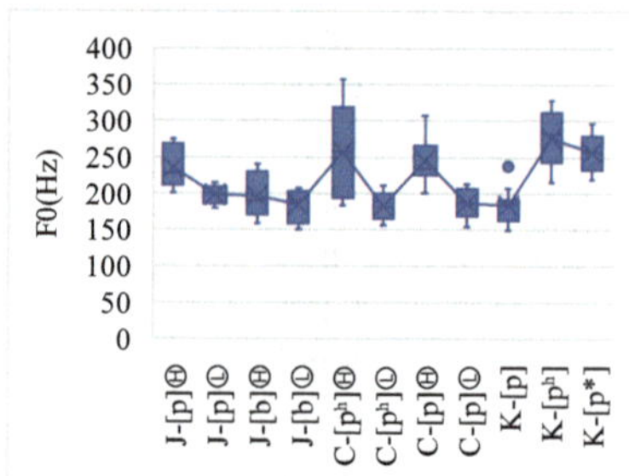

図 4-8: 日中韓両唇破裂音[p][b]の F0 の分布（女）

箱ひげ図の分析から、日本語・中国語・韓国語の両唇破裂音におけるF0について、以下のような特徴が認められた。

①非頭高型（Ⓛ）の日本語の清音 [p] および濁音 [b]（Ⓗ・Ⓛ）、低起点（Ⓛ）の中国語の送気音 [p^h]・不送気音 [p]、韓国語の平音 [p] は、いずれも低いF0を示し、相互に近似している。

②頭高型（Ⓗ）の日本語の清音 [p]、高起点（Ⓗ）の中国語の

送気音 [p^h]・不送気音 [p]、韓国語の激音 [p^h] および濃音 [p*] は、いずれも高いF0を示し、相互に近似していると考えられる。

③全体的な分布傾向としては、高起点（Ⓗ）の中国語の送気音 [p^h] および韓国語の激音 [p^h] が最も高いF0を示す傾向が確認された。

4.2.2 歯茎破裂音[t][d]のF0に関する対照分析

本項では日本語・中国語・韓国語の歯茎破裂音[t][d]のF0について、対照分析を行う。まず、日本語・中国語・韓国語の歯茎破裂音におけるF0の平均値を比較しやすいように整理したものを、以下に示す。

表 4-13：日本語・中国語・韓国語歯茎破裂音[t][d]の F0 の平均値（単位：ms）

破裂音	J-[t]		J-[d]		C-[t^h]		C-[t]		K-[t]	K-[t^h]	K-[t*]
性別	Ⓗ	Ⓛ	Ⓗ	Ⓛ	Ⓗ	Ⓛ	Ⓗ	Ⓛ			
男	133	116	114	107	180	98	203	112	112	144	144
女	205	188	185	166	263	184	280	204	194	257	248

次に、日本語・中国語・韓国語の歯茎破裂音[t][d]におけるF0の差異について、S-N-K検定およびペアごとの比較に基づき、有意差の有無を検討する。

表 4-14：日・中・韓歯茎破裂音[t][d]の F0 の S-N-K 検定結果（男）

	破裂音	Alpha threshold = 0.05			
		1	2	3	4
S-N-K	C-[tʰ]Ⓛ	98.117			
	J-[d]Ⓛ	106.633			
	K-[t]	112.196			
	C-[t]Ⓛ	112.400			
	J-[d]Ⓗ	113.843			
	J-[t]Ⓛ	115.650			
	J-[t]Ⓗ		132.817		
	K-[tʰ]		143.567		
	K-[t*]		144.142		
	C-[tʰ]Ⓗ			180.330	
	C-[t]Ⓗ				203.367
	有意確率	0.148	0.257	1.000	1.000

男性の場合、S-N-K検定の結果によると、日本語・中国語・韓国語11種類の歯茎破裂音は四つのグループに分けられ、同一グループ内の各破裂音の間には有意差が認められなかった。各破裂音内部の破裂音の種類を確認したところ、以下のような傾向が見られる。

①低起点（Ⓛ）の中国語の送気音[tʰ]・不送気音[t]と日本語の濁音[d]・非頭高型（Ⓛ）の清音[t]と韓国語の平音[t]の間に有意差が存在しない。この点については両唇破裂音の場合と一致する。

②頭高型（Ⓗ）の日本語の清音[t]と韓国語の激音[tʰ]・濃音[t*]の間に有意差が存在しない。

表 4-15：日・中・韓歯茎破裂音[t][d]の F0 の S-N-K 検定結果（女）

	破裂音	Alpha threshold = 0.05	
		1	2
S-N-K	J-[d]Ⓛ	165.700	
	C-[tʰ]Ⓛ	184.167	
	J-[d]Ⓗ	184.821	
	J-[t]Ⓛ	187.513	
	K-[t]	194.350	
	C-[t]Ⓛ	203.975	
	J-[t]Ⓗ	204.654	
	K-[t*]		248.317
	K-[tʰ]		257.358
	C-[tʰ]Ⓗ		262.767
	C-[t]Ⓗ		280.133
	有意確率	0.056	0.080

女性の場合、S-N-K検定の結果によると、日本語・中国語・韓国語11種類の歯茎破裂音は二つのグループに分けられ、同一グループ内の各破裂音の間には、有意差が存在しなかった。各破裂音内部の破裂音の種類を確認したところ、以下のような傾向が見られる。

①日本語の濁音[d]・清音[t]と低起点（Ⓛ）の中国語送気音[tʰ]・不送気音[t]と韓国語の平音[t]の間に有意差が存在しない。

②韓国語の濃音[t*]・激音[tʰ]と高起点（Ⓗ）の中国語不送気音[t]・送気音[tʰ]の間に有意差が存在しない。

最後に、日本語・中国語・韓国語の歯茎破裂音[t][d]のF0の相互関係および全体分布を可視化するために、クラスカルウォリス（Kruskal-Wallis）検定によって生成された箱ひげ図を提示し、日本語・中国語・韓国語の歯茎破裂音[t][d]のF0の特徴を整理する。

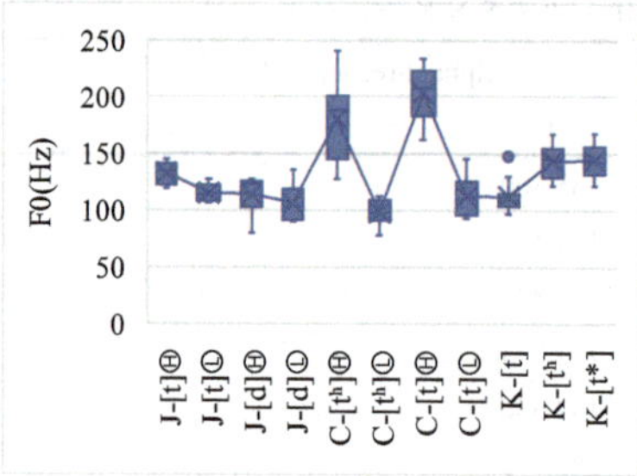

図 4-9:日中韓歯茎破裂音[t][d]の F0 の分布（男）

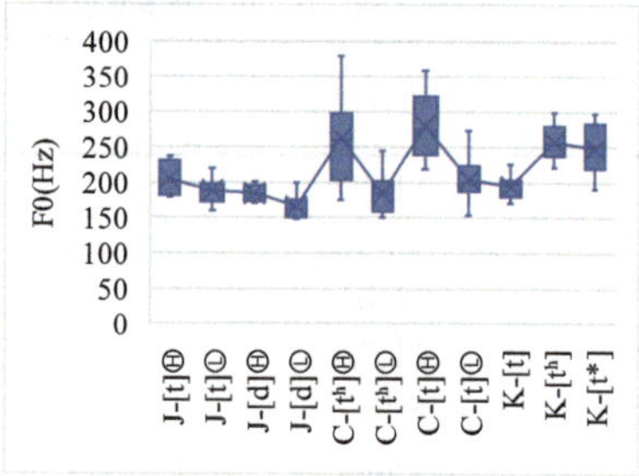

図 4-10:日中韓歯茎破裂音[t][d]の F0 の分布（女）

箱ひげ図に基づき、日本語・中国語・韓国語の歯茎破裂音 [t][d] のF0の全体分布を確認した結果、中国語における声調による歯茎破裂音のF0の差異が、日中韓三ヵ国語の中で最も顕著であると考えられる。日本語ではアクセント型によるF0差異が認められるが、その程度は比較的穏やかである。韓国語の三種類の破裂音のうち、平音と他の二種類の破裂音間のF0差異は、日本語のアクセント型による差異よりも大きいと推測される。

このような傾向を踏まえ、各破裂音間の相対関係を改めて整理すると、両唇破裂音の場合とほぼ一致するものの、頭高型（Ⓗ）の日本語清音の所属に若干の変化が見られる。

すなわち、日本語の清音 [t]（Ⓗ・Ⓛ）および濁音 [d]（Ⓗ・Ⓛ）、低起点（Ⓛ）の中国語送気音 [tʰ]・不送気音 [t]、および韓国語平音 [t] は、いずれも低いF0を示し、互いに近似している。一方、高起点（Ⓗ）の中国語送気音 [tʰ]・不送気音 [t] と韓国語激音 [tʰ]・濃音 [t*] は高いF0を示し、こちらも近似していると考えられる。全体の分布傾向として、男女ともに高起点（Ⓗ）の中国語送気音 [tʰ]・不送気音 [t] のF0が最も高い傾向が確認された。

4.2.3 軟口蓋破裂音[k][g]のF0に関する対照分析

本項では日本語・中国語・韓国語の軟口蓋破裂音[k][g]のF0について、対照分析を行う。まず、日本語・中国語・韓国語の軟口蓋破裂音におけるF0の平均値を比較しやすいように整理したものを、以下に示す。

表 4-16：日本語・中国語・韓国語軟口蓋破裂音[k][g]の F0 の平均値（単位：ms）

破裂音	J-[k]		J-[g]		C-[kʰ]		C-[k]		K-[k]	K-[kʰ]	K-[k*]
性別	Ⓗ	Ⓛ	Ⓗ	Ⓛ	Ⓗ	Ⓛ	Ⓗ	Ⓛ			
男	140	126	128	119	177	102	196	125	120	139	150
女	208	183	219	195	268	172	293	204	184	225	262

次に、日本語・中国語・韓国語の軟口蓋破裂音[k][g]におけるF0の差異について、S-N-K検定およびペアごとの比較に基づき、有意差の有無を検討する。

表 4-17：日・中・韓軟口蓋破裂音[k][g]の F0 の S-N-K 検定結果（男）

	破裂音	Alpha threshold = 0.05				
		1	2	3	4	5
S-N-K	C-[kʰ]Ⓛ	102.008				
	J-[g]Ⓛ	118.700	118.700			
	K-[k]	119.808	119.808			
	C-[k]Ⓛ		125.425			
	J-[k]Ⓛ		125.758			
	J-[g]Ⓗ		128.350			
	K-[kʰ]		138.833	138.833		
	J-[k]Ⓗ		140.175	140.175		
	K-[k*]			149.583		
	C-[kʰ]Ⓗ				177.133	
	C-[k]Ⓗ					196.217
	有意確率	0.068	0.106	0.368	1.000	1.000

男性の場合、S-N-K検定の結果によると、日本語・中国語・韓国語11種類の両唇破裂音は五つのグループに分けられ、同一グループ内の各破裂音の間には、有意差が認められなかった。ただし、グループ1・2・3の間に重なる破裂音が存在することは、両唇破裂音と歯茎破裂音の場合と比べて軟口蓋破裂音の場合がより複雑だということを示している。各破裂音内部の破裂音の種類を確認したところ、以下のような傾向が見られる。

①低起点（Ⓛ）の中国語送気音[kʰ]と非頭高型（Ⓛ）の日本語の濁音[g]と韓国語の平音[k]の間に有意差が存在しない。

②日本語の濁音[g]・清音[k]と韓国語の平音[k]・激音[kʰ]と低起点（Ⓛ）の中国語の不送気音[k]の間に有意差が存在しない。

③韓国の激音[kʰ]・濃音[k*]と頭高型（Ⓗ）の日本語の清音[k]の間に有意差が存在しない。

④高起点（Ⓗ）の中国語の送気音[kʰ]・不送気音[k]のF0が一番高く、他の破裂音との間に有意差が存在する。

表 4-18：日・中・韓軟口蓋破裂音[k][g]の F0 の S-N-K 検定結果（女）

	破裂音	Alpha threshold = 0.05			
		1	2	3	4
S-N-K	C-[kʰ]Ⓛ	172.375			
	J-[k]Ⓛ	182.817			
	K-[k]	184.300			
	J-[g]Ⓛ	194.942	194.942		
	C-[k]Ⓛ	203.775	203.775		
	J-[k]Ⓗ	207.691	207.691		
	J-[g]Ⓗ		219.086		
	K-[kʰ]		224.775		
	K-[k*]			261.883	
	C-[kʰ]Ⓗ			268.050	
	C-[k]Ⓗ				292.975
	有意確率	0.059	0.124	0.622	1.000

女性の場合、S-N-K検定の結果によると、日本語・中国語・韓国語11種類の軟口蓋破裂音は四つのグループに分けられ、同一グループ内の各破裂音の間には、有意差が存在しなかった。また、グループ1とグループ2の間に重なる破裂音が存在する。各破裂音内部の破裂音の種類を確認したところ、以下のような傾向が見られる。

①低起点（Ⓛ）の中国語の送気音[kʰ]・不送気音[k]と日本語の清音[k]（Ⓗ・Ⓛ）・非頭高型（Ⓛ）の濁音[g]と韓国語の平音[k]の間に有意差が存在しない。

②日本語の濁音[g]（Ⓗ・Ⓛ）・頭高型（Ⓗ）の清音[k]と低起点（Ⓛ）中国語の不送気音[k]と韓国語の激音[kʰ]の間に有意差が存在しない。

③韓国語の濃音[k*]と高起点（Ⓗ）の中国語の送気音[kʰ]の間に有意差が存在しない。

④高起点（Ⓗ）の中国語の不送気音[k]のF0が一番高い。

最後に、日本語・中国語・韓国語の軟口蓋破裂音[k][g]のF0の相互関係および全体分布を可視化するために、クラスカルウォリス（Kruskal-Wallis）検定によって生成された箱ひげ図を提示し、日本語・中国語・韓国語の軟口蓋破裂音[k][g]のF0の特徴を整理する。

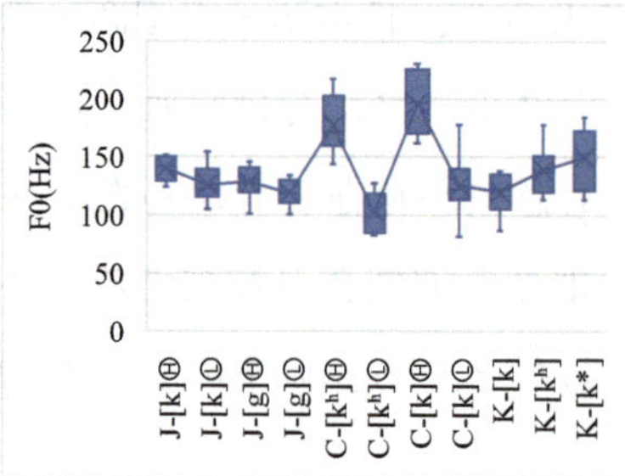

図 4-11: 日中韓軟口蓋破裂音[k][g]の F0 の分布（男）

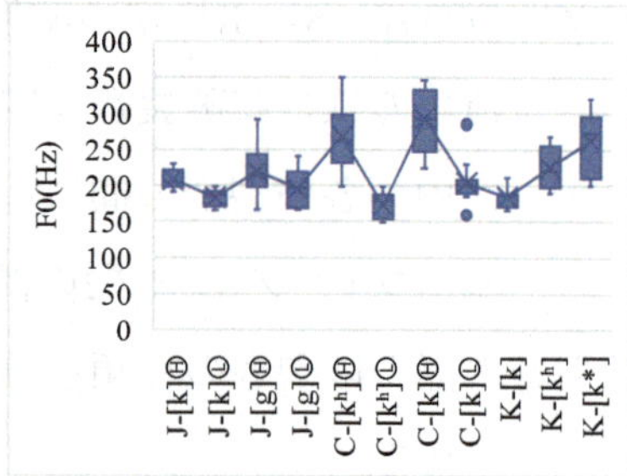

図 4-12: 日中韓軟口蓋破裂音[k][g]の F0 の分布（女）

両唇破裂音および歯茎破裂音の場合と同様に、軟口蓋破裂音においても、中国語破裂音の高起点（Ⓗ）と低起点（Ⓛ）のF0の差異は顕著であると考えられる。一方で、日本語および韓国語の破裂音間のF0の差異はそれほど大きくないと見られる。また、日本語の各破裂音は全体的に低いF0を示している。韓国語の破裂音に関しては、「平音＜激音＜濃音」というF0の順序が認められる。

相対関係の観点から見ると、低起点の中国語破裂音、日本語破裂音、および韓国語の平音・激音は低いF0を示し、相互に近似しているのに対し、高起点（Ⓗ）の中国語破裂音と韓国語の濃音は高いF0を示し、これらも互いに近似している傾向が示される。

さらに、韓国語の三種類の破裂音のF0分布を再検討すると、両唇破裂音および歯茎破裂音では激音のF0が濃音のF0に近く、明らかに平音よりも高く、常に高いF0を示す破裂音のグループに属している。一方、軟口蓋破裂音では、激音のF0が平音と濃音の中間に位置し、特に男性においては激音と平音のF0間に有意差が認められない。女性の場合も、激音のF0は特に高いとは言えない。

この点については、先行研究において、韓国語ソウル方言の若年層では平音と激音のVOTが収束する一方で、平音と激音の後続母音のF0差異は拡大していることが報告されている（Kang 2014; Bang et al. 2018）。つまり、もともと平音と激音のF0は近似していたものの、時代や世代の変化に伴い、変動が生じていることを示すものである。

本研究の結果から、この変化は軟口蓋破裂音よりも、両唇破裂音および歯茎破裂音においてより顕著に現れていると考えられる。

4.3 日中韓三ヵ国語の語頭破裂音のH1-H2に関する対照分析

本節では日本語・中国語・韓国語語頭破裂音のH1-H2に関して横断的対照分析を行う。対照分析は同じ調音部位による破裂音の間で行われる。

4.3.1 両唇破裂音[p][b]のH1-H2に関する対照分析

本項では日本語・中国語・韓国語の両唇破裂音[p][b]のH1-H2について、対照分析を行う。まず、日本語・中国語・韓国語における両唇破裂音のH1-H2の平均値を比較しやすいように整理したものを、以下に示す。

表 4-19：日本語・中国語・韓国語両唇破裂音[p][b]の H1-H2 の平均値（単位：ms）

破裂音 / 性別	J-[p]		J-[b]		C-[pʰ]		C-[p]		K-[p]	K-[pʰ]	K-[p*]
	Ⓗ	Ⓛ	Ⓗ	Ⓛ	Ⓗ	Ⓛ	Ⓗ	Ⓛ			
男	4.37	-3.20	-6.31	-6.18	6.20	6.29	2.71	6.78	6.13	6.87	-1.54
女	12.25	6.86	-0.12	-0.11	8.47	11.62	4.73	6.00	14.71	14.75	1.19

次に、日本語・中国語・韓国語の両唇破裂音[p][b]における H1-H2の差異について、S-N-K検定およびペアごとの比較に基づき、有意差の有無を検討する。

表 4-20：日・中・韓両唇破裂音[p][b]の H1-H2 の S-N-K 検定結果（男）

	破裂音	Alpha threshold = 0.05		
		1	2	3
S-N-K	J-[b]Ⓗ	-6.318		
	J-[b]Ⓛ	-6.188		
	J-[p]Ⓛ	-3.208	-3.208	
	K-[p*]		-1.543	
	C-[p]Ⓗ			2.719
	J-[p]Ⓗ			4.379
	K-[p]			6.131
	C-[pʰ]Ⓗ			6.200
	C-[pʰ]Ⓛ			6.296
	C-[p]Ⓛ			6.780
	K-[pʰ]			6.879
	有意確率	0.169	0.333	0.197

男性の場合、S-N-K検定の結果によると、日本語・中国語・韓国語11種類の両唇破裂音は三つのグループに分けられ、同一グループ内の各破裂音の間には、有意差が存在しなかった。各グループ内の破裂音の種類を確認したところ、以下のような傾向が見られる。

①日本語の濁音[b]（Ⓗ・Ⓛ）と日本語の非頭高型（Ⓛ）の清

音[p]のH1-H2の平均値が一番低く、三者の間に有意差が存在しない。

②非頭高型（Ⓛ）の日本語の清音[p]と韓国語の濃音[p*]の間に有意差が存在しない。

③中国語の両唇破裂音全体と頭高型（Ⓗ）の日本語の清音[p]と韓国語の平音[p]・激音[pʰ]の間に有意差が存在しない。

表 4-21：日・中・韓両唇破裂音[p][b]の H1-H2 の S-N-K 検定結果（女）

	破裂音	Alpha threshold = 0.05				
		1	2	3	4	5
S-N-K	J-[b]Ⓗ	-0.121				
	J-[b]Ⓛ	-0.117				
	K-[p*]	1.197	1.197			
	C-[p]Ⓗ		4.737	4.737		
	C-[p]Ⓛ			6.001		
	J-[p]Ⓛ			6.868		
	C-[pʰ]Ⓗ			8.473	8.473	
	C-[pʰ]Ⓛ				11.627	11.627
	J-[p]Ⓗ				12.256	12.256
	K-[p]					14.711
	K-[pʰ]					14.753
	有意確率	0.745	0.051	0.167	0.094	0.309

女性の場合、S-N-K検定の結果によると、日本語・中国語・韓国語11種類の両唇破裂音は五つのグループに分けられ、同一グループ内の各破裂音の間には有意差が存在しなかった。各グループ内の破裂音の種類を確認したところ、以下のような傾向が見られる。

①日本語の濁音[b]（Ⓗ・Ⓛ）と韓国語の濃音[p*]の間に有意差が存在しない。

②韓国語の濃音[p*]と中国語の不送気音[p]（Ⓗ・Ⓛ）の間に有

意差が存在しない。

③中国語の不送気音[p]（Ⓗ・Ⓛ）と非頭高型（Ⓛ）の日本語の清音[p]と高起点（Ⓗ）の中国語の送気音[pʰ]の間に有意差が存在しない。

④中国語の送気音[pʰ]（Ⓗ・Ⓛ）と頭高型（Ⓗ）の日本語の清音の[p]間に有意差が存在しない。

⑤低起点（Ⓛ）の中国語の送気音[pʰ]と頭高型（Ⓗ）の日本語の清音[p]と韓国語の平音[p]・激音[pʰ]の間に有意差が存在しない。

最後に、日本語・中国語・韓国語の両唇破裂音[p][b]のH1-H2の相互関係および全体分布を可視化するために、クラスカルウォリス（Kruskal-Wallis）検定によって生成された箱ひげ図を提示し、日本語・中国語・韓国語の両唇破裂音[p][b]のH1-H2の特徴を整理する。

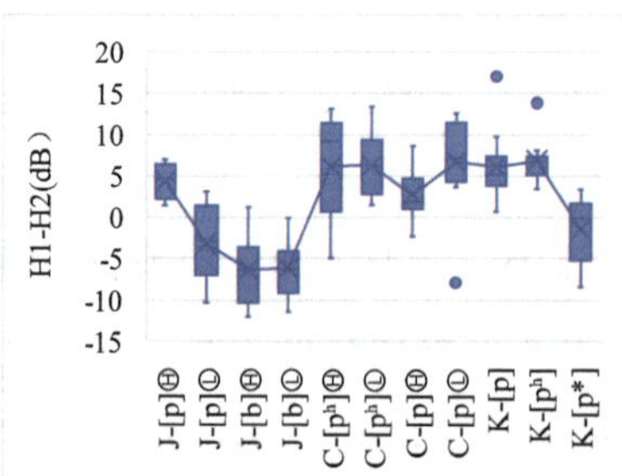

図 4-13: 日中韓両唇破裂音[p][b]の H1-H2 の分布（男）

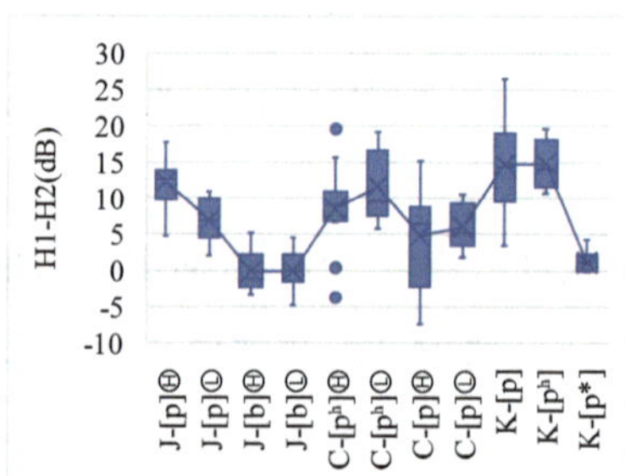

図 4-14: 日中韓両唇破裂音[p][b]の H1-H2 の分布（女）

日中韓三ヵ国語の両唇破裂音におけるH1-H2の箱ひげ図を確認したところ、ひげが長く、例外値が多く見られる。これはH1-H2の値はVOTとF0の値より比較的に分散していることを示している。

H1-H2の値を小さい順に並べると、男性の場合は、「J-[b]Ⓗ・J-[b]Ⓛ＜J-[p]Ⓛ・K-[p*]＜C-[p]Ⓗ・J-[p]Ⓗ＜C-[p^h]Ⓗ・C-[p^h]Ⓛ・C-[p]Ⓛ・K-[p]・K-[p^h]」であり、女性の場合は「J-[b]Ⓗ・J-[b]Ⓛ・K-[p*]＜C-[p]Ⓗ・C-[p]Ⓛ・J-[p]Ⓛ・C-[p^h]Ⓗ＜C-[p^h]Ⓛ・J-[p]Ⓗ＜K-[p]・K-[p^h]」である。つまり、日本語の濁音と韓国語の濃音と高起点（Ⓗ）の中国語の不送気音のH1-H2の値が小さく、韓国語の平音と激音のH1-H2の値が大きいという傾向が男女両方の結果でも見られる。この結果からも帯気性の弱い破裂音（日本語の濁音と韓国語の濃音と高起点（Ⓗ）の中国語の不送気音）のH1-H2の値が小さく、帯気性の強い破裂音（韓国語の平音と激音）のH1-H2の値が大きいという先行研究と一致する傾向が見られる。

4.3.2 歯茎破裂音[t][d]のH1-H2に関する対照分析

本項では日本語・中国語・韓国語の歯茎破裂音[t][d]のH1-H2について、対照分析を行う。まず、日本語・中国語・韓国語における歯茎破裂音のH1-H2の平均値を比較しやすいように整理したものを、以下に示す。

表 4-22：日本語・中国語・韓国語歯茎破裂音[t][d]の H1-H2 の平均値（単位：ms）

破裂音／性別	J-[t]		J-[d]		C-[t^h]		C-[t]		K-[t]	K-[t^h]	K-[t*]
	Ⓗ	Ⓛ	Ⓗ	Ⓛ	Ⓗ	Ⓛ	Ⓗ	Ⓛ			
男	3.38	-0.61	-10.90	-10.12	6.40	3.91	0.39	6.75	5.88	5.43	0.34
女	13.17	10.09	7.12	0.14	5.76	10.69	-0.53	5.85	7.91	8.58	1.01

次に、日本語・中国語・韓国語の歯茎破裂音[t][d]における

H1-H2の差異について、S-N-K検定およびペアごとの比較に基づき、有意差の有無を検討する。

表 4-23：日・中・韓歯茎破裂音[t][d]の H1-H2 の S-N-K 検定結果（男）

	破裂音	Alpha threshold = 0.05		
		1	2	3
S-N-K	J-[d]Ⓗ	-10.900		
	J-[d]Ⓛ	-10.118		
	J-[t]Ⓛ		-0.609	
	K-[t*]		0.338	0.338
	C-[t]Ⓗ		0.389	0.389
	J-[t]Ⓗ		3.383	3.383
	C-[tʰ]Ⓛ		3.911	3.911
	K-[tʰ]		5.431	5.431
	K-[t]			5.881
	C-[tʰ]Ⓗ			6.397
	C-[t]Ⓛ			6.753
	有意確率	0.713	0.057	0.059

男性の場合、S-N-K検定の結果によると、日本語・中国語・韓国語11種類の歯茎破裂音は三つのグループに分けられ、同一グループ内の各破裂音の間には有意差が存在しなかった。グループ2・3の間に重なる破裂音が存在する。各破裂音内部の破裂音の種類を確認したところ、以下のような傾向が見られる。

①日本語の濁音[d]はアクセント型に関わらず、絶対値が大きい負の値で、ほかの破裂音の間に有意差が存在する。

②日本語の濁音[d]と非頭高型（Ⓛ）の日本語の清音 [t]を除き、残る破裂音の間に有意差が存在しない。非頭高型（Ⓛ）の日本語の清音 [t]は韓国語の平音[t]と高起点（Ⓗ）の中国語の送気音[tʰ]と低起点（Ⓛ）の中国語の不送気音[t]との間に有意差が存在する。

表 4-24：日・中・韓歯茎破裂音[t][d]の H1-H2 の S-N-K 検定結果（女）

	破裂音	Alpha threshold = 0.05			
		1	2	3	4
S-N-K	C-[t]Ⓗ	-0.532			
	J-[d]Ⓛ	0.137	0.137		
	K-[t*]	1.006	1.006	1.006	
	C-[tʰ]Ⓗ	5.763	5.763	5.763	5.763
	C-[t]Ⓛ	5.854	5.854	5.854	5.854
	J-[d]Ⓗ		7.123	7.123	7.123
	K-[t]			7.909	7.909
	K-[tʰ]				8.583
	J-[t]Ⓛ				10.094
	C-[tʰ]Ⓛ				10.689
	J-[t]Ⓗ				13.165
	有意確率	0.097	0.054	0.059	0.082

女性の場合、S-N-K検定の結果によると、日本語・中国語・韓国語11種類の歯茎破裂音は四つのグループに分けられ、同一グループ内の各破裂音の間には有意差が存在しなかった。また、各グループの間に重なる破裂音が多く存在することは、複雑だということを示している。各破裂音内部の破裂音の種類を確認したところ、高起点（Ⓗ）の中国語の不送気音[t]と非頭高型（Ⓛ）の日本語の濁音[d]と韓国語の濃音[t*]を除き、残る破裂音の間に有意差が存在しない。高起点（Ⓗ）の中国語の不送気音[t]と非頭高型（Ⓛ）の日本語の濁音[d]と韓国語の濃音[t*]という3種類の破裂音と韓国語の激音[tʰ]と日本語の清音[t]と低起点の中国語の送気音[tʰ]との間に有意差が存在する。

最後に、日本語・中国語・韓国語の歯茎破裂音[t][d]のH1-H2の相互関係および全体分布を可視化するために、クラスカルウォリス（Kruskal-Wallis）検定によって生成された箱ひげ図を提示し、日本語・中国語・韓国語の歯茎破裂音[t][d]のH1-H2の特徴を整理する。

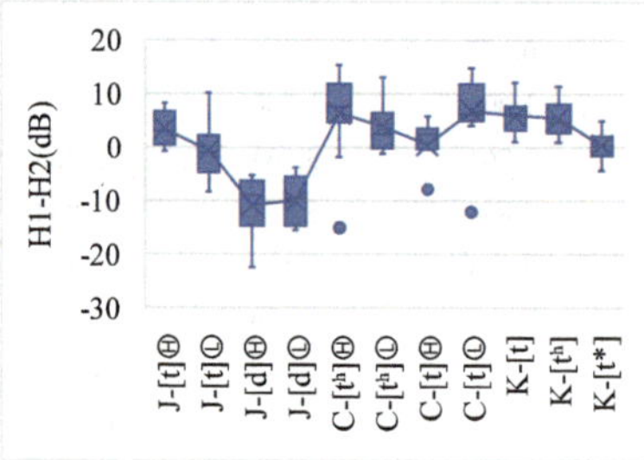

図 4-15: 日中韓歯茎破裂音[t][d]の H1-H2 の分布（男）

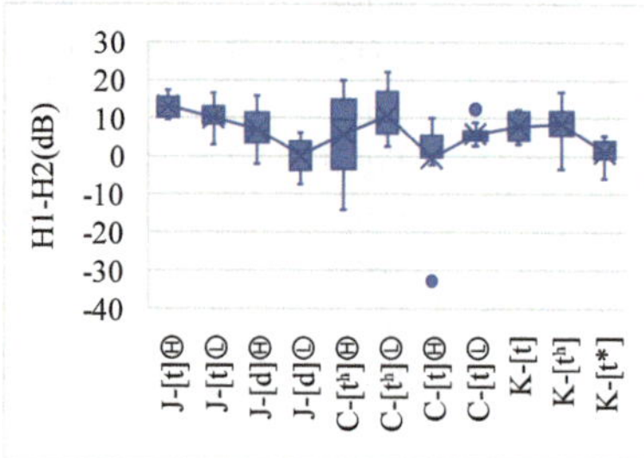

図 4-16: 日中韓歯茎破裂音[t][d]の H1-H2 の分布（女）

日中韓三ヵ国語の歯茎破裂音におけるH1-H2の箱ひげ図を観察した結果、以下のような傾向が認められる。

男性の場合は、日本語の濁音[d]のH1-H2値が最も小さく、負の値を示している。次に、非頭高型（Ⓛ）の日本語の清音[t]、高起点（Ⓗ）の中国語不送気音[t]、および韓国語の濃音[t*]の値が互いに近く、ゼロ付近に位置している。それに続き、頭高型（Ⓗ）の日本語の清音[t]、低起点（Ⓛ）の中国語の送気音[t^h]、および韓国語の平音[t]・激音[t^h]が位置しており、これらも互いに近似している。最も大きなH1-H2値を示すのは、高起点（Ⓗ）の中国語の送気音[t^h]および低起点（Ⓛ）の不送気音[t]であり、両者の値も近似している。

女性の場合は、非頭高型（Ⓛ）の日本語の濁音[d]、高起点（Ⓗ）の中国語の不送気音[t]、および韓国語の濃音[t*]のH1-H2値が近く、ゼロ付近に位置している。一方、その他の破裂音はすべてH1-H2の値が約10の周辺に分布しており、それらの間に明確な差異は認められない。

4.3.3 軟口蓋破裂音[k][g]のH1-H2に関する対照分析

本項では日本語・中国語・韓国語の軟口蓋破裂音[k][g]のH1-H2について、対照分析を行う。日本語・中国語・韓国語における軟口蓋破裂音のH1-H2の平均値を比較しやすいように整理したものを、以下に示す。

表 4-25：日本語・中国語・韓国語軟口蓋破裂音[k][g]の H1-H2 の平均値（単位：ms）

破裂音 ＼ 性別	J-[k]		J-[g]		C-[k^h]		C-[k]		K-[k]	K-[k^h]	K-[k*]
	Ⓗ	Ⓛ	Ⓗ	Ⓛ	Ⓗ	Ⓛ	Ⓗ	Ⓛ			
男	4.83	3.16	-7.98	-7.78	9.54	2.20	1.98	10.06	3.75	3.85	-1.31
女	15.77	9.86	3.84	3.87	11.20	12.53	-1.13	7.75	10.85	9.12	0.67

次に、日本語・中国語・韓国語の軟口蓋破裂音[k][g]におけるH1-H2の差異について、S-N-K検定およびペアごとの比較に基づき、有意差の有無を検討する。

表 4-26：日・中・韓軟口蓋破裂音[k][g]の H1-H2 の S-N-K 検定結果（男）

	破裂音	Alpha threshold = 0.05			
		1	2	3	4
S-N-K	J-[g]Ⓗ	-7.978			
	J-[g]Ⓛ	-7.784			
	K-[k*]		-1.305		
	C-[k]Ⓗ			1.978	
	C-[k^h]Ⓛ			2.196	
	J-[k]Ⓛ			3.156	
	K-[k]			3.749	
	K-[k^h]			3.853	
	J-[k]Ⓗ			4.825	
	C-[k^h]Ⓗ				9.540
	C-[k]Ⓛ				10.060
	有意確率	0.859	1.000	0.103	0.635

男性の場合、S-N-K検定の結果によると、日本語・中国語・韓国語11種類の軟口蓋破裂音は四つのグループに分けられ、同一グループ内の各破裂音の間には有意差が認められなかった。各グループ内の破裂音の種類を確認したところ、以下のような傾向が見られる。

①日本語の濁音[g]と韓国語の濃音[k*]の値が負の値である。

②高起点（Ⓗ）の中国語の不送気音[k]と低起点（Ⓛ）の中国語の送気音[k^h]と日本語の清音[k]（Ⓗ・Ⓛ）と韓国語の平音[k]と激音[k^h]との間に有意差が存在しない。

③高起点（Ⓗ）の中国語の送気音[k^h]と低起点（Ⓛ）の中国語の不送気音[k]の値が一番大きく、その間に有意差が存在しない。

表 4-27：日・中・韓軟口蓋破裂音[k][g]の H1-H2 の S-N-K 検定結果（女）

	破裂音	Alpha threshold = 0.05				
		1	2	3	4	5
S-N-K	C-[k]Ⓗ	-1.134				
	K-[k*]	0.667	0.667			
	J-[g]Ⓗ		3.841			
	J-[g]Ⓛ		3.873			
	C-[k]Ⓛ			7.750		
	K-[k^h]			9.119	9.119	
	J-[k]Ⓛ			9.863	9.863	
	K-[k]			10.854	10.854	
	C-[k^h]Ⓗ			11.198	11.198	
	C-[k^h]Ⓛ				12.530	
	J-[k]Ⓗ					15.765
	有意確率	0.211	0.069	0.120	0.127	1.000

女性の場合、S-N-K検定の結果によると、日本語・中国語・韓国語11種類の軟口蓋破裂音は五つのグループに分けられ、同一グループ内の各破裂音の間には有意差が存在しなかった。各グ

ループ内の破裂音の種類を確認したところ、以下のような傾向が見られる。

①高起点（Ⓗ）の中国語の不送気音[k]と韓国語の濃音[k*]の間に有意差が存在しない。

②日本語の濁音[g]（Ⓗ・Ⓛ）と韓国語の濃音[k*]の間に有意差が存在しない。

③中国語の送気音[k^h]（Ⓗ・Ⓛ）と低起点（Ⓛ）の不送気音[k]と非頭高型（Ⓛ）の日本語の清音[k]と韓国語の平音[k]と激音[k^h]の間に有意差が存在しない（ただし、中国語の低起点（Ⓛ）の不送気音[k]と送気音[k^h]との間に有意差が存在する）。

④頭高型（Ⓗ）の日本語の清音[k]の値が一番大きく、ほかの破裂音との間に有意差が存在する。

最後に、日本語・中国語・韓国語の軟口蓋破裂音[k][g]のH1-H2の相互関係および全体分布を可視化するために、クラスカルウォリス（Kruskal-Wallis）検定によって生成された箱ひげ図を提示し、日本語・中国語・韓国語の軟口蓋破裂音[k][g]のH1-H2の特徴を整理する。

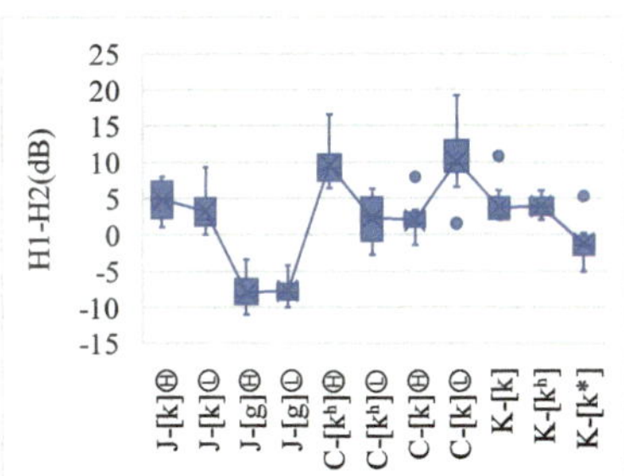

図 4-17: 日中韓軟口蓋破裂音[k][g]の H1-H2 の分布（男）

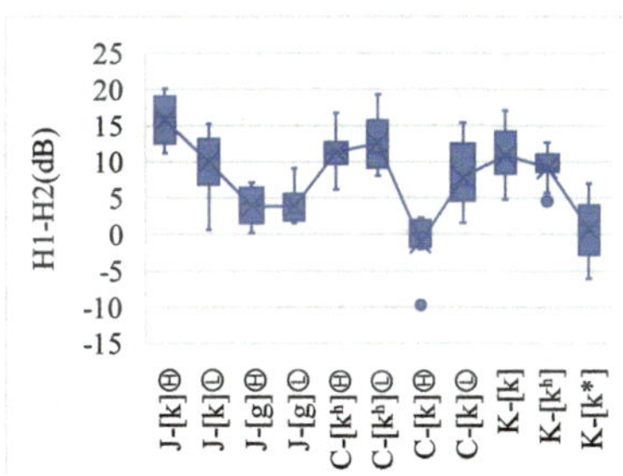

図 4-18: 日中韓軟口蓋破裂音[k][g]の H1-H2 の分布（女）

日中韓三ヵ国語の軟口蓋破裂音におけるH1-H2の箱ひげ図を観察した結果、以下のような傾向が認められる。

男性の場合、日本語の濁音[g]のH1-H2値は最も小さく、箱ひげ図において－10～－5の範囲に位置している。次いで、韓国語の濃音[k*]が－5～0の範囲にあり、これも比較的低い値を示している。一方、日本語の清音[k]、低起点（Ⓛ）の中国語の送気音[k^h]、高起点（Ⓗ）の中国語の不送気音[k]、および韓国語の平音[k]・激音[k^h]は、いずれも0～5の範囲に分布しており、互いに近似している。さらに、高起点（Ⓗ）の中国語の送気音[k^h]および低起点（Ⓛ）の不送気音[k]は、5～15の範囲に位置し、最も大きなH1-H2値を示している。

女性の場合は、全体的に男性よりH1-H2の値が高い傾向が認められる。マイナスの値を示すのは、高起点（Ⓗ）の中国語の不送気音[k]および韓国語の濃音[k*]のみである。次に、日本語の濁音[g]は0～5の範囲に位置しており、他の破裂音はすべて5～20の範囲に分布している。

以上の結果から、軟口蓋破裂音においては、日本語の濁音[g]、韓国語の濃音[k*]、および高起点（Ⓗ）の中国語の不送気音[k]は、帯気性が弱く、軋み声（creaky voice）に近い特徴を示すと考えられる。一方、日本語の清音[k]、高起点（Ⓗ）の中国語の送気音[k^h]、低起点（Ⓛ）の不送気音[k]、および韓国語の平音[k]・激音[k^h]は、帯気性が強く、息漏れ声（breathy voice）に近い特徴を有すると考えられる。

4. 4 VOTとH1-H2の関係性に関する考察

先行研究によれば、VOTとH1-H2は、ともに帯気性を判断するための音響的特徴として利用できるという（石鋒, 2008; T.Cho, 2002）。それでは、この二者の間にはどのような関連性があるのであろうか。

筆者が第4回漢字文化圏漢語教育国際学術シンポジウム（2023）で発表した当時、その研究において、日本語破裂音の音節内部には声調変化がないことを根拠として、日本語の単語のアクセント型を区別してなかった。一方、中国語の破裂音は高起点の声調を持つ破裂音音節のみ選んだ。この研究対象を前提とし、調査結果からVOTとH1-H2の内部関係性が基本的に同じパターンを示していることが確認された。

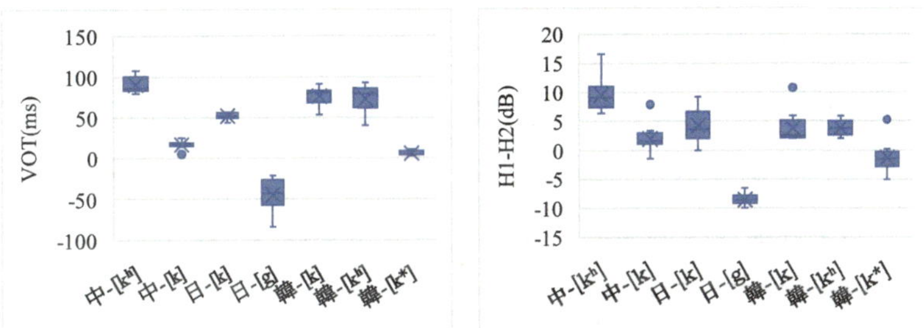

図 4-19：日中韓軟口蓋破裂音の VOT（左）日中韓軟口蓋破裂音の H1-H2（右）
（第四回漢字文化圏漢語教育国際学術大会での発表資料より）

しかし、本実験においては、日本語および中国語の声調タイプを具体的に細分化した結果、以下のような傾向が確認された。

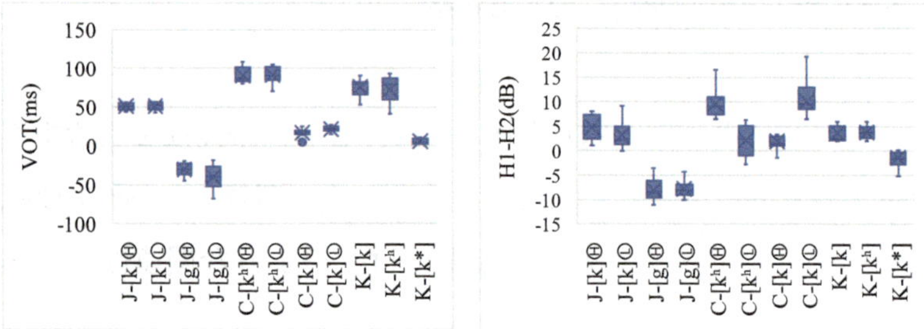

図 4-20：本稿における日中韓軟口蓋破裂音の VOT（左）日中韓軟口蓋破裂音の H1-H2（右）

韓国語と日本語において、VOTとH1-H2の内部関係性が基本的に同じパターンを示している。その一方、中国語の場合、VOTとH1-H2の内部関係性が一致しない。具体的には、低起点の送気音が長いVOTと低いH1-H2を示しているのに対し、低起点の不送気音が短いVOTと高いH1-H2を示していることになる。

VOTは、声門が解放された後から声帯が振動するまでの時間（中国語学界では一般的に息漏れの時間ともする）である。従って、VOTを用いて帯気性を判断するという見解は、時間的な側面に基づいている。一方、H1-H2は、声道の形状変化により生じる倍音振幅の変化を直接反映しており、本質的には声道の形状、つまり発声時の声門の緊張度を示している。従って、H1-H2を利用して帯気性を判断する根拠は、声門の緊張度に起因する息漏れの程度であると推測できる。中国語の破裂音において、声調の違いが声門の緊張度を変えるが、VOTの長さには影響を与えない。そのため、VOTとH1-H2の結果が一致しない現象が見られたのであると考えられるであろう。

5．おわりに

本研究では、語頭破裂音のVOT、後続母音のF0、H1-H2を指標として、日中韓三ヵ国語の語頭破裂音の類似点と相違点について統計分析し、考察した。その結果は分かりやすいように相対位置関係図 (Relative Position Diagram)で示し、次のように要約された。

(1)日本語・中国語・韓国語における語頭破裂音のVOTの関係性

図 5-1：日中韓三ヵ国語語頭破裂音における VOT の相対位置図

VOT 値			
負の値	正の値		
	小さい値	中程度の値	大きい値
日本語・濁音	中国語・不送気音	日本語・清音	中国語・送気音
	韓国語・濃音		韓国語・平音・激音

図5-1は日本語・中国語・韓国語語頭破裂音のVOTの相対位置を示した。この図からわかるように、日本語の濁音は唯一の負のVOTであり、他の破裂音とはっきりと区別できる。次に、中国語の不送気音と韓国語の濃音が小さい正の値のVOTであり、両者が近似している。一方、中国語の送気音と韓国語の平音・激音が大きい正の値のVOTであり、三者が近似している。最後に、日本語の清音のVOTは中程度の正の値であり、中国語の不送気音と韓国語の濃音のVOTより長いが、中国語の送気音と韓国語の平音、激音より短い。

(2)日本語・中国語・韓国語における語頭破裂音のF0の関係性

図 5-2：日中韓三ヵ国語語頭破裂音における F0 の相対位置図

F0 値

|--------低い値--------|---------中程度の値---------|--------高い値------

日本語・濁音Ⓛ　|　日本語・濁音Ⓗ

日本語・清音Ⓛ　|　日本語・清音Ⓗ

中国語・送気音Ⓛ　|　中国語・送気音Ⓗ

中国語・不送気音Ⓛ　|　中国語・不送気音Ⓗ

韓国語・平音　|　韓国語・濃音

韓国語・激音

図5-2は日本語・中国語・韓国語語頭破裂音音節のF0の相対位置を示した。日中韓三ヵ国のニュース放送における語頭破裂音音節のF0（ピッチ）について、次のような特徴がまとめられる。

①日本語語頭破裂音におけるピッチの起伏は日中韓三ヵ国語の中で一番弱く、全体的にピッチの高さも低い傾向が見られる。また、日本語語頭破裂音のF0の高さは「濁音Ⓛ＜清音Ⓛ≒濁音Ⓗ＜清音Ⓗ」の順となり、調音方法とアクセント型の両方から影響を受けていることを示している。

②非頭高型（Ⓛ）の日本語の濁音と清音、低起点（Ⓛ）の中国語の不送気音と送気音、または韓国語の平音はF0が低い傾向が見られ、これらの破裂音のF0は近似していると考えられる。

③高起点（Ⓗ）の中国語の不送気音と送気音、韓国語の濃音と激音はF0が高い傾向が見られ、これらの破裂音のF0は近似して

いると考えられる。韓国語破裂音よりは中国語破裂音のF0のほうがやや高い傾向が見られる。

④頭高型（Ⓗ）の日本語の濁音と清音のF0は中程度の高さであり、非頭高型（Ⓛ）の日本語の濁音と清音・低起点（Ⓛ）の中国語の不送気音と送気音・韓国語の平音のF0より高く、高起点（Ⓗ）の中国語の不送気音と送気音、韓国語の濃音と激音のF0より低い傾向が見られる。

(3)日本語・中国語・韓国語における語頭破裂音のH1-H2の関係性

日本語・中国語・韓国語の語頭破裂音音節におけるH1-H2の関係性には、男女によってやや異なる傾向が見られる。そのため、次に、男女別で日本語・中国語・韓国語の語頭破裂音音節のH1-H2の相対関係の特徴を整理する。

図 5-3：日中韓三ヵ国語語頭破裂音における H1-H2 の相対位置図（男性）

H1-H2 値

-----負の値-----|------------------------正の値------------------------

|----小さい値----|-----中程度の値-----|------大きい値------

日本語・濁音Ⓗ・Ⓛ |

日本語・清音Ⓛ | 日本語・清音Ⓗ

中国語・不送気音Ⓗ | 中国語・不送気音Ⓛ

中国語・送気音Ⓛ | 中国語・送気音Ⓗ

韓国語・濃音 | 韓国語・平音

韓国語・激音

図5-3は日本語・中国語・韓国語語頭破裂音音節のH1-H2（男性）の相対位置を示した。日中韓三ヵ国のニュース放送における語頭破裂音音節のH1-H2（男性）について、次のような特徴がまとめられる。

①日本語の濁音は、アクセント型に関わらず、H1-H2の値が一番小さく、ほとんど負の値である。次に韓国の濃音と非頭高型（Ⓛ）の日本語の清音はH1-H2がゼロに近く、小さい値を示している。これはこれらの破裂音が帯気性の弱い発音で、緊張音の軋み声に近いであることを反映していると考えられる。

②頭高型（Ⓗ）の日本語の清音、高起点（Ⓗ）の中国語の不送気音と低起点（Ⓛ）の中国語の送気音は、H1-H2の値が中程度で、すべての破裂音の中で、帯気性も声帯の開閉度も中程度である。

③低起点（Ⓛ）の中国語の不送気音と高起点（Ⓗ）の中国語の送気音、韓国語の平音と激音という四種類の破裂音は、H1-H2の値が最も大きく、帯気性が強く、声帯の開閉度が大きいという特徴を示していると考えられる。

図 5-4：日中韓三ヵ国語語頭破裂音における H1-H2 の相対位置図（女性）

H1-H2 値

---負の値---|---------------------------正の値---------------------------

|------小さい値------|-----中程度の値-----|------大きい値------

日本語・濁音Ⓗ・Ⓛ　|　日本語・清音Ⓛ　・Ⓗ

中国語・不送気音Ⓗ　|　中国語・不送気音Ⓛ　|　中国語・送気音Ⓛ・Ⓗ

韓国語・濃音　|　韓国語・平音

韓国語・激音

図5-4は日本語・中国語・韓国語語頭破裂音音節のH1-H2（女性）の相対位置を示した。日中韓三ヵ国のニュース放送における語頭破裂音音節のH1-H2（女性）について、次のような特徴がまとめられる。

①高起点（Ⓗ）の中国語の不送気音は、H1-H2の値が一番小さく、ゼロに近い負の値が多い。日本語の濁音（アクセント型に関わらず）と韓国の濃音もH1-H2の値が小さく、ゼロに近い。つまり、これらの破裂音は帯気性の弱い発音で、緊張音の軋み声に近いと考えられる。

②低起点（Ⓛ）の中国語の不送気音は、H1-H2の値が中程度で、つまり帯気性も声帯の開閉度もすべての破裂音の中で中程度である。

③日本語の清音（アクセント型に関わらず）、中国語の送気音（声調類型に関わらず）、韓国語の平音と激音はH1-H2の値が大きく、帯気性が強く、声帯の開閉度が大きいと考えられる。

本研究の独創性および意義については、以下の点から述べることができる。

第一に、研究対象の独自性についてである。従来の日中韓三ヵ国語に関する音声学的研究の多くは、一般の母語話者の発音を研究対象としてきた。それに対し、本研究では日中韓三ヵ国のアナウンサーによる発音を対象とすることにより、より標準語に近い三言語の音声的特徴を明らかにすることが可能である。

第二に、研究範囲の拡大についてである。対照言語学の分野においては、日中、日韓、中韓といった二言語間の比較研究は少なくないが、日中韓三ヵ国語を同時に横断的に比較した研究は多くは見られない。近年、AI（人工知能）の急速な発展に伴い、言語系専攻はあまり重視されなくなり、多くの言語系専攻が統合される傾向にある。一方で、いわゆる地域・国別研究が注目されるようになり、日中韓三ヵ国語の学科を統合した「東アジア学」として再編される事例も徐々に見られるようになってきている。このような背景の下、学習者にとって日中韓三ヵ国語を同時に習得することは、将来的な自己の発展やキャリア形成において、より高い競争力を備えることにつながる。したがって、日中韓三ヵ国語を対象とする本研究のような横断的比較研究の意義は、今後さらに高まっていくと考えられる。

第三に、実験データの充実性についてである。これまでの音響音声学に関する研究では、被験者数が2～5名、多くても10名前後であることが一般的であり、測定されたデータの量も比較的少なかった。先行研究の論文では、音声の音響的特徴を図表で示すにとどまり、具体的な音響的パラメータの数値については詳しく紹介されていないことが多い。これに対し、本論文では、日本語・中国語・韓国語のアナウンサー男女計24名による、日本語288語、中国語288語、韓国語216語、合計792個（両唇破裂音264個、歯茎破裂音264個、軟口蓋破裂音264個）の破裂音の発音を収集し、それぞれのVOT、F0、H1-H2の音響的パラメータを測定した。このように、本研究は日中韓三ヵ国語の音響音声学的研究におけるデータの蓄積に貢献するものであり、今後の関連研究にとっても貴重な参考資料となる。

第四に、分析結果の新規性についてである。科学技術の進歩に伴い、現代の言語学研究においても、データに基づく科学性や客観性がますます重視されるようになってきている。日中韓三ヵ国語における破裂音の音響音声学的研究に関しては、既存の多くの研究がVOTに注目しており、F0やH1-H2に関する研究はごくわずかであり、対照的な分析はほとんど行われていないのが現状である。これに対して、本研究は、これまでの先行研究には見られなかった数多くの新たな結論や発見を提示し、現在の研究動向において成果が相対的に乏しいという現状を補完するとともに、本分野における今後の研究の深化と発展に貢献するものである。

本研究は、日中韓三ヵ国語の音響的特徴に焦点を当てたものであり、広範な研究課題に取り組んでいるため、本稿には多くの限界が存在する。同時に、今後取り組むべき課題も数多く残されている。以下に具体的な課題を挙げる。

①日中韓三ヵ国語の破裂音に関する音響研究の更なる深化

本稿では主に語頭位置の破裂音に限定し、音響的特徴の分析を行った。また、日中韓三ヵ国語間の横断的比較をより明確にするために、後続母音は[a]に統一し、変数を統制した。今後は、語中の破裂音に関する研究や、後続母音（例えば、高母音あるいは低母音）による破裂音への影響に関する研究なども進めていく価値があると考える。

②破裂音以外の分節的特徴に関する日中韓三ヵ国語の比較研究の展開

本稿では、まず日中韓三ヵ国語における破裂音がそれぞれ特徴的であり、明確な差異が見られることから、破裂音に焦点を当てて比較分析を行った。しかし、破裂音以外にも、摩擦音や側音などの子音においても顕著な差異が存在する。母音に関しても、日本語の母音数は中国語や韓国語に比べて明らかに少なく、日中韓三ヵ国語間における母音の共通点および相違点も注目に値する。さらに、日本語の撥音「ン」、促音「ッ」、長音「ー」、韓国語のパッチム（終声子音）など、特殊な音節構造も存在する。今後は、これらの分節的特徴についても包括的な分析を進め、日中韓三ヵ国語の音韻特徴に関する対照研究をより一層充実させていきたい。

③アナウンサー養成に資する超分節的特徴の研究の展開

前項で述べた分節的特徴に加え、プロのアナウンサーによる標準的な発音においては、音高、アクセント、声調、イントネーション、リズム、ポーズといった超分節的特徴も極めて重要である。これらの超分節的特徴を対象とした分析研究を進めることは、アナウンサー人材の育成に一層貢献するものと考えられる。

□**付記**：本論は参考文献にあげた筆者の論文の内容をもとに加筆・再構成したものである。

[注]

1) 高低アクセント（英: pitch-accent）またはピッチアクセントとは、アクセント（すなわち語あるいは形態素の中の1音節が他の音節よりも卓立していること）の一種で、アクセントの置かれた音節が、音の特定の高低配置により指定されるものを言う。高さアクセントとも。音の強弱による強弱アクセント（強勢アクセント、英:stress-accent)や長短による長短アクセントとは異なる。標準中国語のような声調言語ではそれぞれの音節が独立の音調（トーン）を持つことができ、高低アクセントと対照をなしている。

2) 厳密には「破裂音の後続母音のF0」、「破裂音の後続母音のH1-H2」と表記すべきであるが、論文の簡潔性を保ち、読みやすさを向上させるため、以降は「破裂音のF0」、「破裂音のH1-H2」と省略して記述する場合がある。ここでいう「破裂音」は、子音としての破裂音だけでなく、後続母音を含む破裂音音節全体を指している。

3) NHK（日本）、中国之声（中国）、MBC（韓国）は、それぞれの国を代表する公共放送機関であり、そのアナウンサーの発音はいずれも認定を受けた模範的な発音とされている。さらに、これら三つのメディアはいずれも、スタイルの近いニュース読み上げ番組を有し、その音声を高音質でダウンロード可能な形で提供しているため、本研究ではこの三つのメディアを実験対象として選定した。

4) 東京式アクセントは、大きく平板式（平板型・無核型とも呼ばれる）と起伏式（起伏型・有核型とも呼ばれる）に分けられる。さらに、起伏式は頭高型・中高型・尾高型の三つの類型に細分される。本論文では、これらを「頭高型」と「非頭高型」の二つの類型に整理する。非頭高型には、平板型・中高型・尾高型が含まれる。すなわち、語頭破裂音の特徴を分析するにあたり、第1モーラ直後にアクセント核が存在するか否かに着目する。アクセント核が第1モーラの直後にある場合を「頭高型」、アクセント核が存在しない、あるいは第1モーラの直後に存在しない場合を「非頭高型」とする。

5) IPA symbols and definitions with information about their Unicode characters, The International Phonetic Association, (2005), "ASCII g 0067 also OK"。

【参考文献】

[日本語文献]

宇都木昭（2009）「日本語と朝鮮語の破裂音―音響音声学的研究の概観」『北海道言語文化研究』第7号、北海道言語研究会、pp.11-27

亀井孝・河野六郎・千野栄一（1996）「半有声音」『言語学大辞典6　術語編』東京: 三省堂

黄少安（2024a）「中国語・日本語・韓国語歯茎破裂音/t//d/の音響的特徴に関する研究―アナウンサーによる語頭破裂音を対象として―」『日本語言文化研究』7、pp.45-58

______（2024b）「中国語・日本語・韓国語両唇破裂音に関する音響音声学的対照研究―アナウンサーによる語頭破裂音を中心に」『건지인문학』40、pp.175-200

______（2024c）「日本語・中国語・韓国語の音響的特徴「H1-H2」に関する実験音声学的研究--ア　ナウンサーによる語頭破裂音を研究対象として」『漢語与漢語教学研究』15、pp.70-82

斎藤純男.（2006）日本語音声学入門. 東京: 三省堂.

邊姫京（2016）「韓国語ソウル方言における語頭閉鎖音VOTの年齢差と性差」『音声研究』20(2)、pp.23-37

[中国語文献]

梁之安（1963）「辅音的送气特性及其听觉辨认」『生理学报』2、pp.93-99

罗常培・王均（1957）『普通语音学纲要』北京：科学出版社

王璇・于水源（2008）「汉语塞音的送气特性与其VOT关系的实验分析」第八届中国语音学学术会议暨庆贺吴宗济先生百岁华诞语音科学前沿问题国际研讨会.

吴宗济・林茂灿（1989）『实验语音学概要』北京：高等教育出版社、pp.131-140.

吴宗济（1987）「普通话辅音不送气/送气音区别的实验研究」『中国语言学报』3

[英語文献]

Bang, H.-Y. • Sonderegger, M. • Kang, Y. • Clayards, M. • Yoon, T.-J（2018）The emergence, progress, and impact of sound change in progress in Seoul Korean: Implications for mechanisms of tonogenesis. *Journal of Phonetics*, 66、pp.120-144

Beckman, M. E（1986）*Stress and non-stress accent*. Dordrecht: Foris.

Bickley, C（1982）Acoustic analysis and perception of breathy vowels. Speech Communication Group Working Papers I. *Research Laboratory of Electronics, MIT*、pp.73-83

Blankenship, B（1997）The time course of breathiness and laryngealization in vowels. [PhD dissertation, UCLA].

____________（2002）The timing of nonmodal phonation in vowels. *Journal of Phonetics*, 30(2)、pp.193-228

Childers, D. G. • Lee, C. K（1991）Vowel quality factors: analysis, syntheses, and perception. *Journal of the Acoustical Society of America*, 90(5)、pp.2394-2410

Cho, T. • Jun, S.-A. • Ladefoged, P（2002）Acoustic and aerodynamic correlates of Korean stops and fricatives. *Journal of Phonetics*, 30、pp.193-228

Fujisaki, H. • Hirose, K（1984）Acoustic characteristics of Japanese stops. *Journal of the Acoustical Society of America*, 76(2)、pp.386-396

Huang Shaoan（2024a）A Statistical Analysis of Factors Affecting VOT and F0 in Plosive Sounds across Chinese, Japanese, and Korean: Focusing on the Standard Pronunciation of Professional Broadcasters. *International Theory and Practice in Humanities and Social Sciences,* 1(1)、pp.54-64

____________（2024b）A Comparative Analysis of the Acoustic Characteristics of Velar Plosives [k][g] in Chinese, Japanese, and Korean—A Study Based on the Pronunciation of Professional News Broadcasters—. *International Journal of Linguistics, Literature & Teaching,* 6(2)、pp.29-37

Huffman, M（1987）Measures of phonation type in Hmong. *Journal of the Acoustical Society of America*, 81、pp.495-504

Kawasaki, H（1983）Fundamental frequency perturbation caused by voiced and voiceless stops in Japanese. *Journal of the Acoustical Society of America*, 73(Supplement 1), S88.

Kim, C.-W（1965）On the autonomy of the tensity feature in stop classification (with special reference to Korean stops）*Word*, 21(3) 、pp.339-359

________ （1970）*A theory of aspiration. Phonetica*, 21、pp.107-116

Klatt, D. · Klatt, L（1990）Analysis, synthesis, and perception of voice quality variations among female and male talkers. *Journal of the Acoustical Society of America*, 87、pp.820-857

Ladefoged, P（1982）*A course in phonetics (2nd ed.)* New York: Harcourt Brace Jovanovich.

__________ （1983）The linguistic use of different phonation types. In D. Bless & J. Abbs (Eds.), Vocal fold physiology: *contemporary research and clinical issues* (pp.351-360）San Diego: College Hill Press.

Ladefoged, P. · Maddieson, I（1996）*The Sound of the World's Language.* Oxford: Blackwell.

Lasky, R. E., Syrdal-Lasky, A. · Klein, R. F（1975）VOT discrimination by four to six and a half month old infants from Spanish environments. *Journal of Experimental Child Psychology*, 20、pp.215-225

Lehiste, I（1970）*Suprasegmentals.* The MIT Press.

Lisker, L. · Abramson, A. S（1964）A crosslanguage study of voicing in initial stops: acoustical measurements. *Word*, 20、pp.384-422

________________________ （1970）Some effects of context on voice onset time in English Stops. *Proceedings of the 6th International Congress of Phonetic Sciences*、pp.563-567

Maddieson, I（1984）*Patterns of Sounds.* Cambridge University Press.

Shimizu, K（1996）A cross-Language Study of Voicing Contrasts of Stop Consonants in Asian Languages. Seibido.

Stevens, K（1999）*Acoustic phonetics.* Cambridge, MA: MIT Press.

日中韓3言語における漢字・漢語の代用表記について

Emily Sung

1．はじめに

日中韓3国においては、古くから一般社会での使用頻度が低い漢字や画数の多い漢字を、比較的画数が少ない漢字や広く定着している同音の漢字に書きかえることが行われてきた。

このような代用表記(書きかえ)の歴史は古く、古代中国における六書の仮借にもみられるように、漢字の表音性を利用し、本来の意味とは無関係の同音または類似音の漢字に新たな意味を持たせた例は枚挙に暇がない。

一方、現代の日中両国においては、一般社会で使用される漢字の字種・字数の制限や字体の統一などを目的とした文字政策の一環として漢字・漢語の書きかえが行われ、それらの政策の効果として一般社会に普及・定着した代用表記が多数存在する[1)]。いずれの場合も、筆記経済の追求や学習負担の軽減などを求めているが、前者は多数の使用者によってランダムに選ばれた漢字を対象として行われたのに対し、後者は漢字の使用制限を目的に選定・限定された漢字を対象にトップダウン方式で行われた点が大きく異なる。

現代日本語における代用表記の導入は、一般社会で使用される漢字の字数削減や「当用漢字表」(国語審議会1946)・「常用漢字表」(臨時国語調査会1923及び国語審議会1981)の表内字の円滑な使用に一定の成果を見出したが、代用表記による表記の併用やゆれ、類義語の造出による混乱などが新たな問題として指摘されるようになり、依然として課題は残されている。中国語においても状況は大きく変わらず、漢字の簡略化の一手法として採用された同音の漢字による書きかえは、漢字表記の利便性や学習の容易さ、文字使用の効率向上という点で高く評価されている一方で、方言における漢字音との相違による混乱、多義字の量産、さらに代用表記に用いられた漢字の本来の意味が熟語全体の意味理解を妨げる可能性などで批判されることも多い。

漢字の読みや用法、役割、位相などが言語ごとに異なるため、各国では異なる目的と方向、方法を持って漢字・漢語の代用表記が進められてきたが、その結果、各国で別々に生まれた新たな語形同士または本来の語形と新語形の間に、読みや意味、用法の違いが生じた例も少なくない。こうした違いを理解し、克服することは、日中韓3国の学術交流における円滑なコミュニケーションのためにも重要な課題の一つとなっている。

代用表記に関する研究は、日中両国において、自国の漢字制限によって生まれた代用字の特徴を考察する形で行われてきたが、そのほとんどが代用字の類型や使用特徴、適用範囲に焦点を当てており、代用表記の背景や各言語における変遷・定着の過程に関する十分な考察が行われてきたとは言い難い。また、代用表記によって生じた日中韓3言語間の新たな相違についても、これまでほとんど論じられてこなかったようである[2)]。

そうした観点から、本稿では、代用表記が生まれる背景を、漢字の特質(仮借)、社会の文化・慣習(避諱)、国の言語・文字政策(漢字制限)の三つに大別し、それぞれの国における独自の変遷過程や使用の現状を考察した上で、代用表記によって生じた言語間の違いを検討し、現代日中韓3言語における代用表記の意味を探ることを試みる[3)]。

2. 代用表記の背景

2.1 漢字という文字の特質から—仮借

本来の中国語は「1音節＝1形態素＝1漢字」の原則の上に成り立っており、大部分の漢字が何らかの意味や概念を持っていたと言える。かつて漢字が表意文字と呼ばれていたことはこのことに由来する。ただし、「丁丁(ぽとぽと)」や「哇哇(おぎゃあおぎゃあ)」などの擬声語は勿論のこと、古代中国語における借用語(「瑠璃」「菩薩」)から現代中国語における外来語(「卡路里(カロリー)」「色拉(サラダ)」)に至るまでの借音語、さらには口偏をつけてつくった形声字からなる「囉嗦(話がくどくどしい)」などにおいて、漢字は表音文字に近い機能を果たしており[4)]、このような漢字の表音的要素は、現代中国語における音訳語の急速な増加と相まって改めて注目されている。

周知の如く、漢字の成立と構成の原理である六書には、漢字の運用に関わる転注と仮借が含まれている。そのうち仮借は、『説文解字』[5)]叙に「六日假借。假借者、本無其字、依聲託事、令・長是也。」(六に曰く仮借。仮借なる者は、本と其の字無し、声に依りて事を託す。令・長是れなり。）とみられるように、必要な語を表す漢字がない場合、その語の意味とは無関係の同音または類似音の漢字を借りてその語を表すことであり、上記の『説文解字』には、命令の意味の「令」と「久しい」の意味の「長」を持って「最高責任者」「かしら」の意味を表すことが例示されている[6)]。ただし、本来の字が存在するにも関わらず、同音または類似音の漢字を借りて表記を行うことも仮借の一種であり、必要な漢字の有無に関係なく、漢字の音のみを利用したすべての代用表記が仮借に分類される。『論語』憲問第十四に「桓公九合諸侯、不以兵車、管仲之力也。」(桓公、諸侯を九合して、兵車を以てせざるは、管仲の力なり。）とあり、「糾合」または「鳩合」の代用表記として「九合」が用いられていることからもうかがわれるように、この類の仮借もその歴史はかなり古い[7)]。

いわゆる代用表記の始まりである仮借が漢字の運用原理として文字の発達に伴って進化してきたことから、同音の漢字による代用表記は、漢字の特質からして必然的に生まれる運用法の一つであると解釈できる[8)]。

2.2　社会の文化・慣習から―避諱

かつて漢字という文字体系を含み、儒教思想や仏教などの文化要素を共有していたいわゆる漢字文化圏においては、親や主君など目上の者の諱を呼ぶことを避ける「避諱」の慣習があった。

程度の差はあるが、時代や地域を問わず、避諱にふれる漢字を含む人名や地名などを改めた例は多く存在する。中国前漢の高祖の諱であった「邦」を避けるために、当時の人々が「中邦」を「中国」に、また「相邦」を「相国」に言いかえたことや、晋文帝の諱であった「昭」を避けるために晋の人々が歴史上の人物「王昭君」の名を「王明君」に言いかえたことなどが典型的な例としてあげられる。また、一般民衆の日常生活に欠かせない使用頻度の高い漢字であることから、即位と同時に皇帝が自ら自身の名を改めた例もある(清宣宗の場合、名を「綿」から「旻」へ改名している)。避諱においては、当該漢字を同義・類義の漢字に置きかえるほか、一画を記さない、または当該文字を書かずに空欄にするなどの方法が用いられたが、いずれの場合も、皇帝の避諱は現王朝のものに限られる傾向が強く、後代まで影響を与えた例は比較的少なかったのである。それゆえに、避諱は古文書の作成時期の推定における有力な手がかりとしても注目される。

先述した「相邦＞相国」のように避諱による代用表記が後代に受け継がれ、そのまま定着した数少ない例の一つとして、韓国の地名である「大邱」があげられる。本来、「達句伐」や「達弗城」、「達句火県」などと呼ばれていた同地域は、757年(景徳王16年)に新羅全域における行政区画の調整・整備が行われ、多くの地名が中国式に改められた際に「大丘」に変更されたが、朝鮮哲宗時代に孔子の諱である「丘」を避けるために地名が「大邱」に書き換えられ、そのまま定着して現在に至っている[9)]。このような書きかえは朝鮮時代の韓国で始まったものではなく、清の雍正帝が四書五経以外における「丘」の使用を禁止し、「阝」をつけた「邱」を代わりに用いるようにしたことに起源がある。儒教を含む多くの中国文化を崇め立てていた当時の朝鮮が、中国と同様の避諱を採用したことは必然的な結果であったと思われる[10)]。

一方、通字の習慣があった日本においては、中韓両国に比べ避諱の適用範囲が狭く使用例が少ない。古代日本の有力氏族であった大伴氏が淳和天皇(諱は大伴)の即位に伴い氏を「伴」と改めたことや、東海道に位置する令制国の一つであった常陸国に属する「白壁郡」が光仁天皇の諱である「白壁」を避けるために「真壁郡」に改められたことなどが一例としてあげられる。また、近代日本においては、仁孝天皇(諱は恵仁)、孝明天皇(諱は統仁)、明治天皇(諱は睦仁)の諱に用いられた「恵」「統」「睦」がそれぞれ欠画とされたほか、秩父宮妃が貞明皇后の名「節子(さだこ)」に遠慮して「節子(せつこ)」の名を「勢津子」に改めたことが有名である。

時代や地域により程度の違いはあるが、避諱という社会的慣習は、日中韓3言語における代用表記の成立や普及、定着に一定の影響を与えたと考えられる。

2.3 国の言語・文字政策から—漢字制限

現代韓国においては、中学校では選択科目として、高等学校では必修科目として「漢文」教科が設けられており[11)]、漢字・漢文に対する基礎知識や故事成語、ことわざなどの教育が実施されている。漢字教育を全面的に廃止してはいないが、一般社会においてはハングル専用が定着し、事実上の漢字廃止に向かっていると言える。そのため、現代韓国社会における「漢字制限」は、個々の漢字の運用法に関するものではなく、漢字という文字体系の使用に関する制限であり、後述する日中両国における政策とは性格を大きく異にする。

自国語を支える第一の表記手段として漢字を使い続けている日中両国では、対象となる文字や改革の方法、適用範囲、拘束力の有無など具体的内容においては違いがあるものの、両国ともに漢字の字種・字数・字体・字音などを制限し、表記手段としての漢字の効率性を高めるために様々な政策を企画立案・実施している。ここでは、日中両国語における漢字制限と代用表記の関わりについて考えてみたい。

中華人民共和国が建国されてから中国政府が最も力を入れてきた文化政策はいわゆる「文字改革」であり、それは、①「漢語拼音方案」[12)]の制定、②「簡化字」[13)]の作成・普及、字形の簡略化、③「普通語」(標準語)の制定・普及、字音の規範化に大別される[14)]。ここで取り上げる漢字制限は主に②の字形の簡略化に関するものである。

現在中国で使用される漢字の字体は、原則的に「漢字簡化方案」(中国国務院1956)の収録字をすべて採用した上で同案及び「関於簡化字的聯合通知」(中国文字改革委員会・文化部・教育部1964)の規定にしたがい、簡化字と簡化偏旁を用いてつくられる簡化字が表内に示された「簡化字総表」(国家語言文字工作委員会1986)に基づいている。同表に収められている簡略化された漢字には、異なる方法によってつくられた種々のものが含まれているが、それらのすべてが上記の漢字政策によって初めてつくられたものであるわけではなく、古くから俗字として一般社会で通用されてきたものが規範的な漢字として採用された例も少なくない。

不特定多数の人によって古くから行われ多くの俗字を生み出

してきた漢字の簡略化の対象が中国語の表記に用いられる漢字全体に広がり、官民共々漢字の簡略化に踏み切るのは1920年代からのことである。早い段階では陸費逵(1909)などが簡略化した漢字の字体をより普及・定着させることを提案しているが、その動きに火をつけたのは、漢字廃止を主張していた言語学者の一人であった銭玄同(1920)の発表であったと言える。同音の漢字による代用表記は、この段階においてすでに漢字簡略化の有力な方法として取り上げられており、後に国の文字政策としてまとめられた「簡化字総表」においても大きな役割を果たしている。以下、「漢字簡化方案」や「簡化字総表」などに用いられた漢字簡略化の主な方法と用例を簡略に紹介する。

【漢字簡略化の主な方法及び用例】[15)]

(1) 偏旁を変える:「禮-礼」「聯-联」「劉-刘」「難-难」
(2) 一部を取り除く:「奪-夺」「號-号」「務-务」「醫-医」
(3) 同音の漢字に書きかえる:「醜-丑」「穀-谷」「後-后」「鬱-郁」
(4) 草書体の楷書化による:「舉-举」「樂-乐」「書-书」「為-为」
(5) 古字を採用する:「雲-云」「鬍-胡」「網-网」「從-从」
(6) 造字をする:「塵-尘」「筆-笔」「竈-灶」「衆-众」(会意)
「護-护」「驚-惊」「懼-惧」「欄-栏」(形声)
(7) 適切な類推をする:「東-东;练、炼、拣」「將-丬夕;奖、桨、浆」
(8) 偏旁を省略する:「貝-贝;责、贯、贼」「愛-爱;援、媛、瑗」

同音の漢字による代用表記(上記の(3))によってつくられた簡化字は、新たな造字が避けられる、筆記経済や学習面で効率的であるという簡化字の利点に加え、古くから一般社会で広く用いられていた簡略字体(俗字)の多くを採用したことによる普及・定着上の有利性から注目を浴びたが、「漢字簡化方案」公布前後に発表された漢字簡略化と代用表記に関する夥しい数の研究からもその関心の高さがうかがえる。「簡化字総表」の公布当時、漢字の簡略化は漢字拼音化への一歩として漢字廃止論者の間で絶大な支持を受けていたが、同音の漢字による代用表記はその漢字簡略化の最も革新的な方法として一躍脚光を浴びることになったのである[16)]。そのことは、同音の漢字による代用表記が多くの既存の漢字、すなわち、代用字に書きかえられる本来の漢字の排除または使用制限を意味していたため、代用表記の採用が漢字の字種の制限・字数の削減につながると考えられたからであろう。

一方、日本においても同音の漢字による書きかえの歴史はかなり古く、少なくとも平安時代には「倭＞和」の代用表記がみられる[17)]。1920年代には漢語を書きかえた用例をまとめた「漢語整理案1-13」(『官報』臨時国語調査会1926-28)[18)]が発表されており、漢字・漢語の代用表記に関する政策が実施されたのはむしろ日本の方が早い。同案のまえがきに「本案は常用漢字の実行を円滑ならしめ、ひいて国語の健全なる発達を促さんがため、常用漢字と仮名を用いて文章を書綴り得るよう漢語を整理したものである。」と明示されているように、「漢語整理案1-13」は、「常用漢字表」(1923)の表内字の円滑な使用のために、表外字を含む熟語を表内字で構成された他のことばに置きかえた目録である。このように、漢字の筆画の簡略化という方向で代用表記を導入した中国の場合と異なり、日本における代用表記は、漢字の字種・字数の制限によって生まれる文字・言語使用上の困難を解決することを目的で取り入れられたが、こういった両言語における漢字制限の出発点及び方向性の違いは、代用表記の対象や方法などにおいて多くの相違点を生み出すことになる。

日本における代用表記は「当用漢字表」公布をきっかけにさらに具体化していく。終戦間もなく公布された同表は一般社会で使用する漢字を1850字に制限したものであったが、漢字の字種を制限したことにより、当然のことながら、同表に含まれた漢字を構成成分とする多くの漢語の表記をいかに処理するかが新たな問題として浮上する。その表外字を含むことばの処理に関して同表には「この表の漢字で書きあらわせないことばは、別のことばにかえるか、または、かな書きにする」と述べられているが、具体的な言いかえ・書きかえの方法や用例などは提示されておらず、1950年代から発表される種々の書きかえ案はまさしくその問題解決のために考案されたものであると言える。

それらの書きかえ案を簡略に紹介すると、まず、1950年に文部省内の手引書として『(文部省刊行物)表記の基準』(後に『国語の書き表し方』に改題)が刊行され、その後「公用文作成の要領」(1952年4月4日内閣通知)[19]及び「法令用語改正要領」(1954年11月25日内閣法制局)が相次いで一般公開される。ただし、いずれの資料においても提示された代用表記の用例はわずかであり、それらの用例が体系的にまとめられ、一般の人々の言語生活に影響を及ぼすようになるのは「同音の漢字による書きかえ」(国語審議会1956、以下「書きかえ」と略す)の報告まで待たなければならない。「書きかえ」は、先にあげた「公用文作成の要領」に提示された同音の漢字による代用表記の用例のうち「傭人>用人」を除外した8例[20]と「法令用語改正要領」に掲示された50余組の用例をすべて吸収した上で40組の代用字と301組の代用語、計341組の代用表記を提示しており、まさしく代用表記をめぐる従前の様々な試みの集大成とも言える[21)]。同報告書における書きかえは主に「当用漢字表」の表外字に対して行われたものであり、その対象となった漢字には1981年に公布された「常用漢字表」及び2010年公布の「改定常用漢字表」に含まれるようになったものもいくつかみられるが[22)]、すでに一般社会に定着した代用表記が、その影響を受けて再び元の語形に戻されることなどは行われていない。

一方、「当用漢字表」公布の影響を最も早くかつ深く受けた新聞放送協会は、「書きかえ」の公表以前に新聞における言いかえと書きかえの用例をまとめた『新聞用語言いかえ集』(日本新聞協会新聞用語懇談会編1955)を刊行している。同書に収録された代用表記には、「稀薄>希薄」「衰頽>衰退」「棲息>生息」など「漢字整理案1-13」や「書きかえ」に共通してみられる同音の漢字による書きかえに限らず、「按摩>あんま」「石鹸>せっけん」「膀胱>ぼうこう」のように単に「当用漢字表」の表外字をかな書きにしたものや「愛玩>愛用」「急逝>急死」「停頓>停滞」のように字音が異なる漢字に言いかえたもの、「閨秀>女流」「刹那>瞬間」[23)]「無聊>退屈」のように使用される漢字に拘らず類義語に言いかえたものなど、変更の基準や程度に大きく差がある種々のものが含まれている。同書の最大の特徴は漢字・漢語のかな書きや漢語の固有語への言いかえの用例が並外れて多い点にあるが、そのことは、幅広い読者層を持ち、また一般の人々にとって接触頻度が高いメディアとしての新聞の性格に起因すると考えられる。なお、同書は国の政策によるものではなく、拘束力を持つものでもないが、それらの代用表記は各種メディアで採用され、その多くが一般社会に浸透することになる。

以上述べてきたように、中国の場合は漢字の筆画の簡略化を目的とした文字レベルの代用表記が行われており、書きかえの対象となった漢字を含むすべての熟語において当該字を規定の漢字に書きかえることが原則となっている。一方、日本の場合は、漢字の字種・字数の制限から漢字制限が始まり、限定された漢字以外の漢字を含む特定の熟語を対象に代用表記が行われる傾向が強く、主に単語レベルで書きかえを捉えている[24)]。このような性格の違いから、同じ漢語を対象に代用表記を行っているものの、言語ごとに異なる語形が標準語形として選定されることもある。「保母」と「保姆」の場合が好例としてあげられよう。日本においては「常用漢字表」(1923)の表外字である「姆」を表内字の「母」に書きかえた代用表記の「保姆＞保母」が「漢語整理案1-13」に収録され、後に『新聞用語言いかえ集』や「書きかえ」などに反映され、一般社会に普及・定着したが、中国においては、両語が異形語整理の対象として取り上げられ、「第一批異形詞整理表」において「保姆」が標準語形として採用されたのである。

次章では、各国において独自に行われた代用表記によって生み出された日中韓3言語間の漢字・漢語の使用上の相違について、具体例をあげながら検討していく。

3．代用表記が生み出した違い

漢字・漢語の書きかえによって生まれた3言語間の違いには性格を異にする種々のものが混在している。前章で言及した「保母」と「保姆」のように、古くから同音の両語形が併用されていたが、言語ごとに異なる語形が標準語形として採用されるケースもその一つである[25)]。

日本の代用表記によって生まれた新しい語形が、中韓両国語に影響を与えることなく、日本語においてのみ意味を持つ日本製漢語の一種として定着したものもある。「函数＞関数」「抜萃＞抜粋」「抛棄＞放棄」「繃帯＞包帯」などは、日本語においては同音の漢字による書きかえであり、もはや代用表記の新語形が用いられるのが一般的となっているが、中韓両言語においては代用表記前後の漢字同士が異なる字音を持つため、書き換えられた新語形が単語として成立しないのである。

一方、日本でつくられた新語形の一部は韓国に伝わり、字音の異なる同義語・類義語を生み出したが、「詮衡＞選考」や「屍体＞死体」などがそれに当たる。

現代韓国語における「屍」と「死」は互いに字音が異なるだけでなく、字訓も異なり、いかなる場合にも両字の相互置換は不可能に近い。元の語形である「屍体」は、韓国語においても古くから用いられてきたが、同義語としては「屍身」「송장」「주검」などがあり、これらのすべてが使用分野を問わず「屍体」と併用されてきた。19世紀末の外国人宣教師らによってつくられた各種対訳辞書から日本統治期に刊行された『鮮訳国語大辞典』(船岡献治編1919)や『朝鮮語辞典』(朝鮮総督府1920)[26)]、韓国人によって編纂・刊行された初めての韓国語辞書である『朝鮮語辞典』(文世栄1938)に至るまでの諸文献において、死んだ人や動物の体を意味することばとして「死体」が用いられた形跡はなく、韓国語における「死体」の使用の歴史は比較的浅いと言える。『연세한국

어사전』(연세대학교 언어정보개발연구회편2004)や『표준국어대사전』(국립국어원2008)、『고려대한국어대사전』(고려대 민족문화연구원 국어사전편찬실2009)などの現行のほとんどの韓国語辞書においては次のような使い分けが行われているが、医学や法律などの専門分野においては意味・用法の区別なく併用されることも少なくない。

死んだ人の体：「屍体」「屍身」「송장」「주검」
死んだ人・動物の体：「死体」

たとえば、대한의사협회によって編纂・刊行された『의학용어집제2집』(1983)と同書の第3版(1992)には、cadaverに対応する韓国語用語として「屍体」とともに「死体」が収録されている。当時、日常語として定着していた普及率の高い「屍身」「송장」「주검」などの候補を押さえ、韓国語辞書にも収録されないほどなじみのない「死体」が推奨語として採用されたのは特筆すべきである。「死体」は、一般社会における普及率や一般人の理解度が高いことばを優先的に用いることを目的に収録語の全面的改定を試みた同書の第4版(2001)には収録されず、第5版(2009)においても、cadaverの訳語としては第4版で推奨された「屍体」と「屍身」のみが収録されている。一方、法律専門分野では、「死体汚辱罪」や「北韓住民死体処理指針」のように人に対しても「死体」を用いるだけでなく、「屍体剖検 / 死体剖検」「変屍体 / 変死体」のように両語形が同義語として併用されることもある。「死体」は新聞記事などで日本語由来の漢語として取り上げられたこともあり[27)]、一般社会での使用率は低下しつつあるが、法律文における

使用はほぼ定着しているようである[28)]。

その他、日本における代用表記によって生まれた新語形が政府主導で言いかえられたケースもある。代用表記によって現代日本語の中に定着した「掘削」は、「掘鑿」の「鑿」が「当用漢字表」に含まれていないことから同音の「削」に書きかえた語形である。しかし、工学関連分野では、『新聞用語言いかえ集』や「書きかえ」を通じて一般社会に広まる以前にも頻繁に代用表記が行われ、文部科学省と各学会が共同で編纂した『学術用語集』シリーズの採鉱ヤ金学編(1954)や土木工学編(1954)、建築学編(1955)などにおいては代用表記の語形のみが推奨語として収録されていることが確認できる[29)]。

先述した外国人宣教師による対訳辞書や日本統治期に刊行された辞書を含む初期のほとんどの韓国語辞書においては元の語形「掘鑿」も代用表記の「掘削」もみられない。しかし、1950年代に入ると英韓辞書や漢字辞書に「掘鑿」がみられ、さらに1970年代以降になると建築や機械などの工学関連分野を中心とした専門用語辞書に「掘鑿」と「掘削」がともに収録されるようになる[30)]。言いかえの対象として先にあがったのは元の語形である「掘鑿」であったが、同語形は、戦後間もない時期に始まった韓国の「国語醇化運動」の成果をまとめた『국어순화자료집』(문교부1976-82)において、「(땅을)팜, 파서 뚫음」への言いかえが提案されている。新語形の「掘削」が言いかえの対象となるのは比較的遅く、法律・法令文に用いられる用語や表現の見直しの成果をまとめた「알기 쉬운 법령 기준 제2판」(법제처2009)において、「掘削機」が言いかえるべき「日本式漢語」として取り上げられていることが確認できる。同書には先述の「掘鑿＞(땅을)팜, 파서 뚫음」の言いかえも収録され

ているが、「掘削機」に対しては「掘鑿機」に言いかえるよう提案しており[31]、「掘鑿」と「掘削」、「掘鑿機」と「掘削機」の処理方法には曖昧さが残る。いずれにせよ、現代韓国に伝わった数少ない日本の代用表記の中で、政府主導で言いかえが進められた特殊なケースであり、今後の動きが注目される。

日本語における代用表記によって中韓両国語における漢語との間に意味・用法上の相違が生まれた「刺戟＞刺激」「障碍＞障害」「編輯＞編集」のようなケースも大変興味深く、上記にあげた代用表記の例とまた異なる様相を呈するが、ここでは紙面の都合で立ち入らない。

4．おわりに

中国から日韓両国語に一方的に語彙の輸出が行われた千年以上の時を経て、西洋科学の導入に伴って近代日本でつくられた数多くの訳語が中韓両国語に流れる時を経て、今はもはや語種やことばが指す事物、使用者、使用分野に関係なく、あらゆる経路で日々言語間の語彙交流が行われる時代である。互いの言語に対する関心が高まる中、どの社会においても「共通して用いられるもの」に焦点が当てられがちで、3国がかつて漢字という文字体系を共有していたことはしばしば互いの言語に対する過剰な期待を抱かせる。ただし、漢字の字体や表記手段の違いを無視して日中韓3言語における「同形語」の存在を認めるにしても、それらのことばの多くは、読み方はもちろんのこと、意味や用法上において決して見逃してはいけない多くの相違点を持っており、本稿でみてきた、各国で独自に行われた漢字・漢語の代用表記も、そうした違いを生み出す一つの要因となっている。

言語の発展に文字の発達が追いつかず、言語使用者の需要に応えるために各地で自然発生した代用表記は、時には社会的慣習や文化的要因の影響から、時には国の言語政策の一環として、漢字文化圏と呼ばれる日中韓3国において独自に発展を遂げてきた。本稿では、3言語における漢字の位相・役割の相違から大いに異なる方向で進められたそれらの代用表記によって、同形語として認識されていたことばの意味・用法に新たな違いが生じたり、言語ごとにことばの運命が分かれたり、代用表記によって生まれた新しい語形が他の言語に伝わり異なる用法で用いられたりと、様々な現象を引き起こしていることを確認することができた。

自然発生的なものであれ、政策によるものであれ、漢字・漢語の代用表記は、筆記経済の追求や学習負担の軽減を求めて今後も各国で独自に発達し続け、外来語や略語を含む新語の急増による語彙体系の変化とともに、言語間の距離を遠ざける要因として働くことが容易に察せられる。それらが作り出す違いを一つずつ明らかにしていくことも、3言語の相互理解を深めるための一歩ではないかと考える。

□**付記**：本稿は、『日本研究』第56号（韓国外国語大学日本研究所、2013年）に収録された同題の論文（当時の著者名：成明珍）に修正を加えたものである。

[注]

1) 現代韓国社会においてはハングル専用がほぼ定着し、日常的な文字生活においてはもちろんのこと、かつて高い割合で漢字が用いられていた歴史学や韓国語学、漢文学などの専門書ですら漢字表記がほとんどみられなくなっている。新聞などのメディアにおいては一部の見出しや略語、人名に漢字表記が用いられることもあるが、その割合は極めて低い。また、中学校・高等学校においては、1800字の「한문교육용기초한자」(교육인적자원부2000)の学習が勧められているが、一般社会に対する強制力・影響力は極めて低く、漢字の字種や字数の制限は行われていない。漢字の字体に関しては康熙字典体を用いることを原則としているが、政策上の漢字・漢語の代用表記は存在せず、もっぱら使用する文字体系の制限に焦点があてられている。したがって本稿では、言語・文字政策としての代用表記に関しては日中両国語に範囲を絞って論述を進める。

2) 代用表記に関する代表的な研究としては、漢字制限によって生まれた書きかえ及び言いかえの種類や構成原理、適用方法などを分析した武部(1989)と、「同音の漢字による書きかえ」(国語審議会1956)に提示された代用表記の一般社会における定着や使用状況について概観しながら、代用表記がもたらした表記上の混乱や類義語の量産などの問題を指摘した田島(2007)があげられる。また、日本語における代用表記を類型化し、その研究成果を中国における日本語教育に取り入れることを提案した朱京偉(2001)も注目に値する。朱一星(1993a,1993b)は、日中両言語における代用表記の性質の違いに注目した数少ない研究であるが、中国語における仮借と異体字の関係を明確にしたうえで現代中国語における代用表記を分類し(朱一星1993a)、さらに日中両言語における代用表記の語形同士の関連性を考察した(朱一星1993b)点で非常に参考になる。

3) 代用表記を広く捉えるならば、同音の漢字による代用表記だけでなく、日本語における同訓の漢字による代用表記も考える必要があるが、本稿では、日中韓3言語を比較するために、同音の漢字による代用表記に考察対象を限定する。日本語における漢字制限と同訓の漢字による代用表記については武部(1989)に詳しい。

4) 易熙吾(1953:11)は、このように表音文字として機能する漢字を「純記音字」と呼び、特に口偏をつけた音訳字の場合はその口偏をなくした漢字を代用字として用いることが好ましいと述べる。同じく林曦(1953:9)は、「菓＜果」「荳＜豆」「媬＜保」「姆＜母」「崙＜侖」などの偏旁を加えてつくった形声字をあげながら、それらの字は本来の字に置きかえても良いと述べる。

5) 許慎記・徐鉉等校『説文解字』同治12[1873]版, 粤東書局

6)「県令」「県長」「令長」「長官」など。他にも、本来髪をすくための櫛の象形文字であった「非」を否定の「あらず」の意味で用いることや矛を表す「我」を一人称代名詞として用いることなど、このような当て字の用例は無数にある。「思う」の意味の「念」を「読む」「朗読する」の意味で用いたこともこの類の仮借であるが、同字の場合は、仮借による字義が本義を圧倒して用いられるようになったため、本字に口偏の意符をつけた形声字の「唸」がつくられたことが知られる。後に、両字の併用による表記の混乱を避けるために、「第一批異体字整理表」(文化部・中国文字改革委員会1955)において、「唸」が「念」の異体字として整理され、「念」に統合されるに至る。本字に偏をつけてつくられた形声字としては他にも「裘＜求」や「箕＜其」、「燃＜然」などがあげられるが、これらのすべての漢字は本字に統合されることなく、現代中国語の中に生き残っている。

7) 古注(何晏集解・東涯考訂『論語集解』寛政2[1790]版,千鍾房蔵版)はこの「九合」を「九タヒ合ス」と読み、桓公が諸侯の会盟を9回開催したとそれぞれの会盟を列挙して解釈している。一方、親注(朱熹集註・山崎嘉点『論語集注』土岐善麿旧蔵)は「九、春秋伝作糾、督也。古字通用。」とし、「春秋伝」(『春秋左伝』僖公26年の「桓公是以糾合諸侯」を指す)においては「糾」が用いられていることから、「九」は古字の仮借であると解釈している。なお、現代中国語における「鳩合」は、「第一批異形詞整理表」(教育部・国家語言文字工作委員会2001)において「糾合」の異形語としてあげられ、「糾合」を標準語形として用いることが定められている。

8) 恭士(1955:18)は、仮借が、新たな造字を避けるために既存の漢字を利用

した代用表記として漢字の歴史の中で発展してきたと述べ、発生原因はどうであれ、このような同音の漢字による代用表記は漢字の発展法則の一つとして今後も存続するとみている。

9) 朝鮮英祖時代に儒者の李亮采が英祖に孔子の避諱にふれるために地名を改めることを建議したが却下され当面は両表記が併用されていたが、哲宗時代に正式に改名されるに至る。英祖時代の記録(『大丘邑誌』など)には本来の表記が残されており、代用表記の「大邱」が初めて公文書にみられるのは1779年5月29日(正祖)の『朝鮮王朝実録』である。その後も、両表記の併用は続くが、哲宗が即位した1850年からはすべての公文書に代用表記のみがみられるようになる。ただし、同地域の有力氏族の一つである「大丘徐氏」の場合は「大邱徐氏」ではなく、「達城徐氏」に改められたことが知られる。現在韓国では、対象者本人が管轄官庁に族譜の複写を以って申請を行い、法廷で判決がくだされば、元の名称・表記の「大丘徐氏」へ復帰することが可能となっている。なお、地域名に関しては、同地域の市議会議員が市名の漢字表記を「大丘」に戻すことを提案したことがあるが、正式の表記が変更されるまでには至っていない。詳しくは영남일보 정치면 2011.10.4.「大邱 다시 大丘로 명칭 환원을」を参照。

10) 現代中国語における「邱」は、「第一批異体字整理表」において「坵」とともに「丘」の異体字としてあげられその使用が制限されることもあったが、名字として広く用いられることから「現代漢語通用字表」(国家語言文字工作委員会・新聞出版総署1988)に追加されることとなり、現在では規範的な漢字の一つとなっている。

11) 2013年4月現在。2009年12月23日に교육과학기술부によって発表された「2009개정교육과정」(고시 제2009-41호)による。

12) 1958年に全国人民代表大会で批准・公布された。この方案に基づく、国語を表すための表音文字体系のことは「拼音」と呼ばれる。漢字の発音を子音、介音、主音、母音、声調の五つの部分に分け、それぞれローマ字と記号を用いて示す方式であり、現代中国では、中国語教材における発音表記や検字法などに広く活用され、携帯電話やパソコンなどの通信機器におけるローマ字型キーボードにも応用されている。

13) 日中韓3国において同様、現在中国で使用される筆画の簡略化された漢字を「簡体字」と呼ぶことがあるが、本来「簡体字」とは「第一批異体字整理表」によって標準字体と認められた字体のみを指す名称であり、「簡化字」は、簡体字だけでなく、「漢字簡化方案」及び「簡化字総表」によって新たに簡略化され、標準字体として追加されたものを含む名称である。なお、中国の印刷標準字体は「印刷通用漢字字形表」(文化部・文字改革委員会1965)によって定められ、後に「現代漢語通用字表」によって改められたものとなっているが、「第一批異形字整理表」や「簡化字総表」などで定められた簡化字の字体も、「新字形」と呼ばれるこれらの字体に改められている。

14) 阿辻(1999) pp.3-4による。

15) 阿辻 前掲書 pp.12-14を参考とし、修正・加筆したものである。

16) 科学専門用語に用いられる漢字を書きかえることを提案した劉澤先(1955)は、漢字簡略化と代用表記、そして漢字拼音化に関して次のように述べている。「通過同音代替、人們纔会更清楚地認識到文字只要表音就够了；也就会逐漸改変『望文生義』的習慣。人們有了這種認識和改変、文字拼音化纔能比較順利地進行。因為文字拼音化基本上就是同音代替的最高発展。」(人々は、同音の漢字による代用表記を以て初めて、文字は音を表すことができれば十分であることをさらにはっきり知ることができ、また「望文生義(字面から意味をこじつける)」の習慣を徐々に変えることができる。人々にこのような認識と変化があってからこそ、漢字の拼音文字化は順調に進む。なぜなら、漢字の拼音文字化は概して同音の漢字による代用表記の発展の最終段階であるからである。) 劉澤先 前掲書 p.33 筆者訳。

17) 笹原(2013) pp.14-16による。

18) 同案に取り上げられた言いかえ・書きかえは849項目であるが、収録語は漢語に限らず、「水泡に帰す＞無駄になる」「終焉の地＞永眠の地」「余蘊なし＞余すところなし」などの7項目の慣用句もみられる。また、収録された漢語には、収録語の大部分を占める2字漢語だけでなく、「打撲傷＞うちみ」「管轄内＞所管内」のような3字漢語や「琴瑟相和＞夫婦和合」「時代錯誤＞時代遅れ・時勢遅れ」のような4字漢語もみられる。言いかえ・書きかえの方法としては、同音の他の漢字に書きかえる他にも他の語に言いかえる、かな書きにする、交ぜ書きにする、難しい語であるため廃棄するなど、様々な方法がとられている。なお、同案にあげられた同音の漢字による書きかえの用例は100組を上回るが、方向性や書きかえの方法、収録語の多くがその後の種々の書きかえ案に反映され、多大な影響を与えたことから、日本語における書きかえ案の先駆的存在として位置づけられる。

19) 「公用文作成の要領」には、「当用漢字表」及びその収録漢字の音と訓を定めた「当用漢字音訓表」(1948年2月16日内閣告示)で書き表せないことばの処理について、①かな書きをする、②「当用漢字表」中の意味が似た同音の漢字で書きかえる、③同義の漢字で言いかえる、④漢語をやさしいことばで言いかえる、の四つの処理方法が提示されており、同音の漢字による代用表記である方法②の使用例としては、「車輛＞車両」「煽動＞扇動」「碇泊＞停泊」「編輯＞編集」「哺育＞保育」「抛棄＞放棄」「傭人＞用人」「聯合＞連合」「煉乳＞練乳」の9例があげられている。

20) ただし「書きかえ」には同じ代用字を用いた「雇傭＞雇用」が収録されている。

21) 「書きかえ」に収録された代用表記の用例の中には、「闇＞暗」と「闇夜＞暗夜」、「兇＞凶」と「兇漢＞凶漢」「兇行＞凶行」「兇暴＞凶暴」、「慾＞欲」と「色慾＞色欲」「食慾＞食欲」のように代用字と代用語が重なるものが少なくない。ただし、同報告書においてはそれらの選定基準や運用方法に関する十分な説明が付されておらず、代用字を含むことばの中で一般社会における使用頻度・普及率が高いものを代表例として取り上げているのではないかと推測するばかりである。

22) 2010年公布の「改定常用漢字表」に含まれた「当用漢字表」の表外字は「闇」「腎」「汎」「毀」「窟」「臆」「潰」「哺」の8字であるが、「書きかえ」にはこれらの漢字を他の漢字に書きかえた「闇夜＞暗夜」「肝腎＞肝心」「広汎＞広範」「破毀＞破棄」「理窟＞理屈」「臆説＞憶説」「臆測＞憶測」「決潰＞決壊」「潰乱＞壊乱」「全潰＞全壊」「倒潰＞倒壊」「崩潰＞崩壊」「潰滅＞壊滅」「哺育＞保育」の14組の代用語が含まれている。

23) 「刹」は「改定常用漢字表」に追加されたが、同表にはその代表的熟語として「刹那」が提示されている。「刹那」は本来仏教用語であるものの、現代日中韓3国語における日常語特に文学作品などを中心に広く用いられるようになっており、3言語において同様、「瞬間」などの類義語では表せないニュアンスやイメージなどを表現できるという意識で使用されることが多い。類義語の存廃が、使用場面または用い方に対する使用者の意識やことばに対する好みによって決められた一例である。

24) 「稀＞希」や「宏＞広」、「坐＞座」、「聯＞連」など、熟語に関わらず書きかえることが勧められる代用字も少なからず存在するが、先述した「書きかえ」の収録状況からもわかるように、日本語における代用表記は個々の漢字よりそれらの漢字を含む漢字熟語を重な対象としている。

25) 現代韓国語において同語はハングルのみで表記されることが一般的であるが、現行のほとんどの韓国語辞書における同語の漢字表記は「保姆」のみとなっている。

26) 同書には、「屍体」のほかにも「屍身」「屍帳」「屍臭」など「屍」を構成成分とする見出し語がいくつかみられるが、「屍」を「死」に書きかえたものは見当たらない。なお、これらのことばに対する日本語の説明文においては「屍帳：死体の検案書」「屍臭：死体の腐乱して発する臭気」のように、代用表記の「死体」が用いられている。

27) 서울신문 사회면 2008.3.21「[우리말 여행] 시체, 사체, 송장, 주검, 시신」

28) 刑法(法律第11731号)の第159条の「사체등의 오욕」(死体汚辱罪)や第161条の「사체등의 영득」(死体損壊罪や死体遺棄罪など)における「死体」は人に対するものであるが、家畜伝染病予防法(法律第11690号)の第22条の「사체의 처분제한」の「死体」は動物に対するものであり、対象を問わず、「死体」を含む法律・法例文が多くみられる。

29) 「excavation掘削」「excavator掘削機」「trench excavationトレンチ掘削」など。

30) 「掘鑿」のみを収録している文献には『민중서관포켓영한사전』(민중서관1954)、『신영한대사전』(어문각1964)、『상해한자대전』(한영출판사1976)、『영한건축설비용어사전』(성안당1988)などが、「掘鑿」と「掘削」の両方を収録している文献としては『최신 기계용어대사전』(도서출판세화1988)や『영한일한기계용어사전』(성안당1989)、『건축용어대사전』(지문당1989)などがある。

31)「일본식 한자어의 목록과 정비안」(p.57)及び「Ⅱ. 정비 용어」(p.254)の表に2回取り上げられている。同語の言いかえは2011年に公開された同書の第4版にも再収録されている。

【参考文献】

阿辻哲次（1999）「21世紀の漢字文化圏を考える」『中国の漢字問題』大修館書店、pp.1-34

笹原宏之（2013）『NHKカルチャーラジオ 歴史再発見 漢字と日本語の文化史(NHKシリーズ)』NHK 出版、pp.14-16

朱一星（1993a）「現代中国語漢字の同音書き換え—対照研究のために」『京都外国語大学研究論叢』XLI、京都外国語大学、pp.374-388

_____（1993b）「日本語の同音漢字による書きかえと中国語の仮借による簡化字」『京都外国語大学研究論叢』XLII、京都外国語大学、pp.184-195

朱京偉（2001）「日本語の漢語の書き換えと中国語」『或問』No.2, 近代東西言語文化接触研究会、pp.1-12

田島優（2007）「代用字・代用表記(同音の漢字による書きかえ)について」『国語文字史の研究 十』和泉書院、pp.229-244

武部良明（1989）「漢字制限と書きかえ・言いかえ」『漢字講座第11巻 漢字と国語問題』明治書院、pp.118-143

菱沼透（1989）「中国の簡体字と常用漢字」『漢字講座第11巻 漢字と国語問題』明治書院、pp.258-276

文化庁国語課監修（1982）『新編 現行の国語表記の基準』ぎょうせい

恭士（1955）「漢字簡化中的同音代替問題」『中国語文』1955年4月号、人民教育出版社、pp.18-20

李行健主編（2002）『現代漢語異形詞規範詞典』上海辞書出版社

林曦（1953）「漢字同音代用規律的初步研究」『中国語文』1953年12月号、人民教育出版社、pp.7-10

劉澤先（1955）「談談科学用字的同音代替」『中国語文』1955年7月号、人

民教育出版社、pp.33-35

陸費逵（1909）「普通教育応当採用俗体字」『教育雑誌』創刊号、p.11

銭玄同（1920）「減省漢字筆画的提議」『新青年』第7巻第3号、pp.111-116

史定国主編（2004）『簡化字研究』商務印書館

易熙吾（1953）「同音仮借是精簡漢字的一個方法」『中国語文』1953年12月号、人民教育出版社、pp.11-14

서울신문 사회면 2008.3.21「[우리말 여행] 시체,사체,송장,주검,시신」
http://www.seoul.co.kr/news/newsView.php?id=20080321010011&spage=10
(検索日：2013.4.1)

영남일보 정치면 2011.10.4「大邱 다시 大丘로 명칭 환원을」
http://www.yeongnam.com/mnews/newsview.do?mode=newsView&newskey=20111004.010030724450001（検索日：2013.4.1）

日・韓・中・英語における道具複合名詞の語構成対照研究

李東哲（山東外事職業大学）

1．はじめに

日本語にはハエを打ち殺すのに用いる道具に「ハエタタキ」という複合名詞があるが、この複合名詞は「ハエ」という名詞と動詞「たたく」の連用形「タタキ」から構成されている。つまり、「ハエタタキ」は「ハエをたたく」という動詞句がまず前提となり、この動詞句が縮まってハエをたたいて殺すという道具複合名詞が形成されたものと見ることができよう[1)]。

ところで、この「ハエタタキ」という道具を表す複合名詞を韓国語、中国語と英語に訳するとそれぞれ「파리-채」[2)]、「苍蝇-拍子」[3)]と「fly-swatter」となっているが、その表す意味はほぼ等価（equivalence）であると見てよかろう[4)]。しかし、その語構造を比べてみると、韓国語と中国語ではいずれも「名詞（파리・苍蝇）＋接尾辞的名詞（채・拍子）[5)]」という「名詞＋名詞」の単純構造であって、日本語の「ハエタタキ」のように動詞句が前提になっているわけでもなく、後項名詞が日本語の動詞連用

形のように名詞化した構造でもない。また、韓国語と中国語とでは前項は日本語と同じように名詞であるが、後項は韓国語ではまったく動作性を持たない名詞、中国語では動作性を持つ接尾辞的名詞が付いて作られている。したがって、この道具複合名詞に限ってみた場合、動詞の名詞化という文法上の手続きを持っている韓国語よりも、中国語のほうが語構造上日本語に近いと見ることができなくもない。一方、英語では見かけ上、日本語と同じように名詞「fly」に「たたく」の意味を表す「swat」という動詞が名詞化したもの「swatter」が加わった構造になっているが、やはり日本語と違って名詞と動詞からなる動詞句の構造ではない。それは英語のswatは他動詞で、たとえば「swat a fly」（ハエをぴしゃりと打つ）[6]のようにswatは目的語を要するからである。すると、日本語における「N＋V_a[7]」構造の道具複合名詞は韓国語、中国語と英語ではいつもこのような構造で作られているかというと、もちろんそうではない。

本稿では、以上のような問題点を踏まえ、まず日本語の語構成において「動詞から名詞を引き出す」「動詞の名詞転化様式」（西尾1961：61）を中心に、名詞＋動詞連用形からなる道具複合名詞について考察・分析し、このような語構成は韓国語、中国語と英語ではそれぞれどのような構造をもって現れるかを比較対照することによって、それぞれの語構成特徴について明らかにしたい。

2．日・韓・中・英語における動詞を名詞化する手続き

2.1 日本語における動詞の名詞化

前節で取り上げた「ハエタタキ」の「タタキ」のように、日本語には動詞の連用形がそのままの形で名詞に転化するという方式が古くから存続していたと言われている（西尾1961）。この方式によって形成された名詞は古くは「居体言・仮体言」などの名で呼ばれ、現代文法では「品詞の転成」、「動詞の転成」、「転成名詞」、「動詞連用形名詞」、「動詞連用形の名詞化」などといろいろな名で呼ばれているが、本稿ではこれらの名称を一括して「動詞連用形名詞」と呼ぶことにしたい。

ところで、日本語において動詞連用形名詞は語形成の重要な手段の１つと見なされているが、それはおそらくこの手続きによる動詞の名詞化は「遊び」、「読み」、「洗い」などのような単純動詞にも、「受け入れ」、「組み立て」、「洗い流し」などのような「動詞＋動詞」型の複合動詞にも起こり、その他の複合語の下位成分にも（ねじ回し、首巻き、栓抜き）、上位成分（立場、生き方、流し台）または中位成分（波打ち際）にも成り得、とりわけ複合語の中で量的に「名詞＋名詞」型複合名詞に次いで多いからであろう[8)]。呉海蓮（2012）では『学研国語大辞典』（学習研究社）を調査対象に動詞連用形からなる複合名詞について調べて統計しているが、それによれば「動詞連用形＋動詞連用形」複合名詞は1,250語、「動詞連用形＋名詞」複合名詞は1,664語、「名詞＋動詞連用形」複合名詞は2,016語、「形容詞・形容動詞語幹＋動詞連用形」複合名詞は121語、「副詞＋動

詞連用形」複合名詞は9語、そして「接頭語＋動詞連用形」と「名詞＋動詞連用形型接尾辞」複合名詞はそれぞれ224語と28語であるという。これだけでも優に5,000語を超えている。つまり、日本語では動詞が名詞化した連用形名詞と他の語による複合語（派生語を含む）はこれくらいぼう大な数を占めているわけである。この中から、本稿の論題である「名詞＋動詞連用形」複合名詞にしぼって考えてみた場合、呉海蓮（2012）の調べでもわかるように、このタイプの動詞の名詞化語彙の中で数的にもっとも多く（動詞連用形名詞からなる複合語全体の38%を占めている）、それだけにその重要性も他の構造に比べて際立っている。

本稿の冒頭で述べたように、このタイプの複合名詞を「名詞＋動詞」からなる動詞句が縮まって形成されたと想定した場合、前項の名詞と後項の動詞との間に格関係が生じるが、この格関係について阪倉（1966）では「（一）前項Aが、後項Bの動詞に対して主語の関係にたつもの、（ニ）前項Aが、後項Bの動詞の目的語の関係にたつもの、（三）前項Aが、後項Bの動詞に対して、（一）（ニ）以外のいろいろな関係で修飾語となっているもの」との３種類に分け、秋元（2006）では(1)AがBの主格である場合（目覚める←目が覚める）、(2)AがBの対象である場合（名付ける←名を付ける）、(3)AがBの道具・材料を表す場合（くしけずる）の３種類に分けているから基本的に同じ分け方であろう。但し、前者はデ格、カラ格やニ格など、ガ格とヲ格以外の格関係をひっくるめて提示しているのに対して、後者ではデ格のみを提示している。これは、おそらく李東哲[9]（2014）の統計にも見られるように[10]、このタイプの複合動詞の大半はガ格とヲ格の結びつきによって成り立ち、その他の格によるものはかなり少ないからであろう。

このように、格関係によって構成された日本語の「名詞＋動詞の名詞化」型複合語は後項がすでに名詞化されて名詞となっているので形成後の複合語全体は名詞で、文中においても名詞としての働きをしなければならないが、実は中には「値上げ」、「腕組み」、「店じまい」などのように動名詞[11)]となるものと、「手洗い」、「夜明け」、「ねじ回し」のように動名詞にはなれず、「単純名詞」にしかなれないものとに分けられる。その特徴として前者は「する」を伴って動詞化するのに対して、後者はそのような働きを持たない。そして、後者の「純然たる名詞」は道具、人間、産物を表すことができるという（影山1993）。本論で取り扱う道具複合名詞はいうまでもなく後者の純然たる名詞とされる複合名詞である。

2.2 韓国語における動詞の名詞化

本論の手始めに日本語の「ハエタタキ」は韓国語では「파리-채」と訳され、その語構成において日本語とは異なる様相を呈していると述べたが、韓国語にも動詞から名詞を作る手続きがないわけではない。韓国語における動詞の名詞化には動詞語幹に名詞化接尾形態素を結合させる接尾派生法があり[12)]、この接辞派生法によって形成された名詞形は動詞本来の叙述性から完全に離れて物の名を表すものと、派生名詞になってからも動詞本来の叙述性を維持し、統合的機能だけ名詞のようにふるまうものとがあるが、前者は転成名詞、後者は動名詞と呼ばれる。そ

して、前者は「날-개（つばさ）」、「이쑤시-개（楊枝）」、「마개（ふた）」、「놀이（遊び）」、「마중（出迎え）」などのように、動詞語幹に「-개」「-애」「-이」「-ㅇ」などの接尾辞が付いて形成され[13]、後者は「걷기（歩き）」、「놀음（遊び）」などのように、「-ㅁ」と「-기」が付いて形成されるという（沈在箕2000：307-309）。

沈在箕（2000）の上記の分け方を日本語と比べてみた場合、前者はいわば「純然たる名詞」で、後者はいわば動名詞になるわけであるが、日本語ではその分け方の特徴として機能動詞の「する」を付けて動詞化できるかどうかを基準にしているのに対して、韓国語では必ずしもそうではない。それは韓国語にも日本語の「する」に相当する「하다」という機能動詞があるが、前掲の動名詞「걷기」や「놀음」にふつう「하다」を付けて動詞化することができないからである。しかも、「겨눔하다（ねらいをつける）」、「겨울차림하다（冬支度をする）」、「겨울나기하다（越冬する）」、「그네뛰기하다（ぶらんこ乗りをする）」、「마중하다（出迎えする）」などに見られるように、転成名詞を作る接尾辞とされる動詞の名詞化名詞にも、動名詞を作る接尾辞とされる動詞の名詞化動詞にも「하다」の接続が可能なわけである。その理由についてはもっと詳しい検証による議論が要されるが、本論ではその区別が主目的ではないので、この辺で止めておくことにする。

また、日本語と同じように、韓国語においても動詞の名詞化は単純動詞にも、複合動詞にも起こるが、形態的に韓国語では動詞語幹に接尾辞が付いて動詞の名詞化が実現されるので、名詞化した名詞は日本語のように複合語の前項成分または中間成分になりにくいという点で両者に異同が見られる。もう１つは、日本語では動詞の名詞化は複合語形成においてとても重要な位置を占め、その数もぼう大であるが、韓国語では「名詞＋動詞」構造の複合動詞に比べ、「名詞＋動詞の名詞化」構造の名詞がちょうど日本語と逆の様相を見せていることが李東哲（2014）によって指摘されている。

2.3 中国語における動詞→名詞の手続き

周知の通り、中国語は孤立語（isolating language）で日本語や韓国語のように語尾変化もなければ、英語のように屈折（infraction）もなく、名詞化という文法用語も一般的に用いられていない。しかし、次の例のようにまったく同じ形態のものが動詞としても名詞としても用いられるケースは少なくない。

（1）爱她。（彼女を愛する）
　　对她的爱。（彼女に対する愛）
（2）多活动有利于健康。（たくさん運動すれば健康に有利である）
　　登山是一项高强度的健身活动。（登山は高強度の体を鍛える運動である）
（3）尝食物的味道。（食べ物の味を見る）
　　味道好极了。（味が素晴らしい）
（4）好好思考。（よく考える）
　　这个想法欠思考。（この考えは浅い）[14)]

しかし、英語では「The apple will fall down.」と「It is a bad fall.」における「fall」のように、動詞としても名詞としても用いられるものは、動詞から名詞に転換したものとして転換（conversion）という語形成の１形式と見なされているが、中国語ではふつうこのような品詞の転換は語構成の範疇に入れられず[15)]、しかもそれを識別する形態的マーカーもないので、動詞が先なのか、名詞が先なのかという判断がまず難しいという（張維友2010：88）。つまり、中国語と英語では動詞としての名詞としても用いられる語があるが、英語では品詞の転換として取り扱われているのに対して、中国語ではまだ未確定な状況にある。

中国語にはこのように、品詞的に動詞と名詞の両方にまたがって用いられるもの以外に、その数は限られているが、「夹子jiā-zi（はさむもの、ピンや紙ばさみなど）」、「推子tūi-zi（バリカン）」、「滚子gǔn-zi（ローラー）」、「塞子sāi-zi（栓）」、「凿子záo-zi（たがね）」、「剪子jiǎn-zi」（はさみ）、「刨子bào-zi（かんな）」などのように、動作性をもつ動詞[16)]に接尾辞「-子zi」を付けて動詞を名詞に転換させる方法がある。しかし、「-子zi」という接尾辞は動詞にだけでなく、「桌-子zhūo-zi（テーブル）」、「刀-子dāo-zi（小型のナイフ）」、「秃-子tù-zi（はげた人）」、「瘦-子shòu-zi（痩せた人）」、「粒-子lì-zi（つぶ）」、「本-子běn-zi（ノート）」[17)] などのように、名詞にも形容詞にも、はたまた量子にも接続して名詞を作る役割をするのである。もう１つは、「赛儿sāi-r（栓）」、「扣儿kòu-r（むすび）」、「捆儿kǔn-r（たば）」、「滚儿gǔn-r（ころころころがること）」、「旋儿xǔan-r（旋回）」、「救儿jiù-r（助け、助かる望み）」、「盼儿pàn-r（望み）」、「逃儿táo-r（逃げ道）」、「治儿zhì-r（治る望み）」

[18]などのように、動詞または動詞・名詞両品詞の語に「-儿er」という接尾辞をつけて名詞に転化させる手続きであるが、この「-儿」の付加も「-子」の付加と同様に、もちろん中国語では動詞の名詞化という名前では呼ばれてはいない。それはおそらく「-儿」も名詞や動詞以外に、形容詞にも、量子にもついてこれらの名詞、動詞、形容詞または量子を名詞に転化させる働きをするからであろう。しかし、いずれにせよ、韓国語や次小節の英語における名詞化の手続きに照らしてみれば、中国語における接辞付加による動詞→名詞転化もやはり転換名詞の１種類と見たほうが理にかなうだろう[19]。

ところで、「動詞＋子」の転換名詞は「夹子」などの語例に見られるように、ほとんど道具や器物を表す名詞であるのに対して、「動詞＋儿」の転換名詞は「赛儿」の１語を除いて道具や器物を表す名詞ではない。この傾向は、中国語における道具複合名詞の形成は「-儿er」よりも「-子zi」という接尾辞が有用に働く可能性を示唆している。

2.4 英語における動詞の名詞化

英語の動詞の名詞化はまず次の例（5）～（8）のように転成（conversion）によって実現される。

（5）taste the food.
Wonderful taste.

（6）It is wrong to cheat.
The man is a cheat.

(7) The boy is trying to catch the fish.

The fishermen had a good catch that day.

(8) You must cover the jar tightly.

Do you see the cover of the jar?[20)]

しかし、動詞→名詞の転換より、名詞→動詞の転換は次の例（9）と（10）のように、もっと普遍的であるという。（張維友2010：90）

(9) Bob bikes to school.

(10) It was Hokkaido that I milked a cow for the first time.[21)]

例（9）と（10）のbikeとmilkはそれぞれ「自転車」と「牛乳」を指す道具または物材名詞(Locatum verb)であるが、動詞に転用されている例である。名詞転換動詞の中でもとりわけ生産性が高いのは「道具・手段」の用法であるというが（影山・由本1997：16）、日本語における道具複合名詞の構造である「名詞＋動詞連用形名詞」型が多いのと何らかのかかわりがあるように思われる。それは、次節の語例に見られるように、前項と後項の格関係はすべてヲ格（目的格）で、ヲ格の場合は必ずといってもいいくらい、深層構造ではその動作主が必要とされるからである。

英語における動詞から名詞を作るもう１つの方法として、動詞に接尾辞（suffix）を付加する方法がある。動詞から名詞を作る英語の派生接辞には、-ingのほか、-（at）ion(e.g.relaxation)、-ment（e.g.development）、-ance（e.g.allowance）、-al （e.g.arraval）、-age(e.g.coverage)などがあるが、このような動詞の名詞化は、形態的には韓国語の動詞の名詞化、中国語における「動詞＋子」または「動詞＋儿」に類似している。

要するに、日・韓・中・英語における動詞から名詞を作る手続きとして日本語では動詞の連用形がそのまま名詞化して名詞としての働きをするのに対して、韓国語では動詞の語幹に接尾辞を付加して名詞または動名詞を作り、中国語と英語ではそれぞれ品詞の転換と接尾辞付加によって動詞から名詞を作るわけである。

3．日中韓英語における道具名詞の対照分析

日本語における「名詞＋動詞連用形名詞」構造の中で「純然たる名詞」は道具、人間、産物、場所、時間などを表すとされているが（影山1993）、ここでは道具複合名詞だけにしぼって日本語をベースに、韓・中・英語ではどのような構造になっているかについて考えてみることにする。

影山（1993）では「名詞＋動詞連用形」構造の道具複合名詞として「鉛筆削り、紙挟み、爪切り、ガラス磨き、湯のみ、ちり取り、本立て、水差し、姿見、栓抜き、楊枝入れ、ネジ回し、軸受け、黒板消し、傘立て、手拭き、筆入れ、ガラス切り、髭そり、洋服掛け、歯止め、下痢止め、茶漉し、靴下止め、錆止め、千枚通し」などを取り上げているが、これ以外にも「缶切り、矢立て、目隠し、耳搔き、耳飾り、虫下し、虫干し、筆入れ、筆立て、歯磨き、ネズミ捕り、毒消し、泥除け、弾除け、

毛抜き、くぎ抜き、草取り、紙入れ、金入れ、糸巻き、汗取り、油さし……」[22)]などがある。

これらの道具複合名詞を一覧すると、まず前項名詞はいずれも後項の動詞連用形名詞の目的語であることがわかる。というのは、このタイプの複合名詞はやはり前述したように、「鉛筆を削る」、「紙を挟む」、「爪を切る」、「ガラスを磨く」などの動詞句を基底にして作られた道具複合名詞であることを物語る。

それでは次の［表１］を通して韓・中・英語における道具複合名詞の構造について比べてみたい[23)]。

［表１］日本語の「N＋Va」道具複合名詞とその韓国語・中国語・英語訳

	日本語	韓国語	中国語	英語
1	ネジ回し $N+V_a$	나사-돌리-개 $N+V_s+a$	螺丝-刀 N＋N	screw-driver N＋V＋a
2	栓抜き $N+V_a$	병-마-개、따-개 $(N+N)+V_s+a$	螺丝-锥、起（启）-子 N＋N、V＋a	Bottle-opener N＋V＋a
3	爪切り $N+V_a$	손톱-깎-이 $N+V_s+a$	指甲-刀 N＋N	nail-clippers N＋V＋a
4	ひげそり $N+V_a$	면도[24)]-칼 N＋N	刮-脸-刀[25)]、剃-须-刀 （V＋N）＋N	shaver N＋a
5	鉛筆削り $N+V_a$	연필-깎-이 $N+V_s+a$	铅笔-刀、卷-笔-刀 N＋N、（V＋N）＋N	pencil -sharpener N＋V＋a
6	ちり取り $N+V_a$	쓰레-받-기 $N+V_s+a$	簸箕 V＋N	dust-pan N＋N
7	本立て $N+V_a$	책-꽂-이 $N+V_s+a$	书-架 N＋N	book-shelf N＋N
8	耳飾り $N+V_a$	귀-걸-이、귀-고리 $N+V_s+a$、N＋N	耳-环、耳-坠-子 N＋N、N＋V＋a	ear-drop N＋N
9	黒板拭き $N+V_a$	칠판-지우-개 $N+V_s+a$	板-擦-儿 N＋V＋a	blackboard -eraser N＋V＋a
10	手拭き $N+V_a$	수-건 N＋N	手-巾 N＋N	hand- towel N＋N

11	缶切り $N+V_a$	깡통-따-개 $N+V_s+a$	罐头-起子 $N+V+a$	can-opener $N+V+a$
12	紙バサミ $N+V_a$	종이-가위 $N+N$	纸-夹-子 $N+V+a$	paper-clips $N+N$
13	湯のみ $N+V_a$	찻-잔 $N+N$	茶-碗 $N+N$	tea-cup; tea-bowl $N+N$
14	歯磨き $N+V_a$	치-약 $N+N$	牙膏 $N+N$	Tooth-paste $N+N$
15	耳掻き $N+V_a$	귀-이-개 $N+V_s+a$	掏-耳-勺 $V+N+N$	ear-pick $N+N$

＊Nは名詞、Vは動詞、V_aは動詞連用形、V_sは動詞語幹、Aは形容詞、$_a$は接尾辞である。

[表１]に取り上げた日・韓・中・英語の15の道具複合名詞の構造を比べてみると、言うまでもないことであるが、日本語はすべて「名詞＋動詞連用形名詞」の構造であり、しかも「名詞＋ヲ＋他動詞連用形名詞」の構造である[26)]。これは、後述するように、日本語における道具複合名詞は必ず他動詞を要し、したがってその動作主は有情物であることから基本的に「名詞＋動詞」句をベースに作られていることがわかる。一方、韓国語では「$N+V_s+a$」か「$N+N$」構造で表現され、中国語では基本的に「$N+N$」か「$N+a$」で表現されている。これはおそらく韓国語には一応日本語と同じように、いわゆる動詞の名詞化という手続きがあり、この動詞の名詞化が実質的には日本語の「$N+V_a$」構造に似ているのに対して、中国語には、動詞の名詞化が確立されておらず、道具複合名詞を作る手段として、動詞に接尾辞「-子」か「-儿」をつけて表現する方法しかないからであろう。他方、英語にはとりあえず動詞の名詞化という手続きがあり、あるいは動詞の転換（conversion）、あるいは動詞に接尾辞を付加する２種類の方法があるが、実際道具名詞を作る方法は

中国語に似ており、「名詞＋名詞」か「名詞＋V＋a」構造がメーンになっている。また、前掲のように英語には動詞を名詞化する接尾辞には「-ing」をはじめ、たくさんあるが、[表１]に取り上げられている15語の道具複合名詞に限ってみたばあい、基本的に「-er」しか用いられていない。これは、英語における道具複合名詞の形成は唯一「-er」が担っていることを裏付けると考えられよう。なお、４番目の「shaver」は動詞「shave」が名詞化した名詞であるが、名詞と結合せず単独でヒゲソリの意味を表しているものもある。

以上、日・韓・中・英語における道具複合名詞の構造について[表１]を通して対照してみたが、日本語と英語との比較において、例えば「缶切り」は、人が缶を切る（開ける）為のものと理解するのが日本語の発想としては自然であり、英語の'can opener'が'the thing which opens a can'（その道具が缶を開ける）という外項の関係を意味する（Levin&Rappaport1988）のとは違っている（影山1993：189）。言い換えれば、日本語における「名詞＋連用形名詞」構造の道具複合名詞は「名詞＋他動詞」の他動詞句をベースに形成されるので動作を行う動作主を必要とするが、その動作主はいうまでもなく、人間であるということであろう。

４．単純道具名詞と道具複合名詞との関係

前節では「名詞＋動詞連用形」構造の道具複合名詞について見てきたが、もちろん単純道具名詞もある。例えば、「はさ

み」、「はたき」、「はかり」、「ふるい」、「鋤」などであるが、日本語には相対的にこのタイプの道具名詞は少ない[27)]。それではここに列挙した５語が韓・中・英語ではどのように表現されているかについて次の［表２］で見てみたい。

［表２］日本語の単純道具名詞とその韓国語・中国語・英語訳

	日本語	韓国語	中国語	英語
1	はさみ V＋a	가위 N	剪-刀、剪-子 V＋N、V＋a	scissors; shears; clippers V＋a
2	はたき V＋a	먼지-떨-이、총-채 N＋V_s＋a、N＋N	掸-子 V＋a	duster V＋a
3	はかり V＋a	저울 N	秤 N	scale N
4	ふるい V＋a	체 N	筛-子 V＋a	sieve N
5	鋤 V＋a	가래 N	铁-铲 N＋N	shovel N

［表２］に取り上げた道具名詞の構造を見ると、韓国語では基本的に固有単純語[28)]、中国語では「V＋a」、英語では固有語または「V＋a」構造でそれぞれ表すことが多いようである。この傾向から単純道具名詞の場合、韓国語では固有語で表し、中国語ではやはり「剪-子jian-zi」や「掸-子dan-zi」などのように、「V＋a」構造が多いのが特徴である。中国語にはこのほかにも「斧子fu-zi」、「锤子chui-zi」、「钳子qian-zi」、「凿子zao-zi」、「刨子bao-zi」、「铲子chan-zi」、「钩子gou-zi」、「锥子zhui-zi」など接尾辞「-子」の付加による道具名詞が多い。それに対して英語では固有語以外に、「V＋a」の構造も少なくない。[表２]に挙げた１と２以外に、「shaving」などのように、道具複合名詞には見られなかった、接尾辞「-ing」の付加による語

も見られる。というのは、道具複合名詞には接尾辞「-ing」の付加による形成は不可能であるが、単純道具名詞にはこのタイプは容認されることを物語る[29)]。

5．おわりに

本稿は、日本語における「名詞＋動詞連用形名詞」型語構造の特徴を見極めるために、その中で道具複合名詞を選んで韓国語、中国語、英語との比較・対照を試みた小論であるが、おおざっぱに言えば、まず日本語における同タイプの道具複合名詞の形成は「名詞＋ヲ＋動詞」句をベースに作られているのに対して中国語と英語は並べ方（語順）は日本語に似ていても、「名詞＋動詞」句がベースになっているのではなく、「名詞＋（動詞＋接尾辞）」型が基底となっていることがわかる。たとえば、日本語の「缶切り」に相当する中国語の「罐头-起子」と英語の「can-opener」はそれぞれ「起」や「open」という単純動詞に接尾辞が後続して「起子」と「opener」が形成され、それに前項名詞「罐头」と「can」が追加され、道具複合名詞が作られたと見ることができる。それは、日本語では「缶きり」や「手拭き」の動詞連用形名詞である「切り」や「拭き」だけでは道具名詞として成り立たないか、具体性を欠いているのに対して、「起子」や「opener」が単独でも道具を表す名詞として成り立つことからも裏付けられる。一方、韓国語では「$N+V_S+a$」か「N＋N」構造で表現されていることが多いが、これはおそらく韓国語には一応日本語と同じように、いわゆる動詞の名詞化という手続きがあり、この動詞の名詞化が実質的には日本語の「N＋V_a」構造に似ているからであろう。もう１つの理由としては、第３節の末尾に引用した影山の指摘にも見られるように、それぞれの言語における発想の違いを挙げることができよう。次は、日・韓・中・英４言語の比較対象を通して日本語には相対的に単純道具名詞が少なく、「名詞＋動詞連用形名詞」構造の道具複合名詞が絶対多数であるのに対して、中国語や英語には単純道具名詞が少なくないことがわかった。また、英語における道具名詞の作り方の１つに「動詞＋接尾辞」のタイプが認められるが、「名詞＋動詞＋接尾辞」の場合は基本的に「-ing」が用いられず、「-er」だけが用いられているのに対して、単純道具動詞の場合は「-ing」がよく現れていることが明らかになった。

本稿では、主として日本語における15語の道具複合名詞を取り上げ、韓・中・英語との比較対照を通してその構造上の異同を見つけようとした試みである。しかし、日本語におけるあらゆる道具複合動詞を考察の対象にしたわけではないので、結論が不完全である可能性と、日本語の道具複合名詞を中心に考察したので偏った結論を導いた可能性があり得るが、この２点については後日機会があれば補完していきたい。

□**付記**：本論文は2015年11月、『日語日文学研究』第95輯１巻（韓国日文日文学会）に掲載されたものに若干手を加えて転載したものである。

[注]

1) その形成過程については論考が必要であるが、「タタキ」という連用形名詞が先にあってそれが「ハエを」を伴って「ハエタタキ」という複合名詞が形成されたとは、一般的に考えにくい。

2) ハイフンは読者に語と語の結びつきがよくわかるようにするために筆者が施したものである。以下同。

3) 「苍蝇-拍子」は中国語で「苍蝇-拍儿」ともいう。

4) 英語の「fly-swatter」は「ハエ」に限らず、羽のある昆虫を打ち殺すのに用いる道具という意味もあるが、基本的に同じ意味を表すと考えてよかろう。

5) 韓国語の「채」は「棒」の意味で、中国語の「拍儿・拍子」は「はたくもの・たたく道具」の意味で単独でも用いられるが、一般的に具体物を表す名詞とともに接尾辞的に使われる場合が多いので「接尾辞的名詞」とした。

6) Shogakukan PROGRESSIVE English-Japanese Dictionary(3rd Edition)の「swat」項を参照。

7) 影山（1982）では「手書き」、「ラッパ吹き」のような「名詞＋動詞連用形」型を「N＋V_a」で表し、「a」を接尾辞であるとする。これはおそらく「手書き」に当たる「hand-writing」や「ラッパ吹き」に当たる「trumpet player」における「-ing」や「-er」を視野に入れたからであろう。

8) 姫野（2005）には複合語の構成パターンとして16種類取り上げられているが、その中で「名詞＋名詞」型がもっとも多く、2番から4番までの順位はいずれも動詞連用形から転成した名詞から構成された複合語である。

9) 文中における引用文献の氏名は日本人の場合は名字のみで表記し、中国人と韓国人はフルネームで表記した。

10) 李東哲（2014）が『エッセンス日韓・韓日辞典』（民衆書林）』から抽出した129語の「N＋V」型構造の中で、ガ格とヲ格による結びつきであると推定されるものはそれぞれ47語と56語で全体の80%を占め、その次はニ格16語（13%）、デ格6語（5%）と続いている。

11) 影山（1993）による。

12) しかし、中には「길이」、「높이」などのように、形容詞語幹に接尾辞「이」が付いて形成された状態の程度を表す名詞もあるが、沈在箕（2000）ではこれらの形容詞を「状態動詞」として取り扱っている。この点、日本語とは多少趣を異にしている。

13)「-개」と「-이」の異形態である「-게」と「-에」が付く場合もある。

14) 例文は張維友（2010）から引用したものであるが、中国語の日本語訳は筆者によるものである。香坂（1971）によれば、中国語には品詞を分けるべき形態がほとんどなく、ある事象を動きとして捉えればそれは動詞であり、事物として捉えれば、それは名詞であり、性質・状態として捉えれば、それは形容詞であるというが、この指摘からも中国語における品詞分類はかなり恣意的な側面があることがわかる。

16) 香坂（1971）では、これらを「動詞と見られる」語根と言っているが、間違いなく単独で動詞として用いられているので、ここでは動詞と見ることにした。

17) 語例はいずれも香坂（1971）から引用した。

18) これらの語例も香坂（1971）からの引用である。

19) しかし、香坂（1971）では中国語の古代語において、ある動作（特に手の動作）とその道具との区別がつかないものが多く、動詞と名詞の未分化という前提に立てば、あるいは名詞に「-子」が接辞したものと見られないこともないと、疑問視している。

20) 例文は張維友（2010）から引用したものである。

21) 例文は影山・由本（1997）から引用した。

22) これらの語例は筆者が調べたものである。

23)［表１］に取り上げたのはこのページに列挙した道具複合名詞の中から日常生活でよく用いられると思われるもの。なお、偏りを避けるために、どちらの言語にしかない文化的なことばは除いた。

24) 辞書によると、「면도」は「ひげそり・顔そり」「ひげを剃ること」と解釈されているが、漢字は「面刀」と表記されている。しかし、「面」も「刀」も名詞なのになぜ「面刀」が動作・行為をあらわすようになったかはつまびらかではない。

25) 『日中辞典』（小学館）の「ひげそり」項では「ひげそり」は「剃胡子」「刮脸」と訳されているが、それぞれ「ひげを剃る」「顔を剃る」という意の「V＋N」構造であって複合名詞ではない。

26) ［表１］の８の「耳飾り」だけは、「耳を飾るもの」と「耳に飾るもの」との２つの解釈が可能で、異例とも言える。

27) 筆者が見出し語約1万1千語が収録されているという『日本語を学ぶ辞典』（新潮社）に当たってみたところ、動詞連用形からなる単純道具名詞は「はさみ」と「はかり」の２語しか載っていなかった。

28) 日本語の「はたき」だけは韓国語では他の構造と異なって「먼지-떨-이」で表されているが、「떨-이」だけでは「はたき」ではなく、他の意味を表すので、「ほこり」の意を表す「먼지」をつけていると思われる。

29) 影山（1997）では「名詞＋動詞連用形」複合名詞に対応するものとして、「動作、過程、状態」、「結果、産物」、「動作主、人間、職業」、「場所」、「手段、原因」、「様態」、「時間」などの意味を表す数多くの「名詞＋動名詞（-ing）」構造を取り上げているが、「動作主、人間、職業」と「道具、場所、材料」の意味を表すとき、「英語では-erが担当することが多い。なお、-ingでも職業（人間そのものではない）や材料（道具ではない）を表すことはある」と指摘している。

【参考文献】

秋元美晴（2006）『語彙12』アルク

伊藤たかね・杉岡洋子（2002）『語の仕組みと語形成』研究社

上野恵司編（1997）『中英日韓対照分類 中国語基本語彙』白帝社

影山太郎（1993）『文法と語形成』ひつじ書房

________（1997）「日英語の語構成」『語構成』ひつじ書房

影山太郎・由本陽子（1997）『語形成と概念構造』研究社出版

香坂順一（1971）『中国語の単語の話―語彙の世界』光生館

呉海蓮（2012）「複合名詞構成素としての動詞連用形」『日本文化研究』

第41輯、pp.291-305
阪倉篤義（1966）『語構成の研究』角川書店
徐瑛・李東哲（2015）「対訳辞書における語義解釈とコロケーション-中国語の『出現』と日本語の『現れる』を中心に-」『日語日文学研究』第92輯第１巻、韓国日語日文学会、pp.65-92
西尾寅弥（1961）「動詞連用形の名詞化に関する一考察」『国語学』43、pp.60-81
姫野昌子等編（2005）『現代日本語の諸相』財団法人 放送大学教育振興会
白同善（2013）「簡略による新語としての『る動詞』の語構成に関する研究」『日語日文学研究』第84輯、韓国日語日文学会
李東哲（2010）「日・中・韓・英語における事物命名比較研究序説」『日語語言文化研究』延辺大学出版社、pp.81-96
______（2014）「『ゆで卵』と『삶은 달걀』―日韓における『動詞＋名詞』の構造をめぐって」、『日語日文学研究』第91輯第1巻、韓国日語日文学会、pp.249-272
______（2015）「日・韓・中『N＋V』型複合動詞の対照研究」『日本学研究』第45号、檀国大学日本研究所、pp.285-306
사회과학원언어학연구소어휘연구실（1974）《단어만들기 연구》사회과학출판사
沈在箕（2000）《국어어휘론》집문당
鐘潔（2012）『한국어와 중국어의 합성어 구조 연구』全北大学校大学院 博士論文
張維友（2010）《英汉语词汇对比研究》上海外语教育出版社

＊上記の参考文献以外にも日・韓・中・英語にかかわる多数の対訳辞書やhttp://fanyi.baidu.com/translate?queryを参考にした。

韓国人および中国人日本語学習者における日本語の自動詞・他動詞・受身の選択について

杉村泰 (名古屋大学)

1. はじめに

日本語の有対動詞（相対動詞ともいう）の自動詞・他動詞・受身の選択は、日本語学習者にとって習得の難しい項目の1つである[1)]。これについて本稿では、質問紙による選択テストを利用して、日本語母語話者（以下「日本人」と呼ぶ）、韓国語を母語とする日本語学習者（同「韓国人」）、中国語を母語とする日本語学習者（同「中国人」）の選択傾向の違いを比較する。

2. 先行研究

日本語学習者にとって有対動詞の自動詞・他動詞・受身の選択が困難であることは、守屋（1994）、小林（1996）、中村（2002）、曾（2012）など多くの先行研究で指摘されている。このうち、守屋（1994）は中級前半から中頃程度の学習者（中国語母語話者60名、韓国語母語話者49名、英語母語話者21名）を対象に、(1)や(2)のようなアンケートを23問実施した。

(1) ドア［を／が］風でバタンと（閉めた／閉まった）。（守屋1994の例①）

(2) （焼肉店で）「さあ、（焼いた／焼けた）肉から、順番に召し上がって下さい」（守屋1994の例⑯）

その結果、守屋（1994）は日本語の自動詞と他動詞の選択基準には図Aのような条件が関わるとして、条件2～4の場合には人為的なイベントであっても自動詞が選択されると述べている。また、「動詞の自他の選択の難しさは、程度の差はあれ、自動詞選択のむずかしさにある」（p.163）として、図Aの条件のうち「1から4へと次第に習得が難しくなっていく」（p.163）ことを指摘している。

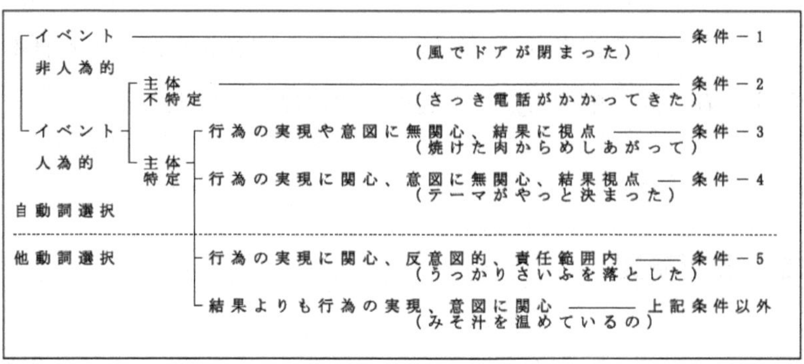

図A　守屋（1994）の自他動詞の選択条件

守屋（1994）は日本語の自他選択には①人為的行為か否か、②動作主が特定的か否か、③話し手の関心が行為にあるのか結果にあるのかが関わることを示し、日本語学習者は①②③の順にその処理が難しくなると指摘している。しかし、次の点でなお改善の余地がある。

- 日本語学習者については複数の被験者からデータを取っているが、日本人については守屋本人の内省のみに頼っている。
- 中級学習者だけでなく、初級学習者や上級学習者も見た方がよい。
- 人為的事態は細かく分類しているが、非人為的事態は１種類しかない。
- 主体の特定・不特定の分類基準が不明瞭である。これについては、動作主が特定の個人または複数の人物の場合は「主体特定」、動作主が不特定多数や社会一般の場合や動作主を不問にする場合は「主体不特定」とすると、より明確な分類となる。
- 条件３と条件４はあまり違いがないため、合わせて考えればよい。
- 守屋（1994）は自動詞と他動詞の選択しか見ていないが、受身も選択肢に入れた方がよい。

これを受け、杉村（2013a-d, 2014a-c, 2015, 2019）では守屋（1994）の事態の分類を図Ｂのように修正し、アンケートの選択肢に受身を加えて、日本人、中国人、韓国人、ウズベク人（ウズベク語母語話者）の自動詞・他動詞・受身の選択を比較した。

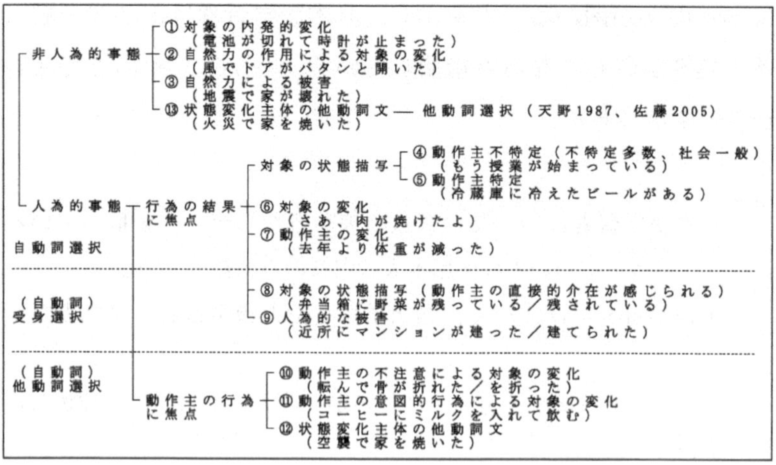

図Ｂ　本研究における事態の分類と日本人の選択傾向

その結果、日本人は自然現象であればたいていの場合に自動詞を選択するのに対し、日本語学習者は「電池が切れて時計が止まった」のように対象の内発的変化を表す場合には自動詞の選択率が高いものの、風力など外力の影響を受ける場合には他動詞や受身の選択率が上がることなどを指摘した。これを受け、本研究では韓国人、中国人の習得度別データを比較する。

3．調査の概要

本研究では先の図Ｂに示した13の事態に沿って、(3)のような日本語の選択テストを60問作成した。さらにそれを(4)のような韓国語や(5)のような中国語に直訳したテストを作成した。日本語テストと韓国語テストでは助詞と動詞の組み合わせで最も適当だと思うものを一つ選んでもらい、中国語テストでは①～③

のうち最も自然だと思うものを一つ選んでもらった。

(3) 電池が切れて時計（が / を）（止まった / 止めた / 止められた）。

(4) 전지가 떨어져서 시계(가/를) (멈췄다/멎게했다/멈춰졌다).

(5) ①电池没电了，所以表停了。
②电池没电了，所以把表停了。
③电池没电了，所以表被停了。

被験者は次の通りである。中国人学習者はN3を取得していた人が１名しかいなかったため、日本語能力試験の級を持っていない「無級」の人を分析対象とした。「無級」はおよそN3合格レベルにあると思われる。

［日本語テスト］
・日本語母語話者 114名（2012年5月に名古屋大学の学生に実施）
・韓国人学習者 N 1：97名、N2：30名、N3：13名
（2012年6月～2015年3月に日韓の15大学の学生・卒業生に実施）
・中国人学習者 N 1：107名、N2：81名、無級：267名
（2012年5月～2013年5月に日中の9大学の学生に実施）
［韓国語テスト］
・韓国語母語話者 117名（2013年4月に釜山外国語とソウル女子大学の学生に実施）
［中国語テスト］
・中国語母語話者　67名（2013年4-5月に北京第二外国語学院と華東師範大学の学生に実施）

日本語テストと韓国語テストでは、「が＋他動詞」や「を＋

自動詞」といった格助詞と動詞の「ねじれ」も出てきたが、今回は見やすいように「ねじれ」を除外して、ねじれのなかった回答の自動詞・他動詞・受身の選択率の合計が100%になるように再集計した。これをグラフにすると、4節の図1A/B～図20 A/Bのようになる。

4．調査結果

本稿では紙幅の都合で、先の図Bに示した事態のうち、事態①～⑥と⑪について見る。以下の図で「A」は韓国人と日本人、「B」は中国人と日本人の選択率を比べて示してある。また、説明の中で単に「日本語」と言った場合は、日本語母語話者の日本語を指すことにする。

4.1 対象の内発的変化を表す場合(事態①)

本節では対象の内発的変化を表す場合について論じる。これは外力によらず時間的経過による対象の自発的変化を表すものである。

図1A/Bは電池切れという無意志の時間的経過による時計の停止を表す場面である。この場合、日本語でも韓国語でも中国語でも自動詞表現が選択され、学習者も初級段階から自動詞表現が選択される。

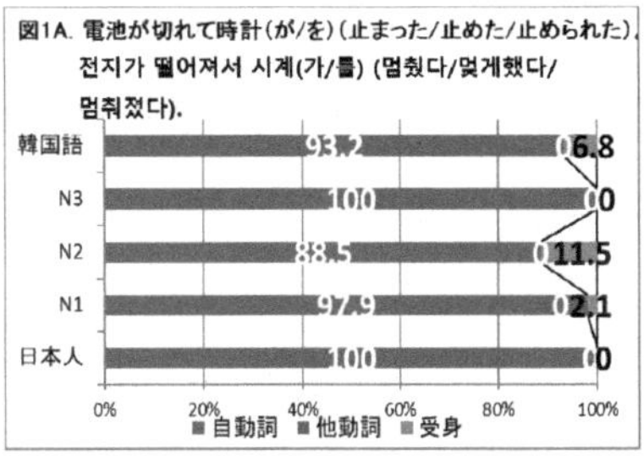

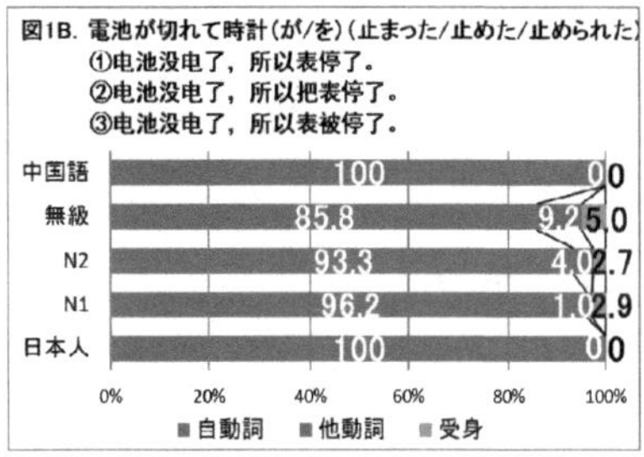

図2A/Bもコンクリートの腐食という時間的経過による橋の落下を表す場面である。この場合も、日本語でも韓国語でも中国語でも自動詞表現が選択されやすい。しかし、学習者は図1A/Bの場合に比べて他動詞表現や受身表現の選択率が高くなり、N1でも自動詞表現の選択率が75%ほどにとどまっている。これは、この場合は単なる自然変化ではなく「腐食による作用」とも捉えられるためである。母語では自動詞表現の方が適切であるという判断が利くが、学習言語である日本語ではそれが利きにくいものと推測される。

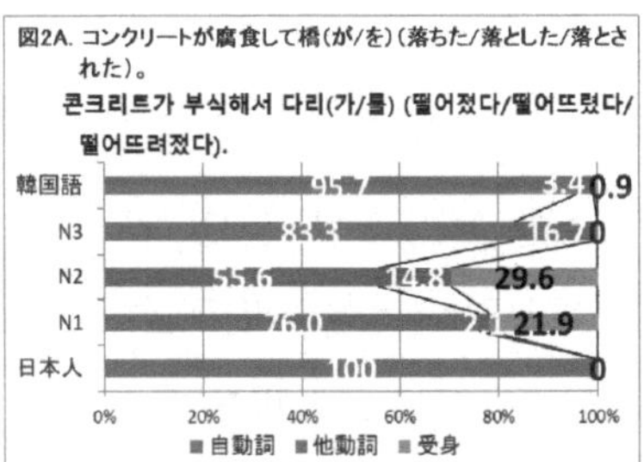

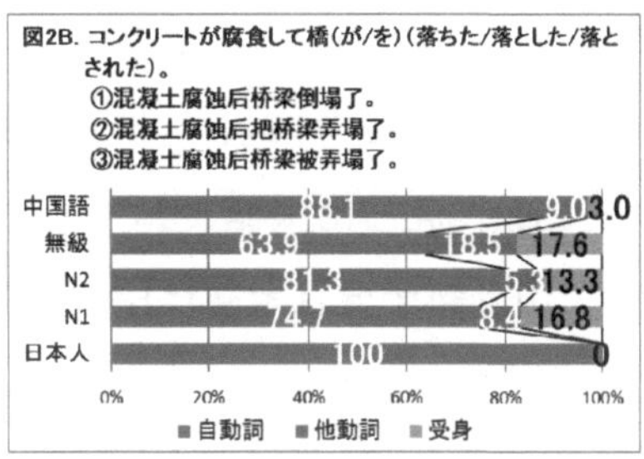

図3A/Bも時間的経過による落葉を表す場面である。この場合、日本語でも韓国語でも中国語でも、自然現象と捉えれば自動詞表現が選択され、樹木による擬人的な行為と捉えれば他動詞表

現が選択される。ただし、中国語の“落叶”は形式上「動詞＋目的語」になっているが、全体で「落葉する」という自動詞的な意味を持っている。ここで韓国人学習者は日本語で自動詞表現も他動詞表現も選択しているが、中国人学習者はN1になってもほとんどの人が自動詞表現を選択している。このことから、中国人にとって落葉は他動詞表現として捉えにくいことが分かる。

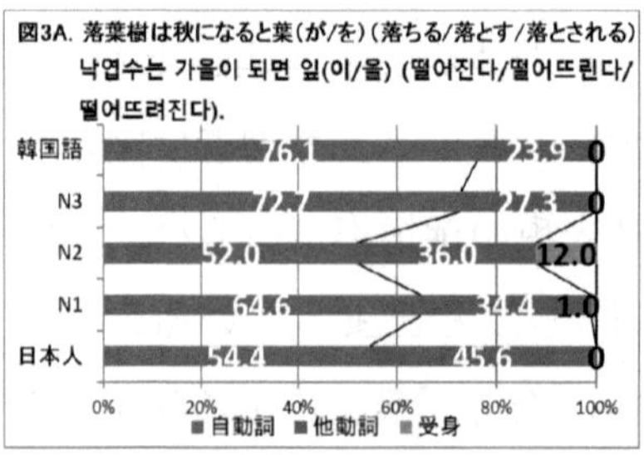

図3A. 落葉樹は秋になると葉（が/を）（落ちる/落とす/落とされる）
낙엽수는 가을이 되면 잎(이/을) (떨어진다/떨어뜨린다/떨어뜨려진다).

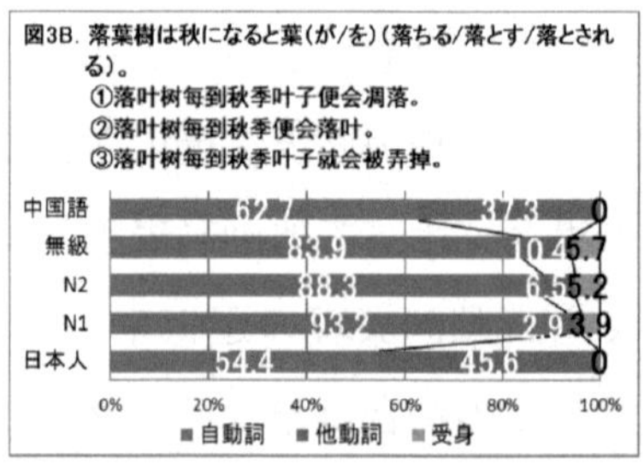

図3B. 落葉樹は秋になると葉（が/を）（落ちる/落とす/落とされる）。
①落叶树每到秋季叶子便会凋落。
②落叶树每到秋季便会落叶。
③落叶树每到秋季叶子就会被弄掉。

4.2 自然力の作用による対象の変化を表す場合（事態②）

本節では風や熱や光など自然力の作用による対象の物理的変化を表す場合について論じる。

図4A/Bは風力によるドアの動きを表す場面である。この場合、日本語と韓国語では自動詞表現が選択されやすいのに対し、中国語では日本語に比べて他動詞表現や受身表現の選択率が高くなる。このことから日本語と韓国語では自然現象であることに視点が置かれやすいのに対し、中国語では自然現象としてだけでなく、自然力による作用として捉えやすいことが分かる。また、学習者は韓国人も中国人も、N1になっても受身表現が3～4割ほど選択されている。このことから、学習者にとって

この事態は自然力による被動として捉えやすいことが分かる。

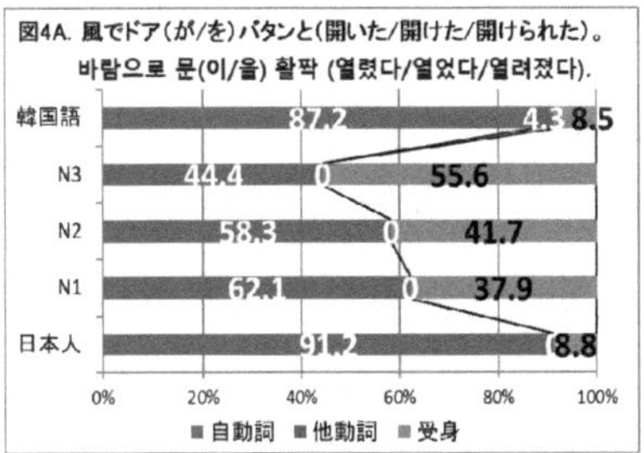

図4A. 風でドア(が/を)バタンと(開いた/開けた/開けられた)。
바람으로 문(이/을) 활짝 (열렸다/열었다/열려졌다).

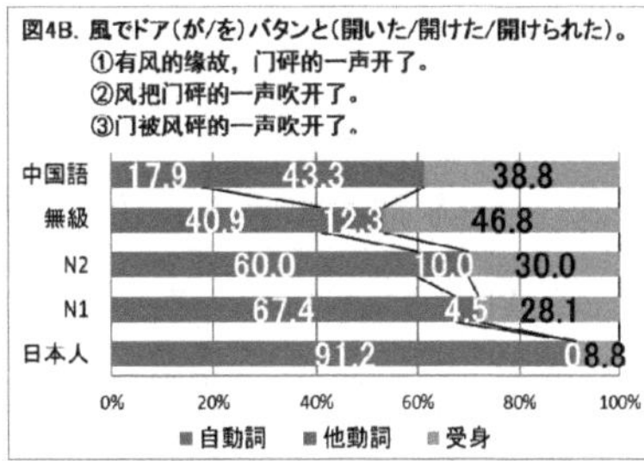

図4B. 風でドア(が/を)バタンと(開いた/開けた/開けられた)。
①有风的缘故，门砰的一声开了。
②风把门砰的一声吹开了。
③门被风砰的一声吹开了。

図5A/Bは熱によるチョコレートの溶解を表す場面である。この場合、日本語では自動詞表現が選択されやすいのに対し、韓国語では日本語に比べて他動詞表現や受身表現の選択率が高くなり、中国語ではさらにそれが高くなる。このことから日本語では自然現象であることに視点が置かれやすいのに対し、韓国語では自然現象としてだけでなく、自然力による作用としても捉えやすく、中国語ではさらにその程度が高くなることが分かる。また、学習者は韓国人も中国人も、N1になっても受身表現が2～3割ほど選択されている。このことから、学習者にとってこの事態は自然力による被動として捉えやすいことが分かる。

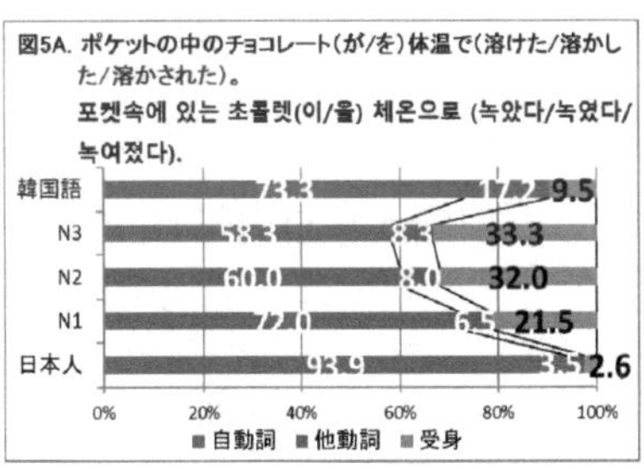

図5A. ポケットの中のチョコレート(が/を)体温で(溶けた/溶かした/溶かされた)。
포켓속에 있는 초콜렛(이/을) 체온으로 (녹았다/녹였다/녹여졌다).

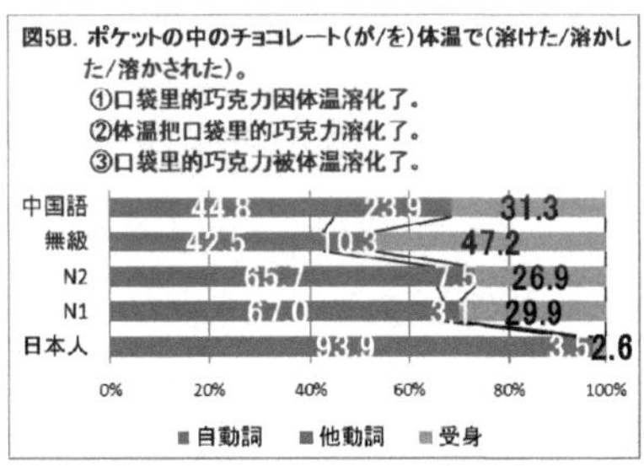

図5B. ポケットの中のチョコレート(が/を)体温で(溶けた/溶かした/溶かされた)。
①口袋里的巧克力因体温溶化了。
②体温把口袋里的巧克力溶化了。
③口袋里的巧克力被体温溶化了。

4.3 自然力による被害を表す場合(事態③)

本節では自然力による被害を表す場合について論じる。

図6A/Bは地震による家の倒壊を表す場面である。この場合、日本語と韓国語では自動詞表現が選択されやすいのに対し、中国語では日本語に比べて他動詞表現や受身表現の選択率が高くなる。このことから日本語と韓国語では自然現象であることに視点が置かれやすいのに対し、中国語では自然現象としてだけでなく、地震による作用として捉えやすいことが分かる。また、学習者は韓国人も中国人も母語に比べて受身表現の選択率が高く、N1になっても4割ほど選択されている。このことから、学習者にとって地震は自然力による被動として捉えやすいことが分かる。

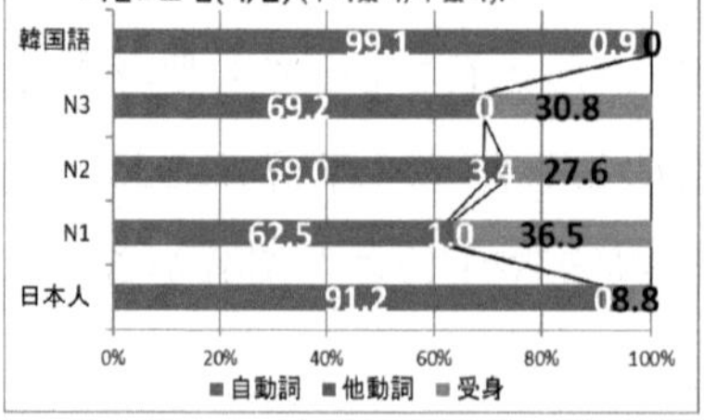

図6A. 地震で家(が/を)(壊れた/壊した/壊された)。
지진으로 집(이/을) (부서졌다/부쉈다).

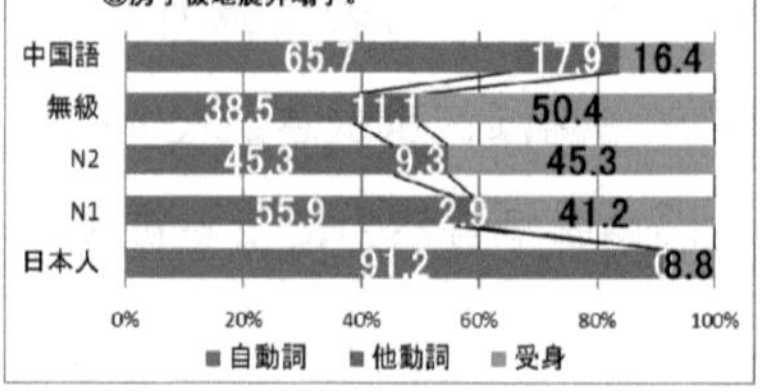

図6B. 地震で家(が/を)(壊れた/壊した/壊された)。
①因为地震房子倒塌了。
②地震把房子弄塌了。
③房子被地震弄塌了。

図7A/Bは火災による家の焼失を表す場面である。この場合も地震の場合と似た傾向を示し、韓国人も中国人も母語に比べて受身表現の選択率が高くなっている。このことから、学習者にとって火災は地震と同様に自然力による被動として捉えやすいことが分かる。

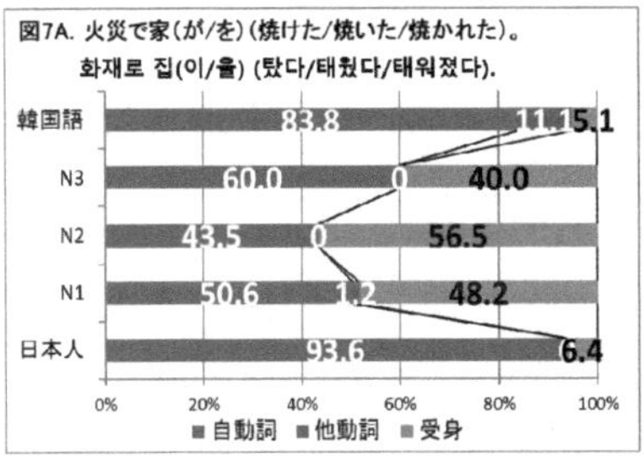

図7A. 火災で家(が/を)(焼けた/焼いた/焼かれた)。
화재로 집(이/을) (탔다/태웠다/태워졌다).

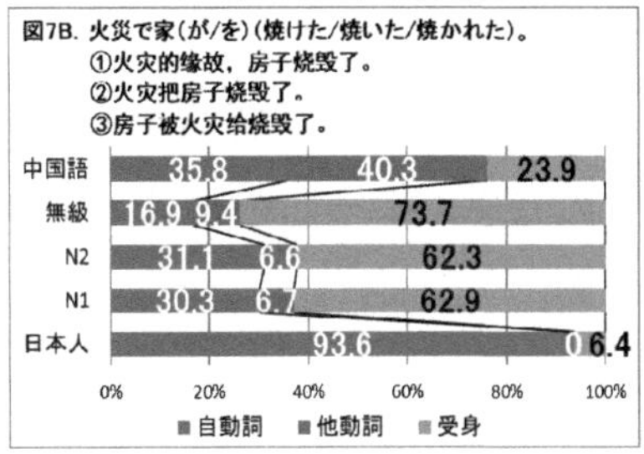

図7B. 火災で家(が/を)(焼けた/焼いた/焼かれた)。
①火灾的缘故，房子烧毁了。
②火灾把房子烧毁了。
③房子被火灾给烧毁了。

図8A/Bも火災による家の焼失を表すが、「何度も焼けている」という表現があり、図7A/Bに比べて被害の程度が高くなる場面である。この場合は日本語や韓国語でも受身表現の割合が3割を超え、中国語では6割にもなっている。ただし、学習者の日本語では図7A/Bに比べてそれほど上がっていない。また、韓国人は習得レベルが上がるほど、受身表現を選択する傾向が見られる。これは「被害＝受身」という意識が過剰に働くためであると考えられる。

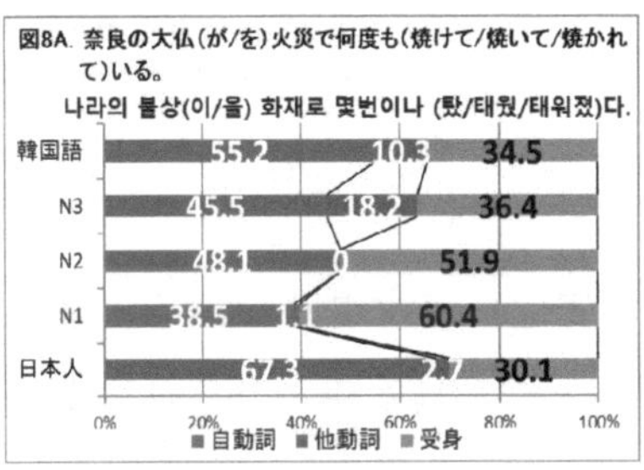

図8A. 奈良の大仏(が/を)火災で何度も(焼けて/焼いて/焼かれて)いる。
나라의 불상(이/을) 화재로 몇번이나 (탔/태웠/태워졌)다.

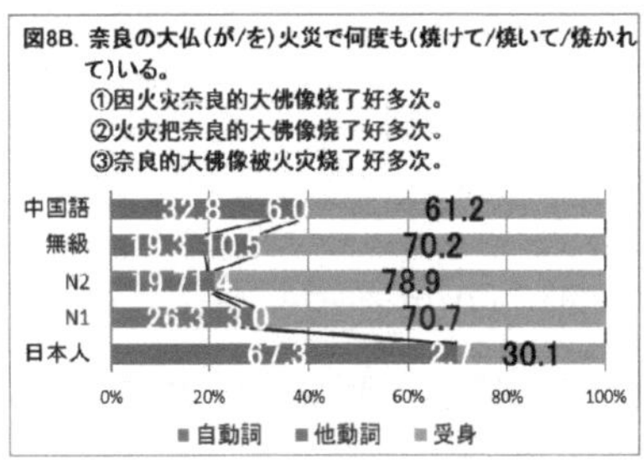

図8B. 奈良の大仏(が/を)火災で何度も(焼けて/焼いて/焼かれて)いる。
①因火灾奈良的大佛像烧了好多次。
②火灾把奈良的大佛像烧了好多次。
③奈良的大佛像被火灾烧了好多次。

4.4 対象の状態描写(動作主不特定)を表す場合(事態④)

本節では人為的行為の結果、対象が当該の状態になっていることを表す表現のうち、動作主が不特定（不特定多数、社会一般、動作主不問）の場合について論じる。

図9A/Bは授業の開始を表す場面である。授業の開始は教員個人の意思によるものではなく、学校で決まっているものであるため、日本語や韓国語では人為的事態であっても自動詞表現が選択される。これに対し、中国語では他動詞表現が７割弱選択されている。ただし、中国語の“开始上课”は形式上「動詞＋目的語」になっているが、全体で自動詞的な意味を持つため、意味的には自動詞的に捉えていると考えられる。ここで学習者はN3では少し他動詞表現も選択されるが、N1ではほぼ全員自動詞表現をしている。これは授業の開始に意図性が弱いためであると考えられる。

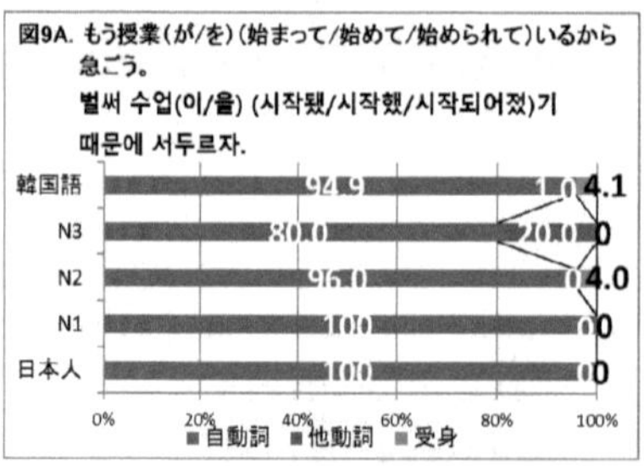

図9A. もう授業(が/を)(始まって/始めて/始められて)いるから急ごう。
벌써 수업(이/을) (시작됐/시작했/시작되어졌)기 때문에 서두르자.

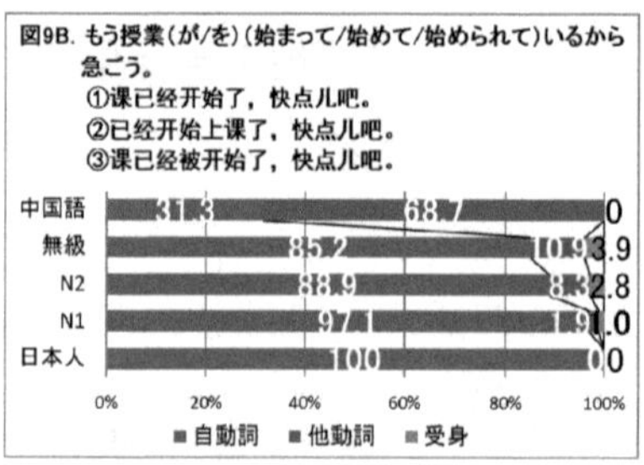

図9B. もう授業(が/を)(始まって/始めて/始められて)いるから急ごう。
①课已经开始了，快点儿吧。
②已经开始上课了，快点儿吧。
③课已经被开始了，快点儿吧。

図10A/Bは都市開発による風景の変化を表す場面である。都市開発も特定の動作主を想定しにくいため、日本語では自動詞表現の選択がほとんどであるが、韓国語では受身も２割弱選択され、中国語では他動詞表現も６割弱選択されており、日本語よりは動作主の存在が意識されていることが分かる。この場合、韓国人のN3は自動詞表現の選択率が低いが、韓国人のN2以上や中国人は自動詞表現の選択率が高くなっている。これも事態の

意図性が弱いためであると考えられる。

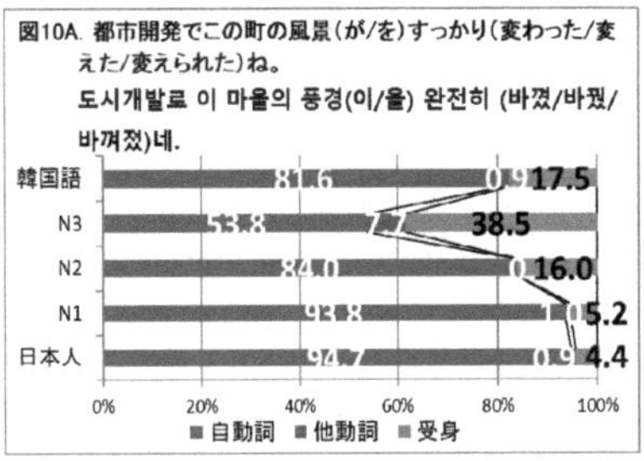

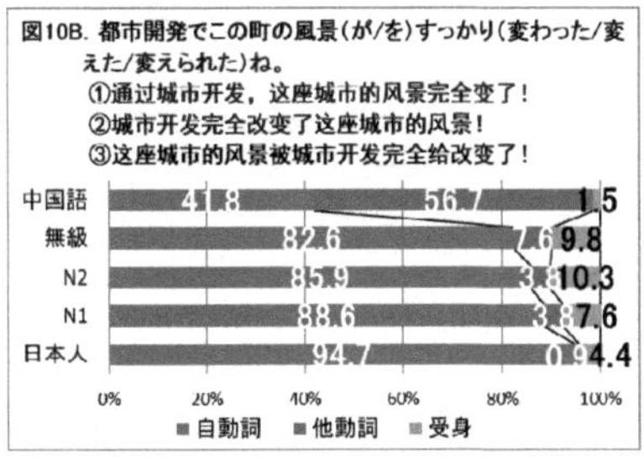

4.5 対象の状態描写(動作主特定)を表す場合(事態⑤)

本節では人為的行為の結果、対象が当該の状態になっていることを表す表現のうち、動作主が特定（特定の個人または複数の人物）の場合について論じる。

図11A/Bは特定の動作主によって冷蔵庫に入れられたビールの存在を表す場面である。この場合、日本語では動作主が背景化され、ビールの存在のみに着目して自動詞表現が選択される。これに対し、韓国語と中国語ではビールの存在に着目して自動詞表現を選択する人もいれば、動作主に着目して他動詞表現や受身表現を選択する人もいる。学習者も自・他・受身表現のいずれも選択しているが、習得レベルが上がると受身表現の選択率が低くなる。しかし、他動詞の選択率は高いままで、動作主の存在が意識されやすいことが分かる。この点で事態⑤は事態④と異なっている。

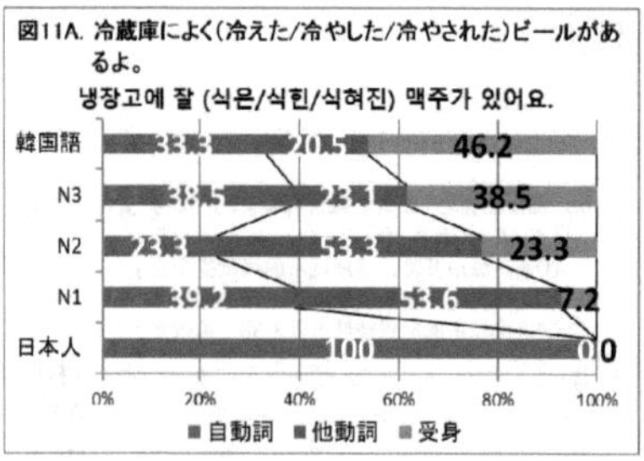

図11A. 冷蔵庫によく(冷えた/冷やした/冷やされた)ビールがあるよ。
냉장고에 잘 (식은/식힌/식혀진) 맥주가 있어요.

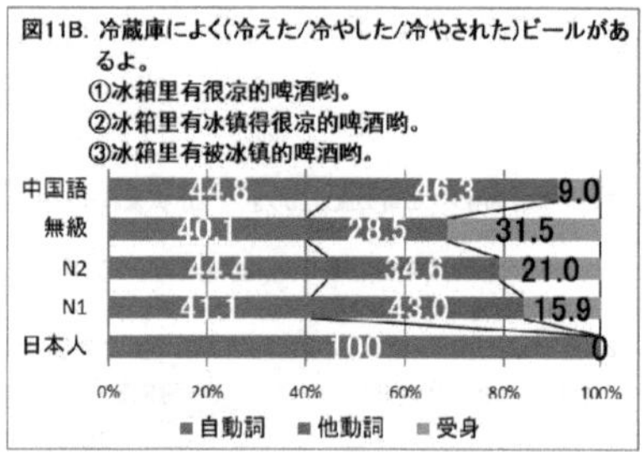

図11B. 冷蔵庫によく(冷えた/冷やした/冷やされた)ビールがあるよ。
①冰箱里有很凉的啤酒哟。
②冰箱里有冰镇得很凉的啤酒哟。
③冰箱里有被冰镇的啤酒哟。

図12A/Bは「5℃に」という語があり、図11A/Bに比べて動作主の目的意識が強く表れている場面である。この場合は、日本語でも動作主が意識されやすくなり、自・他・受身表現のいずれも選択されている。韓国語や中国語も、学習者の日本語も同様である。

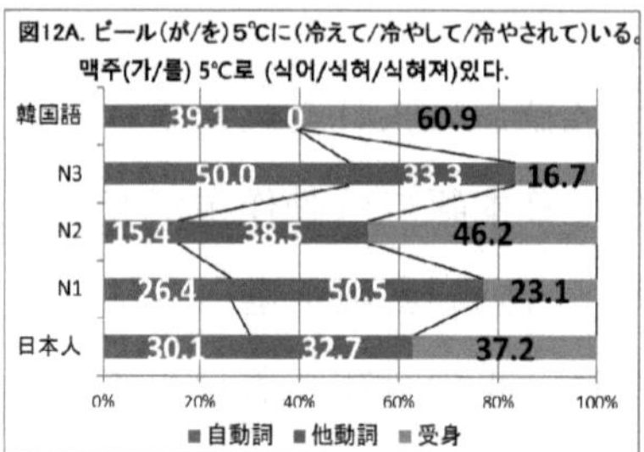

図12A. ビール(が/を)5℃に(冷えて/冷やして/冷やされて)いる。
맥주(가/를) 5℃로 (식어/식혀/식혀져)있다.

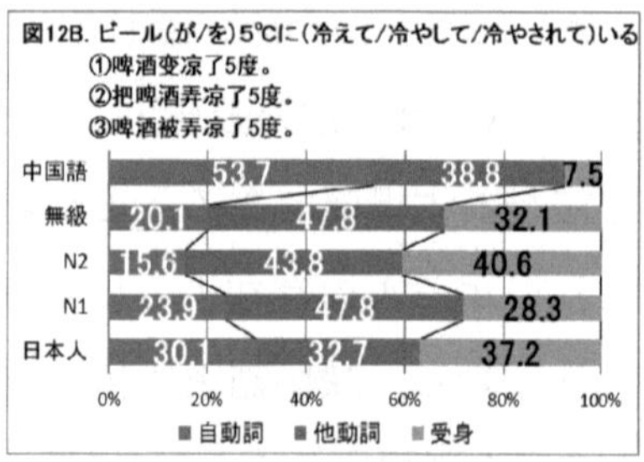

図12B. ビール(が/を)5℃に(冷えて/冷やして/冷やされて)いる
①啤酒变凉了5度。
②把啤酒弄凉了5度。
③啤酒被弄凉了5度。

図13A/Bは特定の動作主によってコーヒーに入れられた砂糖の存在を表す場面である。この場合も、日本語では動作主が背景化され、砂糖の存在のみに着目して自動詞表現が選択される。これに対し、韓国語では砂糖の存在に着目して自動詞表現を選択する人もいれば、動作主に着目して受身表現を選択する人もいる。一方、中国語では動作主の意図的行為に着目して他動詞表現が選択されている。韓国人学習者の選択率は母語である韓国語

に近いが、N1になると日本人の選択率に近づく。一方、中国人学習者は母語と違って自動詞表現も選択されているが、N1になっても他動詞表現が33.3%残っており、動作主の存在が意識されやすいことが分かる。

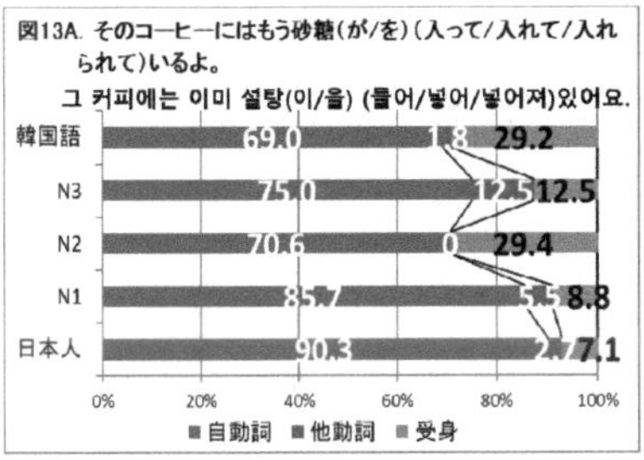

図13A. そのコーヒーにはもう砂糖(が/を)(入って/入れて/入れられて)いるよ。
그 커피에는 이미 설탕(이/을) (들어/넣어/넣어져)있어요.

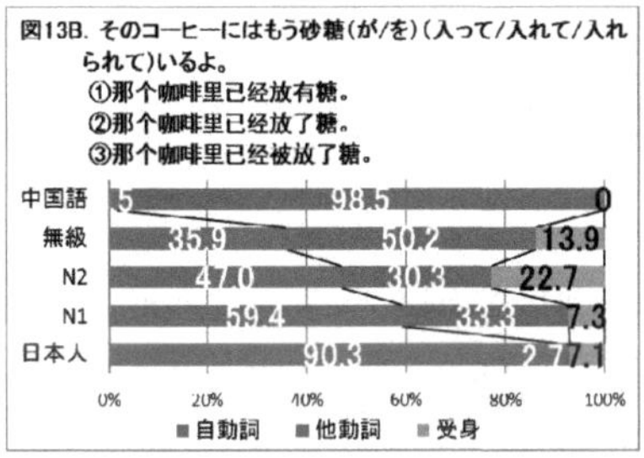

図13B. そのコーヒーにはもう砂糖(が/を)(入って/入れて/入れられて)いるよ。
①那个咖啡里已经放有糖。
②那个咖啡里已经放了糖。
③那个咖啡里已经被放了糖。

図14A/Bはコーヒーの加入物が「砂糖」ではなく「睡眠薬」の場面である。この場合、日本語でも被害意識が強くなり、受身表現の選択率が高くなる。しかし、韓国語や中国語では「砂糖」の場合より自動詞表現の選択率が高くなっている。韓国人学習者の選択率は母語である韓国語に近く、N1になっても日本人ほどは受身の選択率が高くない。中国人学習者は母語と違って他動詞表現や受身表現も選択しているが、N1になっても日本人ほどは受身の選択率が高くなっていない。

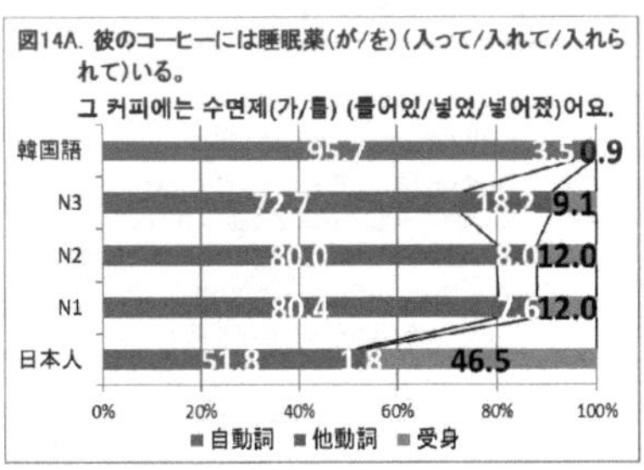

図14A. 彼のコーヒーには睡眠薬(が/を)(入って/入れて/入れられて)いる。
그 커피에는 수면제(가/를) (들어있/넣었/넣어졌)어요.

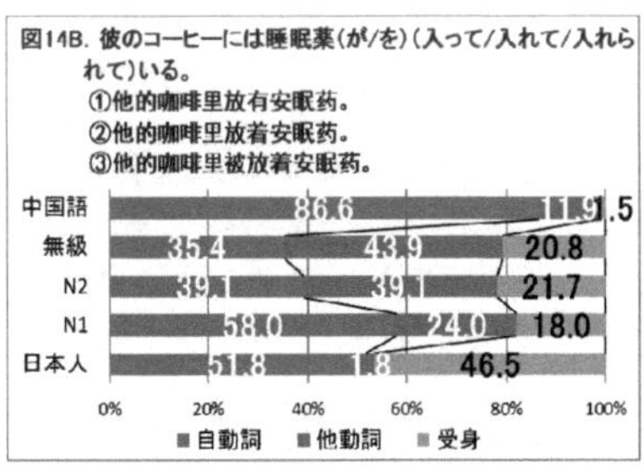

図14B. 彼のコーヒーには睡眠薬(が/を)(入って/入れて/入れられて)いる。
①他的咖啡里放有安眠药。
②他的咖啡里放着安眠药。
③他的咖啡里被放着安眠药。

4.6 対象の変化を表す場合(事態⑥)

本節では人為的行為の結果、対象が変化したことを表す場合について論じる。この場合、中国語では“動詞＋好”の形で表されることが多いのが特徴である。“動詞＋好”は「ある行為の結果、それがしっかり成立した」という意味を表す。ここでは一応自動詞表現に入れたが、実際は自動詞と他動詞の混じった表現である。

図15A/Bはメニューの決定を表す場面である。この場合、日本語では動作主が背景化されて自動詞表現の選択率が90%を超えているのに対し、韓国語では自動詞表現も他動詞表現も選択され、中国語では“動詞＋好”が選択されている。日本語では特に「何かのために決定する」という文脈がないと、動作主の意図性を抑えて「自然に決定した」という言い方になるのに対し、韓国語では必ずしもそういうことはなく、中国語でも典型的な自動詞表現にはならない。そのため、韓国人学習者も中国人学習者も、日本人に比べて動作主の行為に着目して他動詞表現を選択しやすいのである。ただし、習得レベルが上がると自動詞表現の選択率が上がっていく。

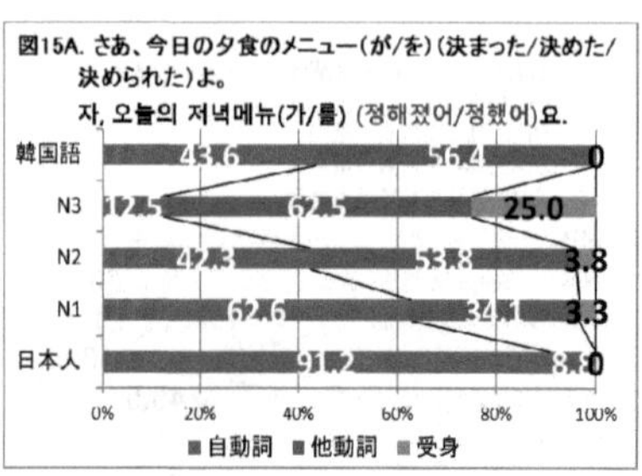

図15A. さあ、今日の夕食のメニュー(が/を)(決まった/決めた/決められた)よ。
자, 오늘의 저녁메뉴(가/를) (정해졌어/정했어)요.

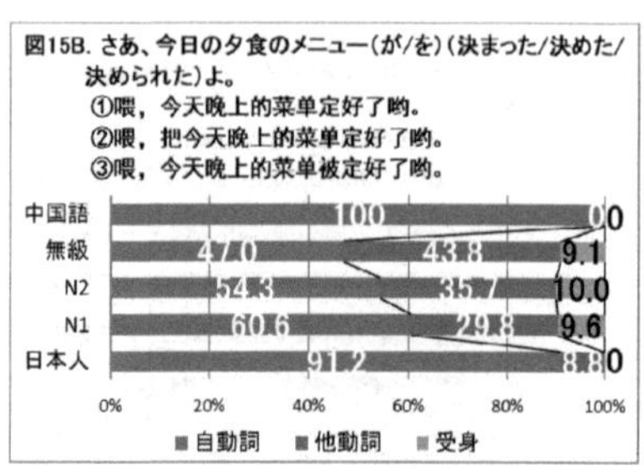

図15B. さあ、今日の夕食のメニュー(が/を)(決まった/決めた/決められた)よ。
①喂，今天晚上的菜单定好了哟。
②喂，把今天晚上的菜单定好了哟。
③喂，今天晚上的菜单被定好了哟。

図16A/Bは肉の焼き上がりを表す場面である。この場合も図15A/Bと同じような傾向を示す。日本語では「何かのために肉を焼いた」という目的を表す文脈がないと他動詞表現を取りにくいが、韓国語や中国語、学習者の日本語はそうではない。

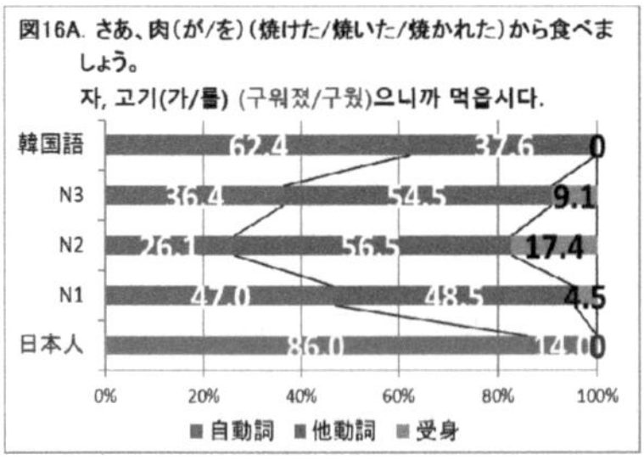
図16A. さあ、肉(が/を)(焼けた/焼いた/焼かれた)から食べましょう。
자, 고기(가/를) (구워졌/구웠)으니까 먹읍시다.

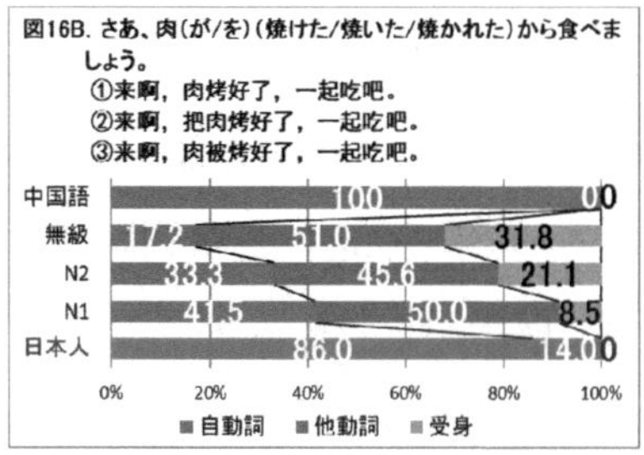
図16B. さあ、肉(が/を)(焼けた/焼いた/焼かれた)から食べましょう。
①来啊，肉烤好了，一起吃吧。
②来啊，把肉烤好了，一起吃吧。
③来啊，肉被烤好了，一起吃吧。

図17A/Bはお茶の出来上がりを表す場面である。この場合、図16A/Bと違って、日本語でも自動詞表現と他動詞表現の両方が選択される。自動詞表現を選んだ人は動作主を背景化して捉え、他動詞表現を選んだ人は「誰かのために入れてあげた」という動作主の目的を意識して捉えていると考えられる。この場合、中国語では“動詞＋好”が選択され、韓国語や韓国人・中国人学習者の日本語では先の「焼肉」の場合に比べて他動詞の選択率が高くなっている。ただし、習得レベルが上がると自動詞表現の選択率が上がっている。

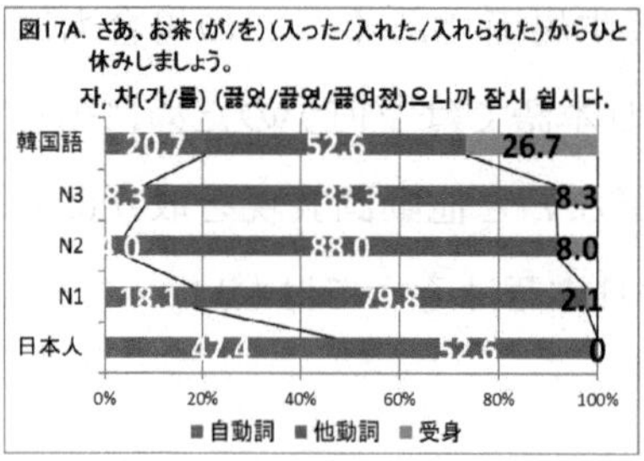

図17A. さあ、お茶（が/を）（入った/入れた/入れられた）からひと休みしましょう。
자, 차(가/를) (끓었/끓였/끓여졌)으니까 잠시 쉽시다.

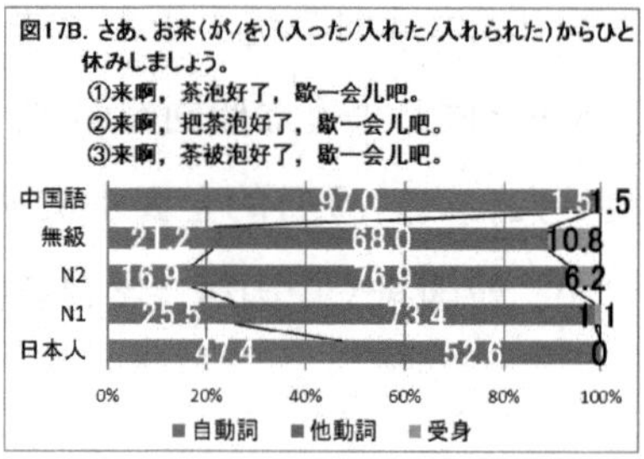

図17B. さあ、お茶（が/を）（入った/入れた/入れられた）からひと休みしましょう。
①来啊，茶泡好了，歇一会儿吧。
②来啊，把茶泡好了，歇一会儿吧。
③来啊，茶被泡好了，歇一会儿吧。

図18A/Bはケーキのカットを表す場面である。この場合、図15 A/B～17A/Bと違い、中国語では“動詞＋好”が選択されるが、日本語、韓国語、韓国人・中国人学習者の日本語とも他動詞の選択率が高くなっている。日本語で自動詞表現が20.2％選択されているが、「切ることができた」という可能動詞の意味で捉えられていると考えられる。

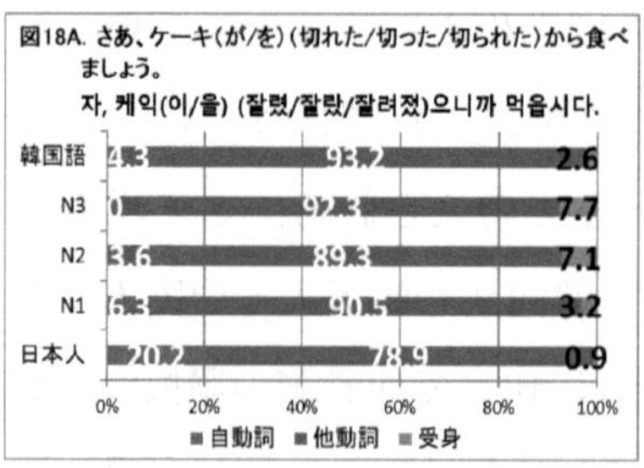

図18A. さあ、ケーキ（が/を）（切れた/切った/切られた）から食べましょう。
자, 케익(이/을) (잘렸/잘랐/잘려졌)으니까 먹읍시다.

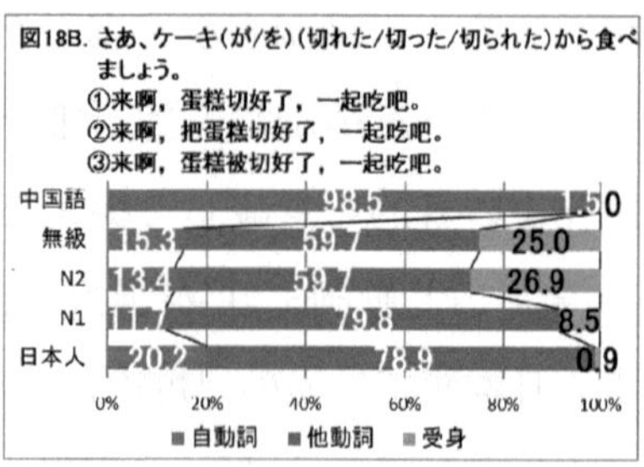

図18B. さあ、ケーキ（が/を）（切れた/切った/切られた）から食べましょう。
①来啊，蛋糕切好了，一起吃吧。
②来啊，把蛋糕切好了，一起吃吧。
③来啊，蛋糕被切好了，一起吃吧。

これに関しては、杉村（2013a-b、2014a,c、2019）で論じたように、図15 A/B～17A/Bは「人為作用→自然作用」という２つの過程があるのに対し、図18A/Bは「人為作用」のみで自然作用は考えにくいという違いから説明できる。

「メニューを考える」（人為作用）→「メニューの決定」（自然作

用）

「肉を火にかける」（人為作用）→「火による肉の化学変化」（自然作用）

「茶葉に湯を注ぐ」（人為作用）→「湯によるお茶エキスの抽出」（自然作用）

「ケーキにナイフを入れる」（人為作用）→「？」（自然作用）

ここで人為作用に注目した人は他動詞表現を選択し、自然作用に注目した人は自動詞表現を選択し、その割合が各言語話者で違うのである。ケーキは自然に切れないため自動詞表現は選択されにくく、日本人で「切れる」を選択した人は可能動詞の意味で捉えていると考えられる。

4.7 動作主の意図的行為による対象の変化を表す場合（事態⑪）

本節では動作主の意図的行為による対象の変化を表す場合について論じる。

図19A/Bはコーヒーにミルクを加えることを表す場面である。この場合、動作主の目的意識が強いため、日本語、韓国語、中国語、韓国人・中国人日本語学習者のいずれも他動詞表現の選択率が高くなる。このうち、中国語では自動詞表現の選択率も22.4%となっているが、“放有”は「入れた結果＋有る」という意味なので、実際は自動詞と他動詞の混じった表現である。

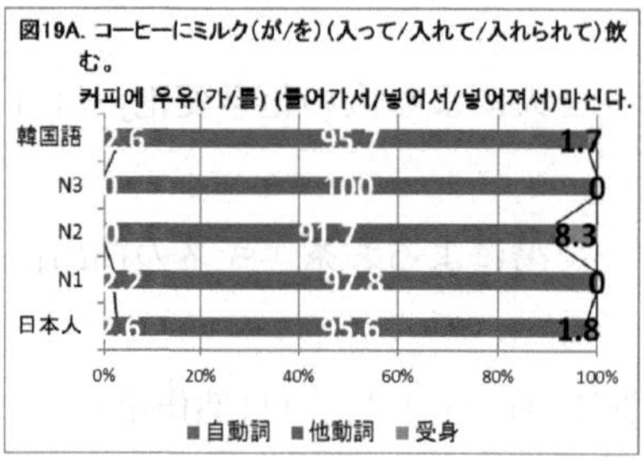

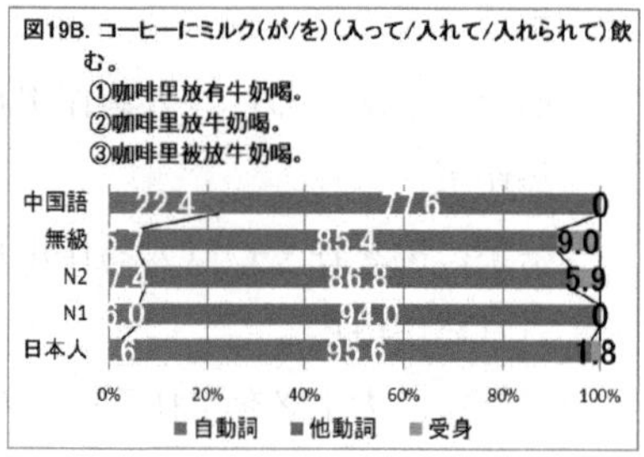

図20A/Bは眼鏡の交換を表す場面である。この場合も、動作主の目的意識が強いため、日本語、韓国語、中国語、韓国人・中国人日本語学習者のいずれも他動詞表現の選択率が高くなる。このうち中国人日本語学習者は自動詞表現も選択しているが、N1になるとその割合が低くなる。

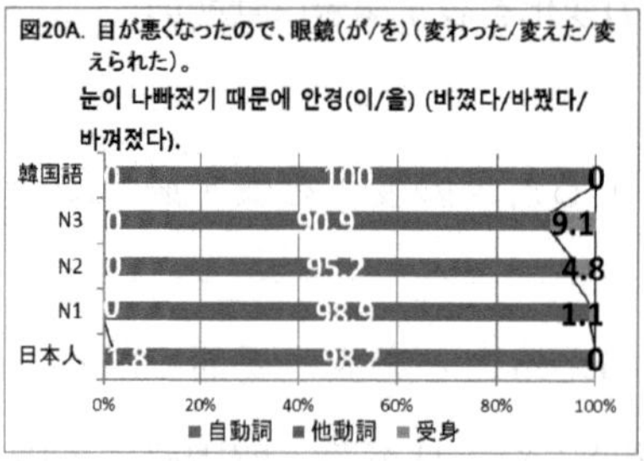

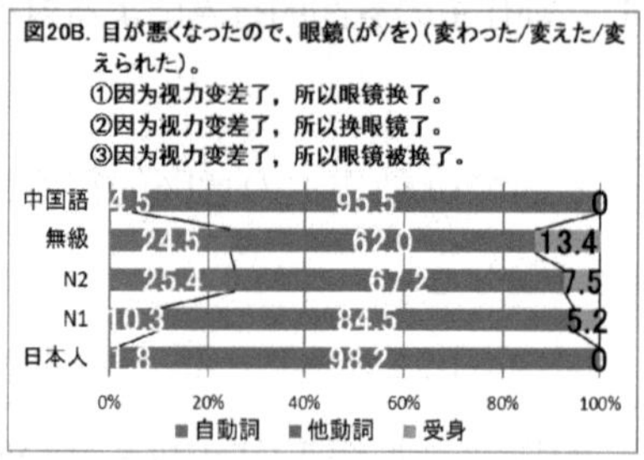

5．まとめ

以上、本稿では日本語の有対動詞の自動詞・他動詞・受身の選択について、日本人、韓国人日本語学習者、中国人日本語学習者の違いについて、母語である韓国語や中国語とも比べながら論じた。その結果、日本人は特に目的意識がないと、人為的事態でも他動詞表現を選択しにくいのに対し、韓国人日本語学習者や中国人日本語学習者は動作主の存在を意識すると、他動詞表現や受け身表現を選択しやすいことなどを指摘した。今後は本稿で触れなかった場面についても分析していきたい。

□ **付記**：本稿は2022-2026（令和4-8）年度科学研究費基金（基盤研究（C））「中国人日本語学習者の「視点」習得に関する縦断的研究とオンライン教材開発」（研究代表者:杉村泰、課題番号22K00636）による研究成果の一部である。

[注]

1) 早津（1987）は「有対他動詞は動作主の働きかけを表現し、有対自動詞は被動者の変化を表現している」（p.96）と述べている。しかし、ある事態が動作主の働きかけに焦点が当たると捉えるか被動者の変化と捉えるかは言語によって異なるため、学習者には難しいのである。

【参考文献】

天野みどり（1987）「状態変化主体の他動詞文」『国語学』第151集、国語学会、pp.左1-14

小林典子（1996）「相対自動詞による結果・状態の表現―日本語学習者の習得状況」『文藝言語研究・言語篇』第29巻、筑波大学文芸・言語学系、pp.41-56

佐藤琢三（2005）『自動詞文と他動詞文の意味論』笠間書院

杉村泰（2013a）「対照研究から見た日本語教育文法　―自動詞・他動詞・受身の選択―」『日本語学』2013年6月号 第32巻第7号（通巻第410号）、明治書院、pp.40-48

______（2013b）「中国語話者における日本語の有対動詞の自動詞・他動

詞・受身の選択について —人為的事態の場合—」『日本語 / 日本語教育研究』［4］、日本語 / 日本語教育研究会、ココ出版、pp.21-38

______（2013c）「中国語話者の日本語使用に見られる有対動詞の自・他・受身の選択 —被害や迷惑の意味を表す場合—」『漢日語言対比研究論叢』第 4 輯、漢日対比語言学研究（協作）会（編）、北京大学出版社、pp.275-286

______（2013d）「中国語話者における日本語の有対動詞の自動詞・他動詞・受身の選択について —動作主の不注意による対象の変化を表す場合—」『ことばの科学』第26号、名古屋大学言語文化研究会、pp.153-170

______（2014a）「中国語母語話者における自動詞、他動詞、受身の選択 —人為性に対する認識の違い—」劉暁芳（主編）『日語教育与日本学研究 —大学日語教育研究国際研討会論文集（2013）—』、華東理工大学出版社、pp.6-11

______（2014b）「延辺大学生における日本語の自・他・受身の選択 —中国語母語話者と中朝バイリンガルの比較—」『中朝韓日文化比較研究叢書　日本語言文化研究』第三輯（上）、延辺大学出版社、pp.548-554

______（2014c）「台湾人日本語学習者における日本語の有対動詞の自動詞・他動詞・受身の選択について」『銘傳日本語教育』第17期、銘傳大学教育暨応用語文学院応用日語学系、pp.67-91

______（2015）「日・中・韓・ウズベク語話者における日本語の有対動詞の自動詞・他動詞・受身の選択」『東アジア日本語・日本文化研究』第19集 特別号、東アジア日本語日本文化研究会、pp.1-18

______（2019）「日本語の自動詞・他動詞・受身の選択 —日韓中母語話者の比較—」澤田治美・仁田義雄・山梨正明（編）『場面と主体性・主観性』、ひつじ書房、pp.615-637

曾婉婷（2012）『中国語母語話者における有対他動詞の受身表現と自動詞の使い分けについて』名古屋大学修士学位論文

中村祐理子（2002）「中級学習者の受身使用における誤用例の考察」『北海道大学留学生センター紀要』第6号、北海道大学留学生セン

ター、pp.21-36
早津恵美子（1987）「対応する他動詞のある自動詞の意味的・統語的特徴」『言語学研究』第6号、京都大学言語学研究会、pp.79-109
守屋三千代（1994）「日本語の自動詞·他動詞の選択条件—習得状況の分析を参考に」『講座日本語教育』第29分冊、早稲田大学日本語研究教育センター、pp.151-165

「ナル」における韓国語・中国語との対照研究

—実態調査を中心に—

金玉雪 (自由業)

1. はじめに

本研究は、「ナル」の用法に関する日本語・韓国語・中国語[1]の対照研究である。日本語「ナル」は、変化を表す動詞であると言われている。北原(2002) 辞書で「ナル」の13の用法[2]を取り上げているように「ナル」は多義性を持っている。

一方、池上(1981)『「する」と「なる」の言語学』において、日本語は「ナル的言語」、英語は「スル的言語」と説明している。日本語「ナル」を類型論的に意義づけて、多義の意味を持っているとし、それ以来、日英対照研究は金谷(2004)、徳永(2006)、李(2014)、桜井(2014)など盛んに行われてきた。

そして、井上(2010)は、対照研究の重要性について言及しており、「複数の言語を比較する理由は、個別言語が持つ性質と言語学的意義について他の言語と比較してはじめて明確、把握できることがある。」と述べたように一つの言語の研究は二つの言語の比較対照よりそれ以上の言語との対照研究と意味の対照研究

が有益であると考えられる。しかし、日本語の「ナル」における三か国語の対照研究は管見限り不十分である。そこで、本研究では、韓国語母語話者と中国語母語話者の日本語「ナル」に対応する韓国語は「되다・지다」形式が、中国語は「成・生」形式がるが、使用範疇は異なるとされる。従って、実態調査を通じて、対照観点から「ナル」における日・韓・中の対応関係を分析し、日・韓・中の類似点・相違点を考察したい。

2．先行研究

2.1 日本語「ナル」の位置付け

「ナル」に関する先行研究には、池上(1981)、佐藤(2005)、池上・守屋・テキメン(2010）、守屋(2021)などがあげられる。従来の先行研究で共通に述べられている点は、「実がナル」が「ナル」の原義であり、基本用法として「変化のナル」をあげることである。

池上(2010)、守屋(2021)は「ナル」の基本的意味について、自然的出来、自然的変化だとし、自然的出来は人為を超え、自然発生的に存在が出来することを意味すると述べている。

(1) 実がなる / 研究がなる　　（池上2010:371）

(1)は、「無から生まれる」という意味で「実がなる」、基本的に変化を表し、「実がなる」は自然的出来、自然的変化の

「実る」で、「研究がなる」完成・達成の意味であり、変化に連続すると述べている。

一方、佐藤(2005)は、「ナル」の用法を変化と非変化に分類している。(2)の「ナル」は一般的に主体の状態の「変化」を表すものであるが、(3)は「非変化」の用法であるとし、「非変化」を「計算的推論のナル」(3a)と「対人的行為のナル」(3b)に分類している。(下線は引用者引いたものである。)

(2) グラスが粉々になる。　　　(佐藤2005:13)
(3) a. 彼は66年のはやうまれなので、私と同じ学年になる。
　　b. こちらはお手洗いになります。　　(佐藤2005:16-17)

「計算的推論のナル」は、客観的に推論する時用いるものであり、「対人的行為のナル」は、話者が発話行為の主体として自己を背景化し、非個人的な立場で発話する時用いるものである。佐藤(2005)は「ナル」の意味拡張を表す「ナルの多義構造」を〈図1〉のようにまとめている。

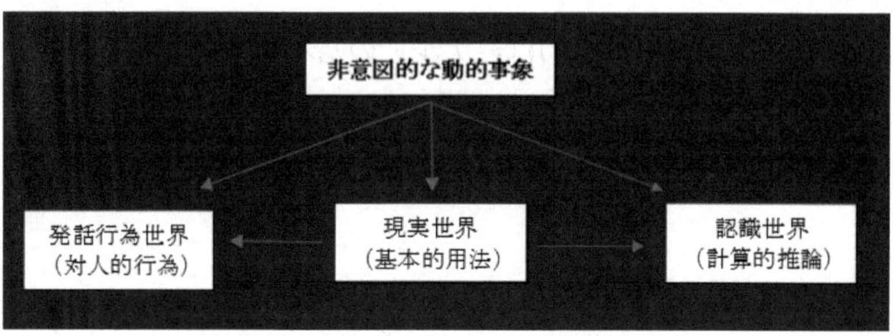

〈図1〉「ナルの多義構造」(佐藤2005:37)

「ナル」は「非意図的な動的事象」[3)]は「現実世界」から、

「認識世界」、発話行為世界」へと意味拡張するとし、「基本的用法」から「計算的推論」へ、「基本的用法」から「対人的行為」へと意味拡張するのであると述べている。

2.2 「ナル」の日本語・韓国語・中国語の対照研究

「ナル」に関する日・韓・中の対照研究は、岡(2018)、守屋(2021)などがある。岡(2018)は、「ナル」と韓国語のナル的表現「되다」「지다」を事態把握観点から対照研究を行った。

(4) a. トマトが赤くなる。
　　b. 도마도가 빨개졌다.
(5) a. 信号が赤になった。
　　b. 신호가 빨강색이 되었다.　（岡2018:604）

なお、韓国語と日本語はナル的な言語であるが、スル的（動作主的）な要素もあると指摘した。

(6) a. こちら、生ビールになります。
　　b. 여기 생 맥주가 나 왔습니다.（こちら、生ビールが出ました。）
(7) a. 病気になる。
　　b. 병이 나다.（病気が出る。）　（岡2018:606）

(6a)は、「ナル」に韓国語の「되다」「지다」が対応しない。(6b)のように「여기 생맥주가 나왔습니다.＝こちら、生ビールが出ました。」と表現する。（7a）「ナル」にも韓国語の「되다」「지다」が対応せず、(7b)「병이　나다＝病気になる」が使われる。しかし、岡はスル的要素として「나다」しか取り上げてい

ない。そこで、スル的要素としての韓国語形式はどうなっているかについて実態調査を行う必要があると考えられる。

守屋(2021)は、ユーラシアの全体を対象に「ナル」と対応する形式について述べているが、韓国語との対応関係は欠けている。中国語についても、変化の「ナル」に相当する中国語「ナル動詞」のみ言及しているが、「ナル」と中国語の対応関係は詳しく述べていない。

一方、「ナル」と韓国語の対照研究として、손(2008)、高地(2021)がある。손(2008)は「ナル」は基本的な用法の「自然な変化」から最終的にコピュラ文へと拡張すると述べている。韓国語の「되다」は「自然な変化」からコピュラ文を経て、進行、無対自動詞(歩く、走る)の意味まで9つの意味へと広がるとし、「ナル」より「되다」が意味範疇が広いと述べている。しかし、「되다」の意味拡張の文法化の過程に関する解明には納得しにくいところがある。

次に、「ナル」の日中対照研究として、任(2007)、徐(2018)がある。任(2007)によると、「〜にナル」という表現は、最も日本語らしい表現であるが、中国語は「ナル」に対応しないと述べているがこの観点は誤謬が含まれていると思われる。「〜にナル」に対応する中国語の形式は全くないわけではない。

そして、徐(2018)は、中国語の「ナル」動詞には、現代の語感から「成・生」があり、文末の"了"[4)]も取り上げている。また、文末の"了"は日本語の「だ」に当たるとし、変化の「結果」を表すと述べている。

(8) a. 成長して一人前の人間になる

b. 「成」…「长大成人」

(9) a. 病気になる

b. 「生」…「生病」

(10) a. 春になった

b. 春天来了（春が来た）　　（徐一平2018:5）

本研究でも、徐(2018)の論点を支持する。しかし、徐は中国語「了$_2$」が「ナル」に対応する形式であると述べているが、実際にどのように使用されているかについて実態調査はしていない。

このように、先行研究において、「ナル」は「変化」動詞である。基本的用法「変化」から意味拡張し、多様な意味を持つこと。また、「ナル」に対応する韓国語は「되다・지다」とスル的要素もある。なお、中国語は「成・生」とその他、文末の「了」があるとした研究が取り上げられたものは多いが、韓国語母語話者と中国語母語話者の日本語学習者を対象とする実態調査は行っていない。

そして、「ナル」を実際にどのような表現で使用されているかについて実態調査を行う必要があると考える。

3．本研究の研究範囲

本研究では、「ナル」と韓国語と中国語との対応関係を明らかにするに当たって、吉田(2011)の用法を用いることにした。その理由は以下の2点ある。

1) 先行研究を充分に踏まえて「ナル」の用法を分類している。

2)「結果」[5]という用語を用いて「ナル」各用法間の連続性を表すことができたためである。

そして、吉田(2011)の「ナル」の用法をまとめておく。

①「変化のナル」

「変化のナル」とは、これから起きる変化の結果をいう。

(11)「取り出しなさい」「ちょっと待ってよ、おじさん。それじゃ泥棒になるぜ」「簡略」(吉田2011:30)

②「実況報告のナル」

「実況報告のナル」とは、今現在示されている変化結果である。

(12) 沈黙が僕らのあいだに降りる。深い沈黙だ。僕の胸の中でひとつの質問がふくれあがる。それは喉を塞いで、呼吸を困難なものにしてしまうくらい大きなものになる。(吉田2011:31)

③「意義づけのナル」

「意義づけのナル」は意義づけたところの結果である。

(13) 簡略「もっと正確に言えば、彼女は君のことをとても深く愛していた。君はまずそれを信じなくてならない。それが出発点になる」(吉田2011:32)

④「事実的なナル」

「事実的なナル」は、事実的にそこに至る結果である。

(14)(簡略)本橋が運転手をやるようになってから、ここで車を下りたの、きょうで五、六回目になる。もしかしたら彼は自分に女がいると疑っているかもしれない。(吉田2011:34)

⑤「推論のナル」

「推論のナル」は推論を経た結果という。

（15）（簡略）返済期限が一年、月々の均等払い、金利は街金融として破格の、年利五パーセントというものだった。したがって、江成の毎月の支払い金額　　四千四百万円ほどになる。　　(吉田2011:36)

そして、「ナル」と対応する形式の判断については、韓国語は岡(2018)の「되다・지다」を、中国語は徐(2018)に基づき、「成・生・了」を対応する形式と見なす。但し、３つの「了」のうち「了$_2$」のみ対応する形式と見なす。

４．調査の概要

4.1 調査の目的

吉田(2011)の「ナル」の用法[6)]に基づき、韓国語母語話者と中国語母語話者を対象に実態調査を行った。調査の目的は以下の3点である。

1)「ナル」と韓国語の「ナル的言語」と「スル的」要素の形式を明らかにする。

2)「ナル」と中国語の対応形式「成・生・了」の対応関係について明らかにする。

3) 各用法に見られる「ナル」と韓国語、「ナル」と中国語の共通点と相違点を明らかにする。

4.2 調査の対象者

本研究は、日本語「ナル」に対応する韓国語のスル的要素の実態把握と中国語の「了$_2$」に対する実際の使用状況を分析するため実態調査をする必要がある。従って、調査対象は、韓国語母語話者は韓国国内にある日本語学科に在籍する2年生と3年生の合計103名、中国語母語話者は中国国内大学の日本語学科に在籍する2年生と3年生の合計177名である。調査期間は2023年4月7日から4月30日までである。

4.3 調査の方法

韓国語母語話者と中国語母語話者は、「ナル」が実際に使われる場面においてどのように表現しているかをあきらかにするため、アンケート調査行った。

調査の用例[7)]は、「ナル」の用法別に日本語の例文を6つずつ、計30例文を作成した。問題の例は以下のとおりである。

韓国語母語話者用

일본어 문장을 읽고 한국어로 번역하는 문장에 맞게 (　　)안에 들어갈 가장 자연스러운 표현을 2개까지 고르세요.

例)今回の出会いは本当にいい思い出になるのではいかと思います。

이번 만남이 정말 좋은 추억 (　　)않아 싶어요.

□이 되지　　　　□이지

□이 생기지　　　□을 만들지

中国語母語話者用

请在日语句子划线部分选择符合日语句子的最佳两个汉语词。 例)今回の出会いは本当にいい思い出になるのではいかと思います。 我觉得这次的相遇真的(　　　)美好的回忆 □会成为　　　　　□制造 □产生　　　　　　□有了新的

被調査者に用例の括弧に最も自然だと思う表現を2つ選択するように指示した。アンケートは選択の方式あり[8)]、オンライン実施した。韓国語母語話者向けの調査はグーグルフォームで作成し、中国語母語話者向けの調査は「问卷网」で作成した[9)]。

5. 調査の結果と考察

韓国語母語話者と中国語母語話者による「ナル」における韓国語・中国語形式を整理し、その使用率[10)]を表1に示す。

〈表1〉「ナル」における韓国語・中国語対応関係の使用比率表

順番	韓国語	使用回数(使用率%)	中国語	使用回数(使用率%)
1	되다	1857 (60.1%)	了$_2$	2123 (40%)
2	이다	752 (24.3%)	成为/当成/成/造成/形成/变成	1498 (28.2%)
3	지다	366 (11.8%)	达到/达/到	816 (15.4%)
4	생기다/나타나다/나오다	293 (9.5%)	很有/具有/拥有/有	682 (12.8%)
5	걸리다/옮다	211 (6.8%)	为/视为/作为/认为/此为	608 (11.5%)
6	달하다/도착하다	203 (6.7%)	就是/是/不就是	575 (10.8%)
7	하다	202 (6.5%)	变/变得	467 (8.8%)

8	흘렀다/지나다	147 (4.8%)	很好的/好的/的	418 (7.8%)
9	놀랐다	87 (2.8%)	了1	398 (7.5%)
10	취하다	80 (2.6%)	得	328 (6.2%)
11	앓았다	77 (2.5%)	发生/发/生/产生/制造/出现/展出	311 (5.8%)
12	～았다/～었다/뒤집었다	76 (2.46%)	感到	171 (3.2%)
13	보다	61 (2.0%)	保持	171 (3.2%)
14	주다	58 (1.9%)	容易	167 (3.1%)
15	올렸다	32 (1.0%)	感染	167 (3.1%)
16	같다	16 (0.52%)	将近	162 (3.05%)
17	돌아가다	15 (0.49%)	向上	162 (3.05%)
18	크다	15 (0.49%)	震惊	159 (2.99%)
19	치다	13 (0.42%)	会	150 (2.8%)
20	있다	6 (0.19%)	给与	121 (2.3%)
21	느끼다	4 (0.13%)	生	107 (2%)
22			价值	84 (1.6%)
23			近	70 (1.3%)
24			了3	68 (1.28%)
25			弹出	64 (102%)
26			不动的	49 (0.9%)
27			吗	42 (0.8%)
28			感觉	20 (0.38%)
29			闹	19 (0.36%)
30			做	18 (0.34%)
31			患	8 (0.15%)

〈表1〉からわかるように、「ナル」に対する韓国語の形式は21個、中国語の形式は31個であった。韓国語母語話者は「되다」を半数以上使用している(60.1%)。「이다」（24.3%）、「지다」（11.8%）、「생기다/나타나다/나오다」（9.5%）、「걸리다/옮다」（6.8%）などであった。以上が実際に使用されていることが明らかになった。「되다」と「지다」は「ナル」に対して71.9%、

「이다」を含むと96.2%も対応しており、「ナル」に韓国語は対応しやすいと考えられる。

一方、中国語は「了$_2$」(40%) が最も使用されている。次いで「成」(28.2%)、「达到/达/到」(15.4%)、「很有/具有/拥有/有」(12. 8%)、「为/视为/作为/认为/此为」(11.5%)、「就是/是/不就是」(10.8%)形式で実際に使用されていることが明らかになった。「ナル」に「成・生・了$_2$」が70.2%対応している。「ナル」に対して韓国語は「되다・지다・이다」のほうが中国語「成・生・了$_2$」に比べ、類似している。5.1.にて「ナル」の用法別に詳しく見ていく。

5.1 吉田(2011)「ナルの用法」における日・韓・中の対応関係

5.1.1「変化のナル」

「変化のナル」における日・韓・中の対応有無と形式の使用率[11]を表2に示す。

〈表2〉「変化のナル」の日・韓・中の対応関係

対応関係／日本語	韓国語	使用回数 使用率(%)	対応関係	中国語	使用回数 使用率(%)	対応関係
泥棒になる	되다	92 (89.3%)	○	成为	118 (66.67%)	○
伝染病になる	걸리다	93 (90.3%)	×	得	164 (92.66%)	×
病気になる	걸리다	76 (73.8%)	×	会得	164 (92.66%)	×
乾燥しやすくなる	지다	88 (85.4%)	○	变得	169 (95.48%)	×
思い出になる	되다	91 (88.3%)	○	成为	169 (95.48%)	○
反省の材料となる	되다	90 (87.4%)	○	作为	136 (76.84%)	×

「変化のナル」における韓国語は、「되다」と「지다」形式でほとんど対応している。ところが、「病気になる/伝染病になる」の場合には、「걸리다」が対応している、病気というものはあってならないものであり、本来なかった病気が出現しているということである。韓国語では、「되다」でなく、「걸리다」が使用されている。

一方、中国語は「泥棒になる/思い出になる」用法のみ「成」が対応している。「病気になる/伝染病になる」は、本来なかった病気が何かの要因で得られた意味の「得」が使用されることが多い。このように「変化のナル」では、韓国語のほうが中国語より対応しやすいことが確認された。

5.1.2 「実況報告のナル」

「実況報告のナル」における日・韓・中の対応有無と形式使用率を表3に示す。

〈表3〉「実況報告のナル」の日・韓・中の対応関係

対応関係／日本語	韓国語	使用回数 使用率(%)	対応関係	中国語	使用回数 使用率(%)	対応関係
大きなものになる	지다	84（81.6%）	○	感到	171（96.61%）	×
手のひらが表になる	하다	56（54.4%）	×	把	162（91.53%）	×
一瞬しんみりとなる	가라앉았다	77（74.8%）	×	了$_2$	166（93.79%）	○
時の流れに愕然となる	놀랐다	87（84.5%）	×	震惊	159（89.83%）	×
突き放したものになる	되다	49（47.6%）	○	了$_2$	165（93.22%）	○
直立不動の姿勢になる	하다	80（77.7%）	×	保持	171（96.61%）	×

「実況報告のナル」では、「大きなものになる」の場合は「지다」、「突き放したものになる」には「되다」が対応している。それ以外の用例では「하다/가라앉았다/놀랐다」が使用されている。特に、「手のひらが表になる/直立不動の姿勢になる」では、「スル」的要素の「하다」が対応していた。中国語の場合は、「一瞬しんみりとなる/突き放したものになる」では変化結果の文末の「了$_2$」で対応している。しかし、それ以外用例では、動詞「感到/震惊/保持」と前置詞「把」が使われている。

「実況報告のナル」においては、韓国語と日本語は類似しているが、中国語の場合は、「了$_2$」を用いることで日本語と対応しやすくなっている特徴が確認された。

5.1.3「意義づけのナル」

「意義づけのナル」における日・韓・中の対応有無と形式の使用率を表4に示す。「意義づけのナル」において、韓国語は「되다」が殆んど対応している。一方、中国語は、「社会人になったことになる」のみ「成」が対応している。「成」は成長するという変化の意味を持ち、対応しやすいと思われる。その他は「给与/最好/很有/拥有」が使用されている。

〈表4〉「意義づけのナル」の日・韓・中の対応関係

対応関係 / 日本語	韓国語	使用回数 使用率(%)	対応関係	中国語	使用回数 使用率(%)	対応関係
社会人になったことになる	되다	66（64.1%）	○	成为	161(90.96%)	○
いい教訓となる	주다	78（75.7%）	×	给与	121(68.36%)	×
それが出発点になる	되다	78（75.7%）	○	此为	169(95.48%)	×

なによりの薬になる	되다	85（82.5%）	○	最好	173(97.74%)	×
記念になる	되다	98（95.1%）	○	很有	168(94.92%)	×
意味を持つことになる	되다	58（56.3%）	○	拥有	166(93.79%)	×

「意義づけのナル」おいては、韓国語は日本語と類似しているが、中国語は「意義づけのナル」のように変化の意味が希薄化されていると、対応しにくくなっていると考えられる。

5.1.4 「事実的なナル」

「事実的なナル」における日・韓・中の対応関係表5に示す。

〈表5〉「事実的なナル」の日・韓・中の対応関係

各対応関係 日本語	韓国語	使用回数 使用率(%)	対応 関係	中国語	使用回数 使用率(%)	対応 関係
五、六億ドルになる	되다	60（58.3%）	○	达到	149（84.18%）	×
きょうで五、六回目になる	되다	67（65.0%）	○	了2	163（92.09%）	○
もう七十六になる	되다	71（68.9%）	○	了2	170（96.05%0	○
もう五年も前になる	되다	71（68.9%）	○	了2	143（80.79%）	○
浦河の町になる	이다	50（48.5%）	○	就是	161（90.96%）	×
	도착하다	50（48.5%）	×			
一年近くになる	되다	63（61.2%）	○	将近	162（91.53%）	×

〈表5〉のように、「事実的なナル」において韓国語では殆んど「되다」で対応しているが、「浦河の町になる」では「되다」より「이다/도착하다」が対応しやすくなることがわかった。そして、中国語は「了2」が多く使用されている。それ以外には、ある点に達する動詞「达到」、論理的展開される思考の結論「就

是」「将近」が使用されることが確認された。このように、変化の意味が希薄化している「事実的なナル」においては、韓国語は対応しやすいが、中国語は「了$_2$」以外は対応しないという特徴があると言える。

5.1.5 「推論のナル」

「推論のナル」における日・韓・中の対応有無と形式の使用率を表6に示す。

〈表6〉「推論のナル」の日・韓・中の対応関係

対応関係／日本語	韓国語	使用回数 使用率(%)	対応関係	中国語	使用回数 使用率(%)	対応関係
見つけたということになる	되다	67 (65.0%)	○	了$_1$	157 (88.7%)	×
10.5%から12.5%となる	되다	91 (88.3%)	○	到～之间	151 (85.31%)	×
四千四百万円ほどになる	되다	58 (56.3%)	○	达	120 (67.8%)	×
	달하다	58 (56.3%)	×			
特徴的な外見になる	되다	76 (73.8%)	○	很有	142 (80.23%)	×
古墳時代になる	되다	77 (74.8%)	○	不就是～吧	136 (76.84%)	×
高額所得者になる	이다	66 (64.1%)	○	了$_2$	139 (78.53%)	○

「推論のナル」では、韓国語は殆んど「되다」が対応している。但し、「四千四百万円ほどになる」の場合には「되다」と「～に達する」に当たる「달하다」が使用されている。また、「高額所得者になる」の場合には、韓国語「이다」が使用され、「事実的なナル」同じ傾向がみられる。一方、中国語は、「高額所得者になる」には、変化結果の文末の「了$_2$」が使われ対応している。「見つけたということになる」は動詞「找到」+「了

1」で表現されている。それ以外の用例では、話し手が指定する時点を表す「到～之间/达/很有/不就是～吧」の形式で表している。

このように、変化の意味が希薄化している「推論のナル」においても韓国語「되다・이다」は対応しやすく、中国語は「了2」のみ対応することが明らかになった。

6．まとめと今後の課題

本研究では、実態調査を通して日本語の「ナル」について、韓国語と中国語との対応関係を明らかにすることができた。

まず、本研究では、実態調査の分析によって得られた結果にまとめると「ナル」に韓国語は対応率が高く日本語と類似しており、中国語は韓国語よりは対応率が低く、相違点が目立っている。

また、「ナル」の各用法について、韓国語は「되다/지다」などで表している。スル的要素として「이다/하다/걸리다/가라앉다/달하다」などが使用されている。変化の意味が希薄化される用法においても、「되다」が主に対応していることが明らかになった。一方、中国語は、「成/得/会得/变得/作为/了1/了2/了3/感到/把/震惊/保持/给与/此为/最好/很有/拥有/达到/就是/将近/到～之间/达/不就是」などの形式があった。特に「ナル」の意味が希薄化されるにつれ「了2」が最も使用されていることがあきらかになった。そして、「ナル」の用法に韓国語「이다」が使用され「ナル」に対応する形式として扱うことが認められる。中国語

の場合は、「了$_2$」が使用され、「ナル」の対応形式として扱うことが妥当であると言えよう。

今後、「ナル」と韓国語・中国語の文法化の過程を表す形式について追究する必要がある。その他、中国語母語話者の場合「ナル」を使うべきところに非用の可能性があると予想されるため、日本語教育現場への指導法について検討したい。

□ **付記**：本稿は2023年、『日本語文学』第103輯に発表した「『ナル』における韓国語・中国語との対照研究」に若干手を加えて再掲載したものである。

【注】

1) 日本語・韓国語・中国語について日韓中または日・韓・中と表記する。

2) (1)ある物事・事柄ができあがる。成立する。(2)（「…からなる」の形で）あるものがいくつか の要素からできている。組み立てられる。構成させる。成り立つ。(3)（多く「…の手になる」の形で）その人の仕事によって作られる。…の制作・製作にかかる。(4)（「…になる」「…と なる」「〜くなる」などの形で)変化して別の物事に至る。また、ある経過をたどった結果としてある物事が生じる。(5)時間が経過して、ある時期・時刻、天気などに移る。(6)順当に考えると、それに相当する。他の何者でもなく、これに違いないことを示していう。…にあたる。…だ。(7)あるものが一定の重要な役割を果たす。(8)（「…になる」「…となる」の形で）物事がそのように決める。(9)ある数量に達する。(10)それにふさわしい価値が成立する。(11)（「…に（お）世話になる」などの形で）他からその恩恵を受ける。…してもらう。(12)将棋で、王将・金将以外の駒が敵陣に入って裏返され、飛車・角は金将と銀将の働きを併せ持ち、他の駒は金将と同じ働きをするようになる。(13)〔古風〕おでましになる。〜あそばす。（北原2002：12-31）。

3) 「非意図的な動的事象」とは、ナルの語彙的意味で、ナルのすべての用法に共通する点で語彙的意味のスキーマというものである。(佐藤琢三2005：37)

4) 劉琛琛(2008:pp61-77)は、「中国語「了」を３つに分けており、文中述語動詞の直後に付く「了」を「了$_1$」、文末に付く「了」を「了$_2$」に、「了$_1$」と共起しながら時制的意味の助詞「了$_3$」で分類し、その中から「了$_2$」は、状態変化を表す」と述べている。この論点を用いて本研究は、「了$_2$」を日本語「ナル」に対応する変化とみなすが、それ以外の「了$_1$」と「了$_3$」は対応しないこととする。

5) 吉田(2011)は「結果」というのは、基本的用法から離れた「ナル」に「誰」がという推論主体が背景化されて起こる変化の「結果」であると述べている。

6) 本研究では、吉田(2011)の6つの「ナル用法」から「その他のナル」用法を除き、5つの「ナル」の用法を対象とする。

7) 用例の一部は、吉田(2011)から引用したものである。

8) 本研究調査は全体文章ら「ナル」部分だけを韓国語・中国語の文脈最も自然なものを選択する方式である。(韓国語については、円光大学の日本語学科の先生3名、中国語は、中国延辺大学の日本語学科の先生3名にご教示を賜りました。)

9) 韓国語話者による実態調査URL：https://forms.gle/JrXdj8Tgf2cs9nNQ7
中国語話者による実態調査URL： https://www.wenjuan.com/s/UZBZJvedV2/

10) 本研究では、使用回数と使用率について最も多く使用されたもののみ基準とした。

11) ○は対応する、×は対応していない記号を示す。

【参考文献】

池上嘉彦（1981）『「する」と「なる」の言語学―言語と文化のタイポロジーへの試論―』大修館書店

______（2008）『「する」と「なる」の言語学』を振り返って（特集＝日本語文法の現在）』『国文学：解釈と鑑賞』73-1、pp.88-92

池上嘉彦・守屋三千代・テキメン・アイシェヌール（2010）「ナル表現」再考—着語における事態の〈主観的把握〉の観点から—、『日本認知言語学会論文集』10、日本認知言語学会、pp.366-376

井上優（2010）「言語研究における対照研究の位置づけについて」『中日理論言語学研究会』、東京外国語大学、pp.1-10

_____（2020）「意味の対照研究の難しさ」『言語と文明』第18巻1号、麗沢大学大学院言語、教育研究会、pp.91-102

岡智之（2018）「日本語と朝鮮語のナル的表現と事態把握—ナル的表現のスキーマ設定に向けて一」『日本認知言語学会論文集第18巻』，pp.604-609

金谷武洋（2004），『英語にも主語はなかった』講談社

北原保雄（2002）『明鏡国語辞典第』3版、大週刊書店

金玉雪（2023）「『ナル』における韓国語・中国語との対照研究」『日本語文学』第103輯、日本語文学会、pp.27-46

佐藤琢三（2005）『自動詞文と他動詞文の意味論』笠間書院、pp.13-40

櫻井千佳子（2014）「言語獲得にみられる事態把握と場の言語学」『日本語認知言語学会』14、pp.643-646

徐一平（2018）『「ナル表現」と「スル表現」から見た日本語と中国語』『日本語文法研究会』42、pp.3-11

徳永美暁（2006）「日本語におけるスル的・ナル的表現の語用」『学苑』793、光葉会、pp.14-25

守屋三千代（2021）「ナル表現」研究の現在と課題—通言語学的に考える—」『日本語日本文学』31、創価大学日本語日本文学会、pp.1-9

吉田玲子（2011）「ナルの用法－変化の意味の有無に関連して－」『日語日文學研究』77、韓国日語日文学会、pp.25-40

任佳韞（2007）「中国人から見た日本語の発想と表現Iー「なる」という表現についてー」『愛知工業大学研究報告』42、愛知工業大学、pp.41-45

劉琛琛（2008）「文末の"了"に関する分析—日本語「もう」と対照して—」『熊本大学言語学論文集』7、熊本大学、pp.61-78

吕叔湘（1992）『中国語文法用例辞典—《現代漢語八百詞》』増訂本、東方書店

中国社会科学院语言研究所（2016）『現代汉语詞典第』6版、商務印書館
王芳（2011）『新明解日汉词典』外语教学与研究出版社
金哲煥（2003）『엣센스日韓辭典』 민중서림
손동주（2008）「'なる'와 '되다'의 의미 확장과 자동성과의 관계」『동북아문화연구』 제17집, 동북아시아문학학회, pp.401-415
이희승（2011）『엣센스 국어사전』 민중서림

【付録1】

韓国人日本語学習者の実態調査

(URL：https://forms.gle/JrXdj8Tgf2cs9nNQ7)

1. 이름

2. 연령

(1) 10대 (2) 20대 (3) 30대 (4) 40대

3. 일본어 학습 기간

(1) 6개월 미만 (2) 1년 (3) 2년 (4) 3년 (5) 3년 이상

4. 일본어 학습 능력

(1) N1 N2 N3 N4 N5

(2) 없음

5. 메일

일본어 문자을 읽고 한국어로 변역 하는 문장에 맞게 ( ) 에 들어갈 가장 자연스러운 표현을 2개까지 고르세요.

1)「取り出しなさい」「ちょっと待ってよ、おじさん、それじゃ泥棒になるぜ」「かまわん。こんな石がひとつなくなったところで誰も気がつかないし、誰も気にしない」

"꺼내요." "잠깐만요, 아저씨. 그러면 ( )." "상관없어. 이런 돌이 하나 없어진다고 해서 아무도 눈치채지 못하고 아무도 신경 쓰지 않아"

도둑이 되는 거야

도둑 취급을 당하는 거

도둑이지

도둑으로 볼 거야

2)「こ、こりゃあ、血じゃないですか!」ブルースは目を剥いた。「こ、こんな札に触っちまって……伝染病になるんじゃないか……」

"이, 이것 피잖아요!" 브루스는 눈을 부릅떴다." "이, 이런 돈을 만지다니…… ( ) 아닐까……"

전염병에 걸리는 건

전염병이 생기는 건

전염병이 되는 건

전염병이 옮는 건

3) ストレスを発散しないと、色々な病気になります。

스트레스를 풀지 않으면 여러 가지 병 (　　).

이 생깁니다

에 걸립니다

이 됩니다

이 나타납니다

4) 湿った物体から水分が蒸発し、乾いた状態になることを乾燥といいますが、空気中の飽和水蒸気量(大気中に存在できる水蒸気量)が多ければ多いほど、そして含水量が少なければ少ないほど、水分は蒸発しやすく、物体は乾燥しやすくなります。

https://www.apiste.co.jp/contents/technical_note/basic/humidity/about.html

습한 물체에서 수분이 증발하여 마른 상태가 되는 것을 건조라고 하는데 공기중의 포화 수증기량(대기 중에 존재할 수 있는 수증기량)이 많으면 많을 수록 그리고 함수량이 적으면 적을수록 수분은 증발하기 쉽고 물체는 건조 (　)쉽습니다.

해지기

하기

하게 만들기

되기

5) 今回の出会いは本当によい思い出になるではないかと思います。

이번 만남이 정말 좋은 추억 (　　) 않나 싶어요.

이 되지

이지

이 생기지

을 만들지

6) 悪い面の見本で、それを見るとそうなってはいけないと教えられる人や事例のこと。それを見ることで、反省の材料となるような人や事例。その言行が、そうしてはいけないという反対の面から、人を教育するのに役立つのでいう。（反面教師の解説- 三省堂 新明解四字熟語辞典）

나쁜 면의 표본으로, 그것을 보면 그렇게 되어서는 안 된다고 가르칠 수 있는 사람이나 사례를 말한다. 그것을 보는 것은 (　)사람이나 사례. 그 언행이 그렇게 해서는 안 된다는 반대의 면에서 사람들을 교육시키는 데 도움이 된다는 것이다.

반성의 재료가 되는

반성의 재료로 하는

반성의 재료인

반성의 재료를 만드는

7) 沈黙が僕らのあいだに降りる。深い沈黙だ。僕の胸の中でひとつの質問がふくれあがる。それは喉を塞いで、呼吸を困難なものにしてしまうくらい大きなものになる。

우리 사이에 침묵이 흐른다. 깊은 침묵이다. 내 가슴속에서 한가지 질문이 부풀어 오른다. 그것은 목을 막고 호흡을 어렵게 할 정도로 (　　).

커진다

크다

크게 되다

클 수 있다

8) 彼女はまた首を振る。そしてテーブルの上にもう一度両手を置く。今度は手のひらが表になる。彼女はその手のひらに少しだけ目をやる。でもその日にはとくに表情は浮かんでいない。

그녀는 다시 고개를 흔든다.그리고 테이블 위에 다시 두 손을 얹는다. 이번에는 손바닥 (　　). 그녀는 그 손바닥에 살짝 눈길을 주었다. 그런데 그날에는 별다른 표정은 떠오르지 않았다.

을 위로 한다

을 위로 올렸다

이 위가 된다

을 위로 뒤집었다

9) 「九月の初めにスイスに行ってくるよ。……亡くなった女房との想い出の場所さ」真理戸は寂しげな笑みを浮かべた。「そうですか……」尾白は一瞬しんみりとなる。

"9월 초에 스위스에 다녀올게."……"돌아간 아내와의 추억의 장소 말이야". 마리토는 쓸쓸한 미소를 지었다. "그렇습니까……"오지로는 순간 마음이 가라 (　　).

앉았다

앉기 시작하다

앉아지다

앉게 되었다

10) (あれから十一年もたったのか。……十一年!)時の流れに愕然となる。

(그로부터 11년이나 지났구나. ……11년!) 시간의 흐름에 깜짝 (   ).

놀랐다

놀라게 되었다

이야

놀랄만 하다

11)「どのくらいお待ちすれば?」「きょうのきょうです。できるだけ早く、としか、お答えのしようがない」語調もつい、突き放したものになる。

"얼마나 기다리면?" "오늘의 오늘입니다. 가능한 빨리, 라고 밖에 대답할 방법이 없다." 어조도 그만, (   ).

내팽개친 것이 된다

냉정해진다

내팽개친 것이다

내팽개치다

12) 黒いマシンガンを胸にテントを警備していた政府軍の兵士たちが直立不動の姿勢になる。

검은 기계총을 가슴에 끼고 텐트를 지키고 있던 정부군 병사들이 직립 부동의 자세 (   ).

를 취한다

로 한다

가 되었다

이다

13) チャレンジの機会が増え、例え失敗してもそこから学びを得て、恐れずに前に進んでいくことができるなら、君は一人前の社会人になったことになる。

도전의 기회가 늘어나고 설령 실패하더라도 거기서 배움을 얻고 두려워하지 않고 앞으로 나아갈 수 있다면 이것으로 너는 제 몫의 사회인 (   ).

이다

이 된 것이 된다

이 된 것으로 한다

이 되어진다

14) 童話の異界には、自ら成長するためのヒントが隠れているのです、童話は子どもにとっていい教訓となる。

(https://www.toyo.ac.jp/link-toyo/culture/alien-world)

동화라는 다른 세계 에서는 스스로 성장하기 위한 힌트가 숨어 있는 것입니다. 동화는 어린이에게 좋은 교훈 (　　).

이지

을 준다

이 된다

과도 같다

15)「君のお母さんは君を愛していなかったわけじゃないんだ」とカラスと呼ばれる少年が背後から語りかける。「もっと正確に言えば、彼女は君のことをとても深く愛していた。君はまず それを信じなくてはならない。それが出発点になる」

"너의 어머니는 너를 사랑하지 않았던 게 아니야"라고 까마귀라고 불리는 소년이 등 뒤에서 말을 건넨다. "좀 더 정확히 말하자면, 그녀는 너를 매우 깊이 사랑했다. 너는 먼저 그것을 믿어야 한다. 그것이 출발점 (　　)"

이 된다

으로 생각한다

으로 여겨진다

이다

16)「わたしのことより……、もしかしたら、柏木さん、どこかお身体の具合がすぐれないのではないですか?ちょっと顔色が……」「いや、別に……。このところちょっと忙しかったものですから、きっとそのせいでしょう。でも、もうだいじょうぶです。こうした時間を持つことがなによりの薬になるんですよ」

"저보다…… 혹시 가시와기 씨, 어디 몸이 좋지 않은 것 아닙니까? 안색이 좀……"
"아니, 별로…… 요즘 좀 바빴으니까, 분명 그것 때문일 거예요. 하지만 이제 괜찮습니다. 이런 시간을 갖는 게 무엇보다 약 (　　)."

이 되거든요

이지요

이라고 생각해요

처럼 느끼는거에요

17)「初めての仮縫いが、高瀬さんの礼服だって言うのは、お前にとっても記念になるな」

“첫 가봉이 타카세 씨의 예복이라는 것은 자네에게도 기념 (　　).”

이다

이 되겠군

거리가 생기는 거야

을 할거야

18)「受け取ったからといって負担に思うことはない。これは単なるプレゼントだ。でももし、君が僕とこの先一緒に暮らしていく決心がついているなら、この指輪は意味を持つことになる。考えてみてくれないか」(容疑者Xの献身 P.379)

“이걸 받았다고 해서 부담을 느낄 필요는 없어. 이건 그저 선물뿐이니까. 하지만 만일, 야스코가 앞으로의 인생을 함께 하겠다고 결심한다면 이 반지는 의미(　　), 어때, 생각해 보겠어?”

일 거야

가 생기는 거야

을 가지는 거야

를 지니게 될거야

19)「実はわたくしどもは住倉物産の者なんですが、今、住倉重工とドイツの重電機メーカーを担いでバリア発電所の受注を狙ってまして」(中略)「バリアですか。ホーチミン市近郊の発電所ですね。総額で五,六億ドルになるとか。……コンペティター(競争相手) はどこなんですか?」

“실은 저희는 스미쿠라물산 사람입니다만, 지금 스미쿠라중공과 독일중전기업체 맡아 배리어발전소 수주를 노리고 있어서요.” “배리어인가요. 호치민시 근교의 발전소 군요. 총 오,육억달러 (　　) 고 하던데. ……경쟁자는 어디예요?”

가 생긴다고 하던데

이던데

가 된다고 하던데

에 달한다고 하던데

20) 飲んだあとにひと休みしたいとき、あるいはひとりになって考え事をしたいとき、そうした時々にこのマンションの部屋を使うようにしている。本橋が運転手をやるようになってから、ここで車を下りたのは、きょうで五、六回目になる。もしかしたら彼は自分に女がいると疑っているかもしれない。

마신후에 잠시 쉬고 싶을 때, 혹은 혼자서 생각을 하고 싶을 때 그럴 때 마다 이 아파트방을 쓰도록 하고 있다. 모토바시가 운전기사를 하게 되고나서, 여기서 내린것은, 오늘로 대여섯번째 (　). 어쩌면 그는 자신에게 여자가 있다고 의심하고 있을지도 모른다.

가 된다

로 여겨진다

이다

에 달한다

21) そうか、寺島浩一郎はもう七十六になるのか……。柏木の脳裏に、清一郎の赤ら顔が浮かんだ。

그렇군, 테라시마코이치로는 벌써 칠십육세 (　)……. 가시와기의 머릿속에, 세이치로의 불그스름한 얼굴이 떠올랐다.

가 되는가

나 살았는가

인가

먹었는가

22)「考えてみれば、おまえとゆっくりと温泉に浸かったことなんてなかったな」「一度、草津に行ったことがありますよ。もう五年も前になりますが」

"생각해보니, 너랑 온천욕을 천천히 한적은 없었구나." "한번 구사쯔에 간적이 있어요. 벌써 5년 (　)."

됐는데요

이 지났는데요

째이네요

달했는데요

23) どうやら日高に入ったようだ。この先の静内を過ぎると浦河の町になる。

아마도 히다까에 접어 든 것 같구나. 이 앞의 정내를 지나면 우라카와 마을 (　).

이다

이 된다

이 나타나다

에 도착한다

24) 靖子は店を移り、住所も変えた。かわいそうだと思いながらも美里を転学させた。錦糸町のクラブで働くようになってからは、冨樫も現れなくなった。それからさらに引っ越しをし、『べんてん亭』で働き始めて一年近くになる。もはやあの疫病神と関わり合うことはないと信じていた。(容疑者Xの献身 p.19)

야스코는 가게를 옮기고 주소를 바꿨다. 그리고 미사토에게는 미안한 일이지만 학교도 옮겼다. 그리하여 긴시초에 있는 클럽에서 일하게 된 후로는 도가시가 나타나지 않았다. 그후 다시 한번 이사하고 '벤텐테이'에서 일하게 된 것이 어느새 1년 ( ). 더는 그 악마에게 괴롭힘을 당하는 일이 없을 거라고 믿고 있던 터였다.

가까이 된다

이다

가까이 흘렀다

가까이 지났다

25)「富樫信二さん……か。住所は新宿区西新宿、と。今もここに住んでるってことでしたか」免許証を見てから彼は靖子に尋ねた。彼女は眉を寄せ、首を傾けた。「わかりませんけど、たぶん違うと思います。西新宿に住んでたこともあったようですけど、家賃が払えなくて部屋を追い出された、という意味のことを聞きましたから」「免許証自体は享年更新されていますが、すると住民票は移さず、どこかに住処を見つけたということになりますが」(容疑者Xの献身 p.50)

"도가시 신지……로군요. 주소는 신주쿠구 니시신주쿠. 지금도 여기에 살고 있는 건가요?" 면허증을 보면서 그가 야스코에게 물었다. 그녀는 미간을 찌푸리며 고개를 저었다. "모르겠어요 아마 아닐 거예요. 니시신주쿠에 산 적이 있는 것 같긴 한데, 집세를 내지 못해서 쫓겨 났다고는 말을 들은 적이 있거든요." "면허증이 작년에 갱신한 걸로 되어 있는데 그렇다면 주민등록을 옮기지 않은채 다른 곳에 거처( )."

를 마련한 거로군요

가 생긴거네요

를 마련한 것이 되네요

를 찾았네요

26)「まず、インドネシア・ルピア建て債券ですが、現在の利回りは年率一五・五パーセント一方インドネシア政府はいわゆる『クローリングペッグ制』の下、ルピアを対ドルで年率三から五パーセントずつ安定的に切り下げています。したがって、年間の投資利回りはドルベースで一五・五マイナス三から五で、一〇・五から一二・五パーセントとなります。(中略)」

"우선 인도네시아루피아 채권 인데요. 현재의 수익률은 연율 15.5% 반면 인도네시아 정부는 이른바 '크롤링페그제' 하에서 루피아를 대 달러로 연율 3에서 5퍼센트씩 안정적으로 인하하고 있습니다. 따라서 연간 투자수익률은 달러 기준으로 15.5 마이너스 3에서 5로 10.5%에서 12.5% (　　　)."

가 됩니다

입니다

가 나온다

로 낮아집니다

27)「片岡ファイナンス」が江成に融資した条件は、返済期限が一年、月々の均等払い、金利は街金融としては破格の、年利五パーセントというものだった。したがって、江成の毎月の支払い金額は四千四百万円ほどになる。

'가타오카파이낸스'가 에나리에게 대출한 조건은 상환 기한이 1년, 월균등 지급, 금리는 금융가으로서는 파격적인, 연리 5%라는 것이었다. 따라서 에나리의 매월 지불 금액은 사천사백만엔 정도 (　　　).

이다

된다

에 달한다

나온다

28) 警察は「若い男」が中日ドラゴンズの帽子をかぶり、緑のレイバンをかけ、アロハシャツを着ているという事実をつかんでいるはずだ。中日ドラゴンズの帽子をかぶっている人間は香川県にはほとんどいないだろうし、そこにアロハシャツと緑のレイバンが加われば、これはみごとに特徴的な外見になる。

경찰은 '젊은 남자'가 주니치드래곤즈의 모자를 쓰고 녹색레이번을 쓰고 알로하셔

츠를 입고 있다는 사실을 파악하고 있을 것이다. 주니치드래곤즈의 모자를 쓰고 있는 사람은 카가와현에는 거의 없을 것이고 여기에 알로하 셔츠와 녹색 레이반이 더하면 이는 보기에도 특징적인 외모 (　　).

가 만들어진다

가 된다

이다

로 변해진다

29)「(中略)しかし、千七、八百年前の古墳を掘り起こすより、五十年前の事実を掘り起こすほうが、われわれにとっては意味のあることだと思うのですが」「まあ、古墳と較べるなんて……」薫は呆れたように笑ったが、じきに真顔に返った。「でも、考えてみると、五十年を三十何倍か遡ると古墳時代になりますのね」

"그러나 천칠팔백년 전의 고분을 파내는 것 보다 오십년전의 사실을 파내는 것이 우리에게는 의미 있는일 이라고 생각합니다만" "뭐, 고분과 비교 하다니……" 카오루는 어이없다는 듯이 웃었지만 곧정색을 했다. "하지만 생각해보니, 50년을 서른몇배 거슬러 올라가면 고분시대 (　　)."

가 되는군요

가 나오는군요

이군요

로 돌아가는 것이군요

30)（年収が一億円というから）彼は税務署の指定する高額所得者になる。（佐藤2005：16）

(연봉이 일억엔 이라니) 그는 세무서가 지정하는 고액 소득자 (　　).

가 된다

이다

로 본다

로 한다

【付録 2】

中国人日本語学習者の実態調査

（URL：https://www.wenjuan.com/s/UZBZJvedV2/）

学校名称

性别　男 女

年龄

(1) 10代　(2) 20代　(3) 30代　(4) 40代　(5) 其他

学习日语的时间

(1) 6个月　(2) 1年　(3) 2年　(4) 3年　(5) 3年以上

日本语能力考试成绩

(1)N1　(2) N2　(3) N3　(4) N4　(5) N5 (6) 无

1)「取り出しなさい」「ちょっと待ってよ、おじさん。それじゃ泥棒になるぜ」「かまわん。こんな石がひとつなくなったところで誰も気がつかないし、誰も気にしない」

“拿出来吧。” “等一下，叔叔，这样(　　)。” “没关系，少了一块石头，没有人会注意，也没有人会在意。”

会成为小偷的

被当成小偷的

就是小偷了

会当成小偷

2)「こ、こりゃあ、血じゃないですか!」ブルースは目を剥いた。「こ、こんな札に触っちまって……伝染病になるんじゃないか……」

“这、这不是血吗!” 布鲁斯瞪大了眼睛。“摸了这币……会不会(　　)啊……”

得传染病

成传染病

感染传染病

会不会发生传染病

3) ストレスを発散しないと、色々な病気になります。

如果不释放压力，就(　　　)。

会得各种各样的病

患各种各样的病

生各种各样的病

闹各种各样的病

4) 湿った物体から水分が蒸発し、乾いた状態になることを乾燥といいますが、空気中の飽和水蒸気量(大気中に存在できる水蒸気量)が多ければ多いほど、そして含水量が少なければ少ないほど、水分は蒸発しやすく、物体は乾燥しやすくなります。

水分从潮湿的物体中蒸发，变成干燥的状态叫做干燥，但是空气中的饱和水蒸气量(大气中存在的水蒸气量)越多，而且含水量越少，水分越容易蒸发，物体(　　　)。

越容易干燥

发干燥

会变得干燥

造成干燥

5) 今回の出会いは本当によい思い出になるではないかと思います。

我觉得这次的相遇真的(　　　)美好的回忆。

会成为

制造

产生

有了新的

6) 悪い面の見本で、それを見るとそうなってはいけないと教えられる人や事例のこと。それを見ることで、反省の材料となるような人や事例。その言行が、そうしてはいけないという反対の面から、人を教育するのに役立つのでいう。(反面教師の解説- 三省堂 新明解四字熟語辞典)

作为反面教材，是指教育人不得作为的人或事。(　　　)的人和事，有助于教育人什么事该做什么事不该做。

成为反面教材

作为反面教材

就是反面教材

被认为反面教材

7) 沈黙が僕らのあいだに降りる。深い沈黙だ。僕の胸の中でひとつの質問がふくれあがる。それは喉を塞いで、呼吸を困難なものにしてしまうくらい大きなものになる。

我们之间陷入沉默。深深的沉默。一个问题在我心中浮现。这种想法堵住了我的喉咙，让我(　　　)窒息。

逐渐变大

感到

成为

出现

8) 彼女はまた首を振る。そしてテーブルの上にもう一度両手を置く。今度は手のひらが表になる。彼女はその手のひらに少しだけ目をやる。でもその日にはとくに表情は浮かんでいない。

她又摇了摇头。然后再次将双手放在桌上。这次(　　　)。她看了一眼那手掌。但那天并没有什么特别的表情。

把手掌向上面

把手掌向上

把手掌反了

把手掌翻了

9)「九月の初めにスイスに行ってくるよ。……亡くなった女房との想い出の場所さ」真理戸は寂しげな笑みを浮かべた。「そうですか……」尾白は一瞬しんみりとなる。

“九月初去一趟瑞士。……曾经和去世的老婆去过的地方。”真理户露出落寞的笑说: “是吗……” 尾白一瞬间(　　　)。

沉静了

静下来了

落底了

觉得好点了

10) (あれから十一年もたったのか。……十一年!)時の流れに愕然となる。

(从那时起过了十一年。……十一年了！）时间的流逝令人(　　　)。

愕然

惊讶了

成为惊愕

震惊

11)「どのくらいお待ちすれば?」「きょうのきょうです。できるだけ早く、としか、お答えのしようがない」語調もつい、突き放したものになる。

“要等多久?”“必须是今天。尽快，只能这么回答了。”声调也(　　　)。

变得生硬了

跳起来了

弹出怪的声音

不由自主地变声音

12) 黒いマシンガンを胸にテントを警備していた政府軍の兵士たちが直立不動の姿勢になる。

胸前拿着黑色机关枪的政府军士兵们在帐篷前(　　　)。

保持直立不动的姿势

直立不动的姿势了

不动的直立动作

成为直立不动的姿势

13) チャレンジの機会が増え、例え失敗してもそこから学びを得て、恐れずに前に進んでいいくことができる

なら、君は一人前の社会人になったことになる。

随着挑战的机会增加，即使是失败也能在其中总结经验，不畏惧地继续勇往直前，你(　　)。

就成为一名合格的社会人

能当一名合格的社会人

是一名社会人了

作为一名社会人的新开始

14) 童話の異界には、自ら成長するためのヒントが隠れているのです、童話は子どもにとっていい教訓となる。

在童话世界里，隐藏着自我成长的很多提示，童话对孩子来说是(　　)。

很好的教训

成为很受教育

成长的教训

给与宝贵的启迪

15)「君のお母さんは君を愛していなかったわけじゃないんだ」とカラスと呼ばれる少年が背後から語りかける。「もっと正確に言えば、彼女は君のことをとても深く愛していた。君はまずそれを信じなくてはならない。それが出発点になる」

外号叫乌鸦的少年在背后说: “你妈妈并不是不爱你。” “更准确地说，她非常的爱你，你首先要相信这一点，(　　　)。”

以此为出发点

这当成起点

那是成为出发点

这才是新的开始

16)「わたしのことより……、もしかしたら、柏木さん、どこかお身体の具合がすぐれないのではないですか?ちょっと顔色が……」「いや、別に……。このところちょっと忙しかったものですから、きっとそのせいでしょう。でも、もうだいじょうぶです。こうした時間を持つことがなによりの薬になるんですよ」

“先不说我的事……，柏木先生，是不是身体哪里不舒服？脸色有点……。” “没什么……。这段时间有点忙，一定是忙的原因。不过，现在已经没事了，有这样相聚的时间就是(　　　)。”

最好的良药

感觉良药

成为良药

有益健康

17)「初めての仮縫いが、高瀬さんの礼服だって言うのは、お前にとっても記念になるな」

“高瀬先生的礼服是第一次试做的，对你来说(　　　)。”

很有纪念意义

会成纪念

拥有纪念

做纪念

18)「受け取ったからといって負担に思うことはない。これは単なるプレゼントだ。でももし、君が僕とこの先一緒に暮らしていく決心がついているなら、この指輪は意味を持つことになる。考えてみてくれないか」

“你不用因为收下了这个而用心理负担，这只是个礼物。但如果你决定和我共度余生，这戒指就(　　　)。你能考虑一下吗”

拥有特别的意义

具有意义

成为特别的意义

展出心意

19) 「実はわたくしどもは住倉物産の者なんですが、今、住倉重工とドイツの重電機メーカーを担いでバリア発電所の受注を狙ってまして」(中略)「バリアですか。ホーチミン市近郊の発電所ですね。総額で五、六億ドルになるとか。……コンペティター(競争相手)はどこなんですか?」

“其实我们是住仓物产的人，现在是代表住仓重工和德国的重型电机制造商想争取巴里亚发电站的项目订单。”“是巴里亚吗。那在胡志明市附近的发电厂。听说总额(　　)。……竞争对手是谁？”

能达到五六亿美元

为五六亿美元

价值五六亿美元

有五六亿美元

20) 飲んだあとにひと休みしたいとき、あるいはひとりになって考え事をしたいとき、そうした時々にこのマンションの部屋を使うようにしている。本橋が運転手をやるようになってから、ここで車を下りたのは、きょうで五、六回目になる。もしかしたら彼は自分に女がいると疑っているかもしれない。

喝完酒想稍作休息时或者是一个人想静静的思考时候就到这个公寓。本桥当司机后，到今天送我到这里(　　　)。是不是他怀疑我有女人啊。

有五六次了

成为五六次

五六次了

达五六次

21) そうか､寺島浩一郎はもう七十六になるのか……。柏木の脳裏に、清一郎の赤ら顔が浮かんだ。

是吗，寺岛浩一郎(　　　)……。柏木的脑海里浮现出清一郎的红脸。

已经七十六岁了

已经达七十六岁

七十六岁吗

是七十六岁了

22)「考えてみれば、おまえとゆっくりと温泉に浸かったことなんてなかったな」「一度、草津に行ったことがありますよ。もう五年も前になりますが」

“细想想，还真没有和你一起悠闲地泡过温泉。”“有过一次，去过草津，(　　　)。”

已经五年了

五年前的事了

已经有五年了

已经第五年了

23) どうやら日高に入ったようだ。この先の静内を過ぎると浦河の町になる。

好像进了日高。过了前面的静内(　　　)。

就是浦河

到浦河

出现浦和河

是浦河了

24)靖子は店を移り、住所も変えた。かわいそうだと思いながらも美里を転学させた。錦糸町のクラブで働くようになってからは、冨樫も現れなくなった。それからさらに引っ越しをし、『べんてん亭』で働き始めて一年近くになる。もはやあの疫病神と関わり合うことはないと信じていた。

靖子换了工作的店，也搬了家。可怜的美里不得不跟着转学。靖子去锦系町的夜总会工作后，富樫没在出现过。后来靖子又搬了一次家，开始在《弁天亭》工作，到现在（　）。她相信自己与那瘟神再无瓜葛了。

已过了一年

一晃将近一年

就是一年了

已将近一年

25) 「富樫信二さん……か。住所は新宿区西新宿、と。今もここに住んでるってことでしたか」免許証を見てから彼は靖子に尋ねた。彼女は眉を寄せ、首を傾けた。「わかりませんけど、たぶん違うと思います。西新宿に住んでたこともあったようですけど、家賃が払えなくて部屋を追い出された、という意味のことを聞きましたから」「免許証自体は享年更新されていますが、すると住民票は移さず、どこかに住処を見つけたということになりますが」

“富樫信二……。住址是新宿区西新宿。他现在住在那里吗”看完驾照后，石神询问道。靖子皱褶眉，歪起头说：“不知道，我想应该不在了。他以前在西新宿住过，但我听他提过，好像因为付不起房租被赶走了。”“驾照是去年换的，说明户口没有转到别的地方，他应该在那附近(　　)。”

有了住处

找到了住处

安好了住处

确保住处了

26) 「まず、インドネシア・ルピア建て債券ですが、現在の利回りは年率一五・五パーセント一方インドネシア政府はいわゆる『クローリングペッグ制』の下、ルピアを対ドルで年率三から五パーセントずつ安定的に切り下げています。したがって、年間の投資利回りはドルベースで一五・五マイナス三から五で、一〇・五から一二・五パーセントとなります。(中略)」

“首先，印度尼西亚印尼盾债券，现在的年利率是15.5%，另一方面印尼政府在所谓的《滚动挂钩制》下，针对美元每年以年利率3%到5%的方式稳定地贬值印尼盾。因此，每年的投资回报率的美元基数达到15.5减少3～5百分百，现在是(　　)。”

将10.5%到12.5%之间

10.5%到12.5%

10.5%到12.5%不等

在10.5%到12.5%之间

27) 「片岡ファイナンス」が江成に融資した条件は、返済期限が一年、月々の均等払い、金利は街金融としては破格の、年利五パーセントというものだった。したがって、江成の毎月の支払い金額は四千四百万円ほどになる。

《片冈金融》向江成贷款的条件是，还款期限为一年，按月均摊还贷，年利率是5%，打破金融街的惯例。因此，江成每月支付的金额(　　)。

为四千四百万日元左右

四千四百万日元左右

近四千四百万日元左右

达四千四百万日元左右

28) 警察は「若い男」が中日ドラゴンズの帽子をかぶり、緑のレイバンをかけ、アロハシャツを着ているという事実をつかんでいるはずだ。中日ドラゴンズの帽子をかぶっている人間は香川県にはほとんどいないだろうし、そこにアロハシャツと緑のレイバンが加われば、これはみごとに特徴的な外見になる。

警察应该掌握了《年轻男子》戴中日龙队帽子，戴着绿色雷邦，穿着夏威夷衬衫的事实。香川县几乎没有人戴中日龙队的帽子，还有穿夏威夷衬衫和戴绿色雷邦，这是(　　)。

形成特征的外表

变成特征的外表

成为特征的外表

很有特征的外表

29)「(中略)しかし、千七、八百年前の古墳を掘り起こすより、五十年前の事実を掘り起こすほうが、われわれにとっては意味のあることだと思うのですが」「まあ、古墳と較べるなんて……」薫は呆れたように笑ったが、じきに真顔に返った。「でも、考えてみると、五十年を三十何倍か遡ると古墳時代になりますのね」

"但是，我认为比起挖掘一千七八百年前的古墓，挖掘五十年前的事实，对我们来说更有意义。""唉，怎么能跟古墓比啊……"薰无奈地笑了笑，但很快又恢复了严肃的。"不过仔细想想，把五十年往回延伸三十几倍(　　)。"

到古坟时代了吧

穿越古坟时代吧

不就是古坟时代吧

会出现古坟时代吧

30)(年収が一億円というから)彼は税務署の指定する高額所得者にな

る。

（因为年收入一亿日元）他是税务局指定(　　)。

的高收入者

视为高收入者

成为高收入者

的高收入人群了

行動展開表現の日本語・中国語・韓国語の対照研究

楊吟（華東理工大学）

1．はじめに

日常のコミュニケーションの中で、命令、依頼、勧め、誘い、申し出、許可などのような相手あるいは自分の何らかの行動を起こすための表現が相当の割合を占めている。このような表現は坂本ほか（1994）によって「行動展開表現」と呼ばれている。このような表現について、これまでさまざまな立場から数多くの研究が行われてきた。その中には、発話行為の成立条件や推論過程に注目する哲学的な立場や、行動の負担や人間関係に関わる配慮に注目する社会言語学的な立場や、表現意図と表現形式の関係に注目する語用論的な立場や、異なる言語における普遍性と個別性に注目する対照言語学的な立場や、学習者の習得や指導に注目する言語教育学的な立場などがある。これは、実に多大な関心が集まる研究分野の一つである。

それにも関わらず、筆者は行動展開表現についてまだ研究の余地があると考える。このような表現意図を表すのに、よく複数の表現形式が用いられる。また、1つの表現形式が複数の表現意図を表しうる場合もある。表現意図と表現形式のこのような多対多の関係を、表現意図から表現形式へと、表現形式から表現意図への両方向から検討し、かつ、体系的に整理した研究はまだ多くないようであるため、そのような研究が必要だと感じられる。

また、対照研究もまだ十分に行われていない。どの言語にも体系的な表現意図と表現形式の対応関係は存在するが、それぞれの使える範囲は言語によって違う。学習者はその対応関係の言語間のずれを容易に把握することができず、「語用論レベルの転移（Pragmatic Transfer）」がしばしば起こる。例えば、高梨（2011）は、母語話者と非母語話者（中国人・韓国人を含む上級学習者）を対象に、「自分が所属するサークルのコンサートに相手を誘う」という場面で、どのような表現を使うかを調査した。その結果、母語話者では「（コンサートに）来て/来てくださいませんか」などの依頼の表現が多く選ばれているのに対し、非母語話者では大半が「（コンサートに）来ない？/いらっしゃいませんか」などの勧誘の表現が使われていることが分かった。

この結果は、確かに学習者と日本語母語話者では依頼か誘いかの捉え方が違うのだと結論づけることができるかもしれないが、別の観点からその要因を考えれば、それは表現形式の適用範囲が言語ごとに異なることに由来するものではないかと筆者は考えている。上の例で言うと、中国語の場合、「你一起来吧」という言い方は文脈によっては「あなたにも来てほしいね。/あなたもぜひ来てね。/あなたも一緒に来ようよ。」のように依頼、勧め、誘いのいずれの意味にもなりうる。韓国語の場合も中国語と似ている。この表現形式の汎用性が学習者と母語話者の使用差異につながったのではないかと思われる。

この原因をさらに解明するには、日本語・中国語・韓国語の対照研究を行うのが有効的であろう。日本語のみを対象とした研究では、特定の表現意図において人間関係や場面に応じた形式の選択が問題とされがちであるが、表現意図と表現形式の使用範囲に関しては十分に検討されていない。複数の言語を対照することでそれをより明確に把握できると考えられる。

そこで、本研究は、行動展開表現の代表的な［依頼］、［勧め・助言］、［誘い］、［申し出］表現（本稿では表現意図を［　］で括って示す。以下同様。）を中心に取り上げ、日本語・中国語・韓国語の表現形式をまず整理したうえで、それぞれの表現意図と表現形式の対応関係および使用範囲の違いに注目して対照研究を行いたい。

中国語は筆者の母語で、日本語は教育・研究の場で使う言語で、韓国語は専門ではないが、ある程度理解できる。歴史的・文化的・地縁的に深いつながりを持つこの3カ国の言語は行動展開表現においてどのような共通点と相違点があるのだろうか、学習者がよく間違える語用論レベルの転移はどこに原因があるのだろうか、そういった疑問を本研究を通して解明したい。

2．先行研究の概観

この節では、行動展開表現及び関連する諸分野の先行研究を概観し、「行動展開表現」を本稿の枠組とする理由を述べる。

2.1 発話行為の先行研究

命令や依頼のような表現は、最初哲学者であるAustin（1962)によって「発語内行為(illocutionary act)」と呼ばれていた。「何かをいいつつ遂行される別の次元の行為」（山梨1986：14）のことである。それに基づいて、後にSearle(1975)は、演述(assertives)、対動(directives)、自告(commissives)、宣言(declarations)、表出(expressives)のように5分類した（山岡2008）。発話行為を個別に特徴づけるために、適切性条件(felicity conditions)が用いられている。発話行為理論の分類によると、本稿で扱う［依頼］、［勧め・助言］、［誘い］は対動(directives)のカテゴリーに属し、［申し出］は自告(commissives)のカテゴリーに属すると考えられる。

2.2 モダリティの先行研究

日本語の場合、命令や依頼のような発話行為は、主に日本語のモダリティ研究の中で扱われてきている。寺村（1984）をはじめ、仁田（1991）、益岡（1991）などによる代表的なモダリティの分類が諸説あるが、その一例を挙げると、宮崎ほか（2002）では日本語のモダリティを次のように分類している。

(1) 宮崎ほか（2002：15）

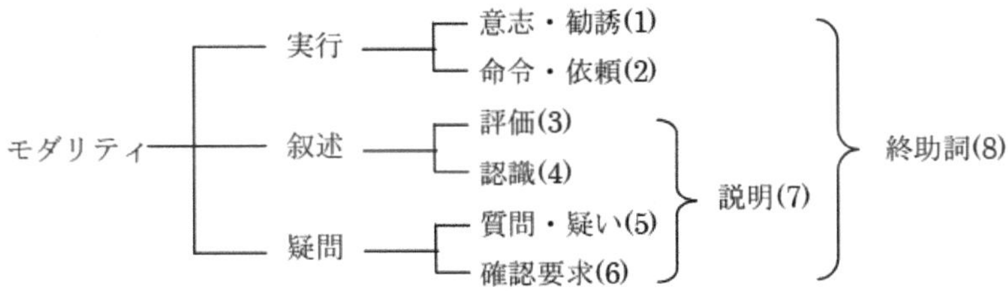

このように、［依頼］、［勧め・助言］、［誘い］、［申し出］の表現形式は日本語のモダリティ研究ではよく実行のモダリティ形式として扱われている。「評価」のモダリティ形式が派生的に［勧め・助言］を表しうる、「意志」のモダリティ形式が派生的に［申し出］を表しうる、ということも言及されている。

日本語記述文法研究会（2003）によると、［依頼］を表すモダリティ形式として、次のようなものがある。

(2)「てくれ」「てください」
「てくれないか」「てくれるか」「てもらえないか」「てもらえるか」
「して」
「てほしい」「てもらいたい」

このような形式の表しうる機能や形式の使い分けなどについて詳しく検討しているところが、本研究にとって大変参考になっている。しかし、この捉え方はいわゆるモダリティ形式に偏っていることを問題点として指摘せざるを得ない。大きく異なる他言語の形式と対照する際に、モダリティという大枠があまりに限界があるように思われる。本稿は、［依頼］、［勧め・助言］、［誘い］、［申し出］の機能を表しうる形式をもっと広く捉える立場をとる。たとえば、「よろしくお願いします」「お勧めします」のような形式でも［依頼］や「勧め・助言」の表現形式として扱う。

2.3 ポライトネスの先行研究

Brown & Levinson (1987) はポライトネスの普遍的な理論を打ちたてた。それによると、ポライトネスとは人間関係を円滑にするためのストラテジーであり、2　種類のポライトネスがある。人のポジティブ・フェイス（個人から承認された望ましい自己像を維持することへの欲求）への配慮を「ポジティブ・ ポライトネス (positive politeness)」といい、ネガティブ・フェイス（個人の領域を維持し行動の自由を保つことへの欲求）への配慮を「ネガティブ・ ポライトネス (negative politeness)」という。

本稿ではポライトネス理論を積極的に用いることはとくにないが、相手への負担や相手との関係などによって相手へ配慮を配るからこそ、1つの表現意図を表すのに多様な表現形式が使われているため、本稿はポライトネス理論を背景に捉えている。

2.4 待遇表現の先行研究

ポジティブ・ポライトネス、ネガティブ・ポライトネスのよう対人的な配慮は、日本語の研究では待遇表現で論じられることが多い。日本語記述文法研究会（2009：227）によると、「待遇表現とは、同じ事態を述べるのに、対人関係や場面差などに配慮して使い分ける表現である」。話し手の待遇意図には、上向き待遇と中立・下向き待遇がある。敬語は上向き待遇の専用の表現である。

対人的な配慮が必要になる行動を行う場面では、待遇表現の機能が重要になる。対人行動は、日本語記述文法研究会（2009）で次のように分類されている。

(3) 対人行動の類型

持ちかけ系	命令・禁止 依頼 勧め 助言・忠告 誘い 許可求め 申し出
応答系	承諾・許可 断り・許可
調整系	感謝 謝罪

これによると、本稿で取り上げる［依頼］、［勧め・助言］、［誘い］、［申し出］はみな「持ちかけ系の対人行動」と位置付けられている。

2.5 行動展開表現の先行研究

待遇表現をより広く捉えたのは蒲谷ほか（2009）による「待遇コミュニケーション」である。それによると、「待遇コミュニケーションは、コミュニケーションをする主体（話し手・書き手・聞き手・読み手）が、コミュニケーションの場面（人間関係・場）を考えたり、配慮したりして行う、表現と理解のコミュニケーションのこと」である（蒲谷ほか2009：76）。表現形式だけでなく、言語と非言語を含めた表現行為や理解行為のレベルで考えていて、単独の表現、単独の行為だけでなく、相手とのやりとりや文章や談話（会話）全体で捉えている 。

蒲谷ほか（2009）は坂本ほか（1994）を発展させた研究と見られるので、先に坂本ほか（1994）について見ておく。坂本ほか（1994）では「自己表出表現」、「理解要請表現」と並べて、「表現内容を相手に伝えるだけではなく、それによって相手あるいは自分（またはその両者）が何らかの行動を起こし、その行動で表現内容が実現されることを「目的・意図」とする」表現を「行動展開表現」と呼んでいる。「行動（だれが行動するのか）、決定権（だれがその行動の決定権を持っているのか）、利益（その行動の結果、だれが利益・恩恵を受けるのか）」という3つの要素で、行動展開表現を次のように整理している。

(4) 坂本ほか（1994）による行動展開表現の分類

表現意図	行動	決定権	利益	典型的な表現
「忠告・助言」	A	A	A	シタホウガイイデスヨ
「勧誘」	AJ/A	A	AJ/A/J	シマセンカ・シマショウヨ
「依頼」	A	A	J	シテモラエマスカ・シテクレマスカ
「指示・命令」	A	J	J/A/O	シテクダサイ・シナサイ
「許可与え」	A	J	A	シテモイイデス
「申し出」	J	A	A	シマショウカ
「許可求め」	J	A	J	シテモイイデスカ
「確認」	J	A	J/A/O	シテモイイデスネ
「宣言」	J/AJ	J	J/A/O	シマス・サセテモライマス

（※A は相手、J は自分、AJ は両者、O はどちらでもない場合を示す。）

坂本ほか（1994）では「勧め」と「誘い」を一緒に扱い「勧誘」としているが、後に蒲谷ほか（2009）では分けるように変更している。それで、本稿もそれを分けて扱うことにする。

(5) 蒲谷ほか（2009）による行動展開表現の分類

表現意図	行動	決定権	利益・恩恵
「忠告・助言」	相手	相手	相手
「誘い」	自分・相手	相手	自分・相手
「勧め」	相手	相手	相手
「依頼」	相手	相手	自分
「指示・命令」	相手	自分	自分・相手・どちらにもない
「許可与え」	相手	自分	相手
「申し出」	自分	相手	相手
「許可求め」	自分	相手	自分
「確認」	自分	相手	自分・相手・どちらにもない
「宣言」	自分	自分	自分

坂本ほか（1994）、蒲谷ほか（2009）の行動展開表現の定義と分類基準は、言語を問わず普遍性を持っており、多言語の対照研究の理論的大枠として適用できると考える。また、行動展開表現の各表現意図と表現形式の関係について詳しく論じているところも本稿の関心と極めて近い。そして、待遇コミュニケーションの教育に生かすという彼らの研究の目的は、まだ先ながら筆者の最終の目的とも言える。

以上の理由から、本稿は行動展開表現を理論的大枠として用い、基本的に蒲谷ほか（2009）の分類に従う。ただし、「決定権」に関しては、本稿は自分か相手かのどちらにあるかというより、どちらが強いかという程度的なものとして考える。これについては、次章以降の考察で詳しく論じたい。なお、「忠告・助言」と「勧め」が「行動、決定権、利益」のいずれにおいて同じであるため、「勧め・助言」に統合して一緒に扱うことにする。

2.6 本稿の立場と構成

以上述べてきたように、本稿は、基本的に蒲谷ほか（2009）に示された行動展開表現という大枠のもとで、［依頼］、［勧め・助言］、［誘い］、［申し出］　表現の日本語・中国語・韓国語の表現形式について検討する。［依頼］、［勧め・助言］、［誘い］、［申し出］の4つを取り上げたい理由は、それらの表現形式に汎用性の高いものが多く、かつ言語間でずれが生じやすいからである。

本稿の一つ目の目的は、それぞれの表現意図を表すのに各言語ではどのような表現形式が用いられるかを明らかにすることである。表現形式を整理する際、平叙文、命令文、疑問文の 3 つの文類型に分けてまとめる。いわゆるモダリティ形式にこだわらず、表現意図を表しうるかどうかという語用論的なとらえ方で表現形式をリストアップする。各章でリストアップする際は、簡単な作例を用いるが、考察における用例は、用例出典に示した日本語の小説とその中国語訳・韓国語訳を用いている。用例はまず、［依頼］、［勧め・助言］、［誘い］、［申し出］の分類基準に従って、日本語の小説の会話文から手動的に抽出し分類する。次に、その中国語・韓国語の訳本の対応する箇所を抽出する、という手順で集めたものである。小説の用例とその対訳を用いるのは、さまざまな場面や人間関係の設定が現れうると同時に、その設定が3つの言語において統一されていることや、翻訳が公表されたもので正確性が信用できるといったメリットが考えられるからである。しかし、小説の用例に限界があることも認めざるをえない。日本語の原文の影響を受けたり、または翻訳者のくせがあったり、意訳によって意味が変わったりする可能性も考えられるという問題点が残っている。このような限界を踏まえたうえで、小説とその対訳の用例調査をもとに考察を行い、傾向としての見解を述べていく。

二つ目の目的は、表現意図から表現形式を見るという方向性に加えて、表現形式から表現意図を見るという方向性を提示し、表現意図と表現形式の多対多の対応関係を考察することである。特に、複数の表現意図を表しうる汎用性の高い「多目的」表現形式に注目して、日本語·中国語・韓国語の表現形式の使用範囲にどのようなずれがあるかを明らかにしたい。こうすることで、学習者の語用論レベルの転移の原因を見つけ出し、言語習得や言語教育に新たな知見を提供することを目指したい。

次章以降の第3章～第6章で、表現意図から表現形式を見ていき、［依頼］、［勧め・助言］、［誘い］、［申し出］を表すのに用いられる日本語·中国語・韓国語の表現形式をまとめたうえで、小説と訳本に用いられる用例を考察し、日本語·中国語・韓国語の表現形式の違いを論じる。第7章で、表現形式から表現意図を見ていき、「多目的」の表現形式に注目して日本語·中国語・韓国語のずれについて論じる。最後に、本稿のまとめ及び今後の課題について述べる。

3. [依頼]表現の形式

3.1 [依頼]表現の位置づけ

[依頼] 表現は、行動展開表現のうち、もっとも研究されている表現の一つである。これまでさまざまなアプローチで研究されてきた。すでに第2章で述べたように、本稿は基本的に蒲谷ほか（2009）の行動展開表現の定義と分類に従って、日本語・中国語・韓国語の対照研究を行っていく。

蒲谷ほか（2009）によると、[依頼] 表現は「行動＝相手、決定権＝相手、利益・恩恵＝自分」という構造を持っている。本稿は、「行動」と「利益・恩恵」に関しては、蒲谷ほか（2009）と同じ立場をとる。「決定権」に関しては、基本的に聞き手の決定権が優勢で、話し手の強制力が強くないが、実際使われる表現形式において、話し手の強制力に幅があると考える。たとえば、次の用例(6)(7)を比べると、話し手の強制力に違いがあることが分かるだろう。

(6)「……ちゃんと、部屋代入れます。」私はなんだか胸がつまって、必死で言った。「次住む所を見つけるまで、ここで眠らして下さい。」（博士：p.165）

(7)「大事な急ぎの仕事をしているところなんだ。一時間くらいで部屋を出るから、そのときまで待ってもらえないかな？ 今のところこの部屋の空調にはとくに問題もないみたいだし」（1Q84：p.67）

高梨（2011）は、行為要求表現の分類について「行為者」「利益」の 2 つを用いたところは蒲谷ほか（2009）と共通するが、決定権に関してはやや違う立場を述べている。「決定権を、聞き手と話し手のどちらにあるかの二者選択ではなく、よりどちらが強いかという程度的なものとして考える。行為を発動するかどうかについての聞き手の決定権は、話し手の強制力と相反する関係にあるが、強制力にはさまざまな程度がありうる。」と指摘し、「聞き手の決定権・話し手の強制力の強弱」を行為要求の分類に用いている。「依頼」は「命令的指示」より話し手の強制力が弱く、聞き手の決定権が強いというように位置付けている。

(8) 高梨（2011）：行為要求の分類

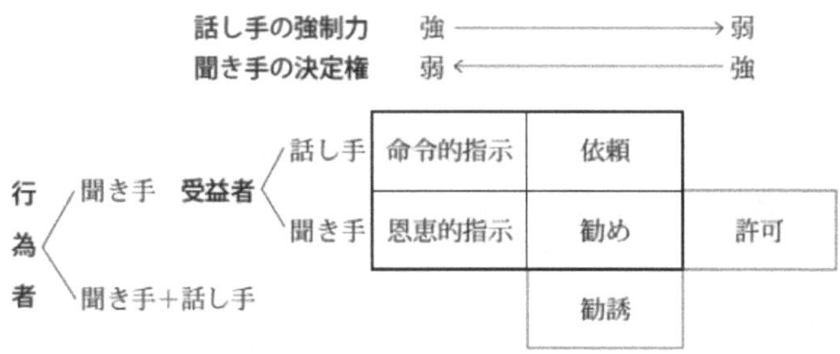

筆者はさらに、「話し手の強制力・聞き手の決定権」という強弱の程度は、［依頼］という一つのカテゴリのなかでも、表現形式によってさまざまな程度がありうると考える。なお、「話し手の強制力」と「聞き手の決定権」は相反関係にあるので、本稿では示しやすいように、「聞き手の決定権の強弱」のみで代表させる。次の（9）のとおりである。

(9) 本稿における[依頼]表現の位置づけ

	行動	聞き手の決定権 弱←———→強	利益・恩恵
依頼	相手	強	自分

3.2 [依頼]表現の形式バリエーション

言語を問わず、［依頼］表現の形式にかかわる文の類型は平叙文、命令文、疑問文の3つであるため、本稿はまずこの3類型に分けて、日本語・中国語・韓国語にある［依頼］の表現形式をリストアップし、意味的に近いものを1つの表現タイプとしてまとめ、《 》で括って示す。文型として定着しておらず間接的に含意されるものや、日常会話ではまれにしか使わない表現はリストアップしない。また、語彙の言い換えや敬語など表現の待遇差は特に問題とせず、簡略化して1つの基本形で代表させる。これでは日本語・中国語・韓国語のすべての表現形式を網羅できないかもしれないが、本稿は個別の表現形式の違いより表現タイプの違いのほうに焦点を置きたいと考えている。構造の異なる言語を比べる際、個別の表現形式より少し上位にある表現タイプで捉えたほうが比較しやすい。

一つの例を挙げると、《命令的要求》タイプに分類できる、いわゆる「裸の命令文」とも言える中国語の「你等一下」、韓国語の「잠시만 기다리세요」は[依頼]の場面でかなり一般的に使えるが、日本語の「ちょっと待ちなさい」は指示の場面で使えても、[依頼]の場面では使いにくいだろう。本稿はこのような表現

タイプの使用範囲の違いに注目したい。

以下では、各形式にそれぞれ番号をつける。最初のアルファベットの大文字は言語（J は日本語、Cは中国語、Kは韓国語）を表し、次の2桁数字はその言語における表現形式の通し番号を表し、最後の小文字のアルファベットは表現タイプを表す。

3. 2. 1 平叙文の形式

これまで数多くの先行研究を踏まえて、本稿では形式バリエーションを表現タイプごとに整理する。表現タイプの命名は形式の文字通りの意味を基準にしている。

平叙文には、次のような「a.相手に頼むことを宣言する表現《依頼宣言》」、「b.行動の実現への願望を表す表現《願望表出》」、「c.行動の実現による嬉しさや感謝などを表す表現《感情表出》」、「d.行動の実現の可能性を考える表現《思考表出》」が用いられる。以下、左側に形式の基本形を示し[1)]、右側に例文を挙げる。なお、中国語・韓国語の下に直訳をつける。

a. 《依頼宣言》

J01a.よろしくお願いします	これからよろしくお願いします。
J02a.してもらう	これ、ちょっと貸してもらうね。
C01a.麻烦　你 了 頼む あなた	以后　就　麻烦　你　了。 これから　頼む あなた
C02a.麻烦　你　做 頼む あなた する	麻烦　你　给　我 杯　水。 頼む あなた くれる 私 一杯 水
K01a.잘　부탁합니다 よろしく お願いします	앞으로 잘　부탁합니다. これから よろしく お願いします。

b.《願望表出》

J03b. してもらいたい	ぜひ来ていただきたいのですが。
J04b. してほしい	信じてほしい。
C03b. 我 想　麻烦 你　做 私 したい 頼む あなた する	我 想　麻烦 您　帮　我 写 一封 推荐信。 私 したい 頼む あなた 手伝う 私 書く 一通 推薦状
C04b. 我 希望 你　能　做 私 望む あなた できる する	我 希望 你　能　来。 私 望む あなた できる 来る
K02b. 해주시기　바랍니다 してくださるよう 望みます	3페이지를 참조 해주시기　바랍니다. 3ページを 参考してくださるよう 望みます

c.《感情表出》

J05c. してもらえれば助かる/うれしい/ありがたい	教えていただければ助かりますが。
K03c. 해주면　좋겠어요/감사하겠습니다 してくだされば　いいです/感謝します	가르쳐 주시면　감사하겠습니다. 教えてくだされば 感謝いたします

d.《思考表出》

J06d. してもらえればと思う	ご協力いただければと思います。
K04d. 해 주셨으면　합니다 してくだされば 思います	가르쳐 주셨으면　합니다. 教えてくだされば　思います

3. 2. 2 命令文の形式

命令文には、「e.相手に命令するような行為要求の表現《命令的要求》」、「f.相手にお願いするような行為要求の表現《依頼的要求》」が用いられる。

e.《命令的要求》

C05e.你　　做 　　あなた しなさい	帮　　　　我 拍　张 照　吧。 手伝いなさい 私 撮る 一枚 写真 ね
K05e.해요/하세요 　しなさい	잠시만 기다리세요 少し　待ちなさい

f.《依頼的要求》

J07f.して/してちょうだい	ちょっと聞いて。
J08f.してくれ	信じてくれ。
J09f.してください	ちょっと待ってください。
C06f.请　　做 　　どうぞ してください	请　　　等一下。 どうぞ 待ってください
K06f.해줘요/ 해주세요 　　してくれ/してください	명동까지 가 주세요. 明洞まで 行ってください

3.2.3疑問文の形式

疑問文には、「g.相手に行動を実行できるかどうかをたずねる表現《可能質問》」、「h.　相手に行動実行の意志をたずねる表現《意志質問》」、「i.依頼することが可能かどうかを相手にたずねる表現《依頼可能質問》」が用いられる。

g.《可能質問》

J10g.できるか	今、出てこられるか。
C07g.你　能做 吗?/你 能不能做? 　　あなた できる か/あなた できるかどうか	你　　能　　借　我 一百块钱 吗? あなた できる 貸す 私 百円　　か
K07g.해 줄 수 있어요? 　　してくれることができますか	100엔을 빌려 줄 수 있어요? 100円を 貸してくれることができますか

h. 《意志質問》

J11h. してくれるか/してくれないか	ここで待っててくれますか。
C08h. 你　做,　好吗？ あなた しなさい いいか	你 在 这儿 等　我 一会儿, 好吗？ あなた で ここ 待って下さい 私 しばらく いいか
C09h. 请　做,　好吗？ どうぞ してください　いいか	请　告诉　我 你的　名字, 好吗？ どうぞ 教えてください 私 あなたの 名前 いいか
K08h. 해주시겠어요? してくださいますか	이름을 가르쳐 주시겠습니까? 名前を 教えてくださいますか
K09h. 해줄래요? してくれますか	맛있는　곳을　좀　추천해줄래요? おいしい ところを ちょっと 勧めてくれますか

i. 《依頼可能質問》

J12i. してもらえるか/してもらえないか	一度検討していただけませんか。
J13i. お願いできるか	ご住所とお名前をお願いできますか。
J14i. してもらっていいか	もう一度言ってもらっていいですか。
C10i. 能　麻烦 你　做　吗？ できる 頼む あなた する か	能　麻烦　你　帮　我 看 一下　吗？ できる 頼む あなた 助ける 私 見る ちょっと か
C11i. 麻烦 你　做,　好吗？ 頼む あなた する いいか	麻烦 你　再　说　一遍, 好吗？ 頼む あなた また 言う 一回 いいか
K10i. 부탁해도　될까요? お願いしても いいでしょうか	다시 한번 부탁해도　될까요? もう 一度 お願いしても いいでしょうか

3.3 考察

[依頼]表現の形式バリエーションをまとめると、次の(10)になる。中国語には《感情表出》、《思考表出》タイプの形式が欠けており、日本語には《命令的要求》タイプの形式が欠けてい

ることがわかる。《感情表出》《思考表出》に当てはまる中国語の表現は日常会話では慣用的ではないようなので、バリエーションに入れないことにした。

(10) [依頼]表現の形式バリエーション

表現タイプ	日本語	中国語	韓国語
a.《依頼宣言》	J01a.よろしくお願いします J02a.してもらう	C01a.麻烦你了 C02a.麻烦你做	K01a.잘 부탁합니다
b.《願望表出》	J03b.してもらいたい J04b.してほしい	C03b.我想麻烦你做 C04b.我希望你能做	K02b.해주시기 바랍니다
c.《感情表出》	J05c.してもらえれば助かる/うれしい/ありがたい	×	K03c.해주면 좋겠어요/ 감사하겠습니다
d.《思考表出》	J06d.してもらえればと思う	×	K04d.해주셨으면 합니다
e.《命令的要求》	×	C05e.你做	K05e.해요/하세요
f.《依頼的要求》	J07f.して/してちょうだい J08f.してくれ J09f.してください	C06f.请做	K06f.해줘요/해주세요
g.《可能質問》	J10g.できるか	C07g.你能做吗？/你能不能做？	K07g.해줄 수 있어요?
h.《意志質問》	J11h.してくれるか/してくれないか	C08h.你做，好吗？ C09h.请做，好吗？	K08h.해주시겠어요? K09h.해줄래요?
i.《依頼可能質問》	J12i.してもらえるか/してもらえないか J13i.お願いできるか J14i.してもらっていいか	C10i.能麻烦你做吗？ C11i.麻烦你做，好吗？	K10i.부탁해도 될까요?

また、《命令的要求》に当てはまる日本語の「しろ」「しなさい」のような表現は、指示や[勧め・助言]の場合には使えるが、[依頼]の場合ではほとんど使われない。使われるのは、「して/してちょうだい」「してくれ」「してください」のような授受表現が伴う《依頼的要求》タイプの形式である。相手への配慮を示すために、依頼を明示する表現の使用が不可欠のようである。それに対して、中国語と韓国語では、《命令的要求》（「你做」「해요/하세요」）《依頼的要求》（「请做」「해줘요/해주세요」）のどちらも使える。

どの表現タイプの形式が実際多く使われるのか、日本語の現代小説とその中国語・韓国語訳を用いて調べると、次の(11)の結果が得られた。日本語では《依頼的要求》が一番多く、中国語と韓国語では《命令的要求》が一番多く使われていることがわかった。このずれがもっとも顕著で、特徴的と言えよう。

(11) [依頼]表現の日本語とその訳の表現タイプ別用例数

表現タイプ	日本語	中国語	韓国語
a.《依頼宣言》	4（9.5%）	3（7.1%）	2（4.8%）
b.《願望表出》	7（16.7%）	2（4.8%）	0
c.《感情表出》	0	×	1（2.4%）
d.《思考表出》	0	×	0
e.《命令的要求》	×	19（45.2%）	20（47.6%）
f.《依頼的要求》	22（52.4%）	7（16.7%）	6（14.3%）
g.《可能質問》	2（4.8%）	8（19.0%）	5（11.9%）
h.《意志質問》	0	1（2.4%）	1（2.4%）
i.《依頼可能質問》	7（16.7%）	1（2.4%）	0
		その他1（2.4%）	その他7（16.7%）
合計	42（100%）	42（100%）	42（100%）

次の(12)は日本語の原文がどのように訳されているのかを示すものであるが、その結果からもその違いがよくわかる。日本語の22例の《依頼的要求》のうち、大半が中国語と韓国語で《命令的要求》に訳されている。

(12) [依頼]表現の日本語の原文とその訳の表現タイプ

日本語	中国語	韓国語
a.《依頼宣言》4	a.《依頼宣言》2 f.《依頼的要求》1 b.《願望表出》1	a.《依頼宣言》2 その他2
b.《願望表出》7	e.《命令的要求》5 f.《依頼的要求》1 b.《願望表出》1	e.《命令的要求》4 f.《依頼的要求》1 c.《感情表出》1 その他1
f.《依頼的要求》22	e.《命令的要求》14 f.《依頼的要求》5 a.《依頼宣言》1 g.《可能質問》1 その他1	e.《命令的要求》15 f.《依頼的要求》5 その他2
g.《可能質問》2	g.《可能質問》2	g.《可能質問》1 h.《意志質問》1
i.《依頼可能質問》7	g.《可能質問》5 i.《依頼可能質問》1 h.《意志質問》1	g.《可能質問》4 e.《命令的要求》1 その他2

日本語で次に多く使われるのは《願望表出》(「してもらいたい」「してほしい」)と《依頼可能質問》(「してもらえるか/してもらえないか」「お願いできるか」「してもらっていいか」)タイプである。《願望表出》の7例を見ると、それも大半が中国語と韓国語で《命令的要求》(「你做」「해요/하세요」)に訳されている。また、《依頼可能質問》の7例を見ると、その大半が中国語と韓国語で《可能質問》(「你能做吗?/你能不能做?」「해줄 수 있어요?」)に訳されている。《可能質問》と

《依頼可能質問》の違いは、依頼を明示する表現が含まれているかどうかというところにある。全体で見ると、中国語と韓国語の《可能質問》タイプの用例数が《命令的要求》についで、2番目に多いのである。このことから、日本語では命令文でも疑問文でも、依頼を明示する表現が多く使われるが、中国語と韓国語は日本語ほど明示しない傾向がうかがえる。これが日本語と中国語・韓国語と大きく異なるところであると言えよう。

次の(13)は日本語の《依頼的要求》タイプが中国語と韓国語で《命令的要求》に訳されており、(14)は日本語の《願望表出》タイプが中国語・韓国語で《命令的要求》に訳されている用例である。

(13)「夕方の六時に、新宿の中村屋に行ってくれ。俺の名前で奥の方のわりに静かなテーブルを予約しておく。うちの会社のつけがきくから、なんでも好きなものを飲み食いしていい。そして二人でじっくりと話し合ってくれ 」（1Q84：p.79）

“傍晚六点，你　　到　　　新宿 的 中村屋，我会以我的名义订
夕方 6時　あなた 行きなさい　新宿 の 中村屋
一张靠里一些的安静的桌子。尽管拣喜欢的东西吃喝好了，记在我们公司的帐上就行。你们两个人好好谈谈。”(p.50)

“저녁 여섯시에 신주쿠 나카무라야로 가봐. 내 이름으로 안쪽에 조용한
夕方　6時に　新宿　中村屋へ　　行ってみなさい
테이블을 예약해둘게. 우리 회사로 청구될 거니까 뭐든 좋을 대로 먹고 마셔도 돼. 그리고 둘이서 찬찬히 얘기를 좀 해보라고.” (p.92)

(14)「そんな事分かってるわよ。誰のためにママが苦労していると

思ってるの？野球の本ばかり読んでないで、ちょっとは一緒に考えてほしいんだけど」（博士：p.83）

"这我自己也知道，也不想想妈妈这么辛苦是为了谁。别老看棒球书了，偶尔　也　帮着　　一起　想想　嘛。"(p.60)

たまに　も　手伝いなさい　一緒に　考える　よ

"그런 건 엄마도 다 알아. 하지만 누구 때문에 엄마가 이 고생하는 건데? 야구 책만 보지 말고 너도　좀　생각해봐."(p.76)

あなたも　少し　考えてみなさい

4．［勧め・助言］表現の形式

4.1 ［勧め・助言］表現の位置づけ

蒲谷ほか（2009）によると、［勧め・助言］は「行動＝相手、決定権＝相手、利益・恩恵＝相手」という構造を持っている。本稿は、「行動」と「利益・恩恵」に関しては、蒲谷ほか（2009）と同じ立場をとる。「決定権」に関しては、[依頼]と同様に、高梨（2011）の「強弱」という尺度を援用する。話し手が聞き手に有益な物や行動を選択肢として与えるので、話し手の強制力があまり強くなくて、行動するかどうかの決定権は基本的に聞き手に譲っているが、表現形式によって、「話し手の強制力・聞き手の決定権」の強弱の程度に幅があると考える。

(15) 本稿における[勧め・助言]表現の位置づけ

	行動	聞き手の決定権 弱←――――→強	利益・恩恵
勧め・助言	相手	強	相手

たとえば、次の(16)(17)のような例を比べれば、話し手の強制力に違いがあることが分かるだろう。

(16)「ちゃんと、考えなさいね。」彼は笑い、
「はい、心がけます。」私は答えた。（キッチン：p.37）

(17)「日本語は、うまくない、といったけど、英語は得意だからね、教えてもらうといい。だけど、日本の生活に馴れていないから、いろいろ教えてあげてください。アメリカの生活の話も、聞いてごらん。面白いから。じゃ、いいね」（トット：p.245）

4.2 [勧め・助言]表現の形式バリエーション

[勧め・助言]表現は[依頼]ほど研究されていないが、その形式が非常にバリエーションに富んでいる。日本語・中国語・韓国語の[勧め・助言]表現の形式バリエーションを平叙文、命令文、疑問文の3類型に分けて、表現タイプごとに整理すると、次のようになる。

4.2.1平叙文の形式

平叙文には、「a.相手に勧めることを宣言する表現《勧め宣

言》」、「b.自分が相手と仮定した場合にとる行動を述べる表現《仮定》」、「c.行動の実現への願望を表す表現《願望表出》」、「d.相手の行動が比較的によいと評価する表現《比較評価》」、「e.相手の行動を肯定的に評価する表現《肯定評価》」、「f.相手の行動が可能と認める表現《許可》」、「g.相手に行動の義務があると伝える表現《義務》」、「h.行動の意志を相手に向けて述べる表現《意志表明》」が用いられる。

a. 《勧め宣言》

J01a.お勧めします / お勧めです	この本がお勧めです。
C01a.我 建议/推荐 你 做 私 勧める あなた する	我 推荐 你 看 这本 书。 私 勧める あなた 読む この 本
K01a.추천합니다/권해 드립니다 推薦します/お勧めします	이 책을 추천합니다. この 本を 推薦します

b. 《仮定》

C02b.我 要是 你 的话, 我 就 做 私 もし あなた ならば 私 する	我 要是 你 的话, 我 就 选 这间。 私 もし あなた ならば 私 選ぶ この部屋

c. 《願望表出》

J02c.してほしい/してもらいたい	ぜひこの曲を聴いてほしい。
C03c.我 希望 你 做 私 望む あなた する	我 希望 你 看看 这本 书。 私 望む あなた 読む この 本

d. 《比較評価》

J03d.したほうがいい	先生に聞いたほうがいい。
C04d.你 最好 做 あなた 一番いい する	你 最好 问 一下 老师。 あなた 一番いい 聞く ちょっと 先生
C05d.你 还是 做 好	你 还是 问 一下 老师 好。

あなた やはり する いい	あなた やはり 聞く ちょっと 先生 いい
K02d. 하는게 좋아요 することいいです	선생님에게 물어 보는게 좋아요. 先生に 質問すること いいです
K03d. 하는 편이 좋아요 する ほうが いいです	선생님에게 묻는 편이 좋아요. 先生に 聞く ほうが いいです

e. 《肯定評価》

J04e. すると/すれば/したらいい	毎日運動するといい。
C06e. 你 做 好了 あなた する いい	你 每天 做做 运动 好了。 あなた 毎日 する 運動 いい
K04e. 하면 좋아요/ 돼요 すれば いいです	매일 운동하면 좋아요. 毎日 運動すれば いいです

f. 《許可》

J05f. して（も）いい	このままでいいよ。
C07f. 你 可以 做 あなた できる する	你 可以 问 一下 老师。 あなた できる 聞く ちょっと 先生

g. 《義務》

J06g. するべきだ	この映画は見るべきだ。
J07g. しないといけない/しなければならない	もっと食べないと。
C08g. 你 要/得/应该/必须 做 あなた 必要 する	你 要 多 吃 点。 あなた 必要 たくさん 食べる ちょっと
K05g. 해야 해요/해야 돼요 しなければいけません	책을 많이 읽어야 해요. 本を たくさん 読まなければいけません
K06g. 하지 않으면 안 돼요 しなければいけません	책을 많이 읽지 않으면 안 돼요. 本を たくさん 読まなければいけません

h. 《意志表明》

J08h. しましょう	今度気をつけましょう。
K07h. 하자/ 합시다 しよう/しましょう	（子供に）갈아 입자. 着替えよう

4.2.2命令文の形式

命令文には、「i.相手に命令するような行為要求の表現《命令的要求》」、「j.相手にお願いするような行為要求の表現《依頼的要求》」、「k.相手に直接勧めるときに用いる表現《直接勧め》」が用いられる。

i.《命令的要求》

J09i.しろ	しっかり生きろよ。
J10i.しなさい	ちゃんと考えなさいね。
J11i.お～ください	どうぞ、お座りください。
C09i.你　做 あなた しなさい	你　坐　吧。 あなた 座りなさい ね
K08i.해라 しろ	더　먹어라. もっと 食べろ
K09i.해요/하세요 しなさい	여기 앉아. ここ 座りなさい

j.《依頼的要求》

J12j.して	考えてみてね。
J13j.してください	触ってみてください。
C10j.请　做 どうぞ してください	请　用　茶。 どうぞ 使ってください お茶
K10j.해줘요/　해주세요 してくれ / してください	믿고　맡겨주세요. 信じて 任せてください

k.《直接勧め》

J14k.どうぞ。	（お茶を出して）どうぞ。
C11k.请。 どうぞ	（部屋の中へ案内する）请。 どうぞ

4.2.3 疑問文の形式

疑問文には、「l.相手の今後の行動をたずねる表現《行為質問》」、「m.相手の願望をたずねる表現《願望質問》」、「n.提案に対して相手の意見をたずねる表現《意見質問》」が用いられる。

l.《行為質問》

J15l.するか/しないか	もう一度考え直さないか。
C12l.你　做　吗？/你　做不做？ あなた する か/あなた するかどうか	你　尝尝看？ あなた 食べてみる
K11l.할래요?/ 안 할래요?/ 하지 않을래요? しますか/しませんか	커피　마실래요? コーヒー 飲みますか

m.《願望質問》

C13m.你　要 做 吗/ 你　要不要做？ あなた したい か/あなた したいかどうか	你　要　吃　蛋糕 吗？ あなた したい 食べる ケーキ か

n.《意見質問》

J16n.どう/いかが	お茶でもどうですか。
J17n.したら/すれば	学校の近くに引っ越したら？
J18n.したらどう/してはどう	もう一度考えてみてはどう？
C14n.怎么样？ どう	这本 书 怎么样？ この 本 どう
C15n.你　做　怎么样？ あなた する どう	你　住　这儿 怎么样？ あなた 泊まる ここ どう
C16n.要不　你　做？ さもなければ あなた する	要不　你　问问 别人？ さもなければ あなた 聞く ほかの人
K12n.어때요? どうですか	이　책은 어때요? この 本は どうですか
K13n.하는게　어때요? すること どうですか	학교 근처에 이사하면 어떨까요? 学校 近くに 引っ越せば どうでしょうか

4.3 考察

[勧め・助言]　表現の形式バリエーションをまとめると、次の

(18)になる。日本語には《仮定》《願望質問》タイプが欠けており、中国語には《意志表明》タイプが欠けており、韓国語には《仮定》《願望表出》《許可》《直接勧め》《願望質問》タイプが欠けていることがわかる。

(18) [勧め・助言] 表現の形式バリエーション

表現タイプ	日本語	中国語	韓国語
a.《勧め宣言》	J01a.お勧めします/お勧めです	C01a.我建议/推荐你做	K01a.추천합니다/권해 드립니다
b.《仮定》	×	C02b.我要是你的话，我就做	×
c.《願望表出》	J02c.してほしい/してもらいたい	C03c.我希望你做	×
d.《比較評価》	J03d.したほうがいい	C04d.你最好做 C05d.你还是做好	K02d.하는게 좋아요 K03d.하는 편이 좋아요
e.《肯定評価》	J04e.すると/すれば/したらいい	C06e.你做好了	K04e.하면 좋아요/하면 돼요
f.《許可》	J05f.して（も）いい	C07f.你可以做	×
g.《義務》	J06g.するべきだ J07g.しないといけない/しなければならない	C08g.你要/得/应该/必须做	K05g.해야 해요/ 해야 돼요 K06g.하지 않으면 안 돼요
h.《意志表明》	J08h.しましょう	×	K07h.하자/합시다
i.《命令的要求》	J09i.しろ J10i.しなさい J11i.お～ください	C09i.你做	K08i.해라 K09i.해요/하세요
j.《依頼的要求》	J12j.して J13j.してください	C10j.请做	K10j.해줘요/해주세요
k.《直接勧め》	J14k.どうぞ。	C11k.请。	×
l.《行為質問》	J15l.するか/しないか	C12l.你做吗？/你做不做？	K11l.할래요?/안 할래요?/하지 않을래요?
m.《願望質問》	×	C13m.你要做吗/你要不要做？	×
n.《意見質問》	J16n.どう/いかが J17n.したら/すれ	C14n.怎么样？ C15n.你做怎么	K12n.어때요? K13n.하는게 어때

	ば J18n.したらどう/してはどう	样？ C16n.要不你做？	요?

《仮定》に当てはまる日本語と韓国語の表現は[勧め・助言]の場面ではあまり慣用的ではないように思われる。《願望表出》に当てはまる韓国語は依頼の場面で使えるが、[勧め・助言]の場面では使いにくい。《許可》に当てはまる韓国語の「해도 되요」は許可の場面では使えるが、[勧め・助言]の場面ではあまり使われず、文脈によって間接的に含意される程度であろう。韓国語には「どうぞ」「请」のような単独で使う《直接勧め》タイプの表現はないようである。

《意志表明》に当てはまる中国語の「我们做吧」は自分と相手が一緒に行動する、[誘い]の場合には使えるが、相手だけ行動をとる[勧め・助言]には使いにくい。それに対して、日本語と韓国語の「しましょう」「하자/합시다」は [勧め・助言]にも使える。その場合、実際に行動するのが相手であるが、自分が相手の立場に寄り添っている気持ちを表しているようである。中国語で使われるのは相手を主語とする命令文「你做」のような《命令的要求》タイプである。これが中国語と日本語・韓国語と大きく異なるところである。

また、《願望質問》に当てはまる日本語の「したいですか」と韓国語の「하고 싶어요？」の表現は、相手の願望を確認する時に使えるが、[勧め・助言]の場面ではあまり使われず、願望を聞くのが失礼とされているからである。使われるのは《行為質問》（「するか/しないか」「할래요?/안 할래요?/하지 않을래요?」）と《意見質問》（「どう/いかが」「したら/すれば」

「したらどう/してはどう」「어때요?」「하는게 어때요?」）のようなタイプである。それに対して、中国語の「你要做吗/你要不要做？」のような《願望質問》タイプは失礼になる恐れはなく、一般的に使える。これも中国語と日本語・韓国語と大きく異なるところである。

(19) [勧め・助言]表現の日本語とその訳の表現タイプ別用例数

表現タイプ	日本語	中国語	韓国語
a. 《勧め宣言》	0	0	0
b. 《仮定》	×	0	×
c. 《願望表出》	0	0	×
d. 《比較評価》	2（4.2%）	1（2.1%）	3（6.3%）
e. 《肯定評価》	3（6.3%）	0	4（8.3%）
f. 《許可》	2（4.2%）	2（4.2%）	×
g. 《義務》	3（6.3%）	6（12.5%）	5（10.4%）
h. 《意志表明》	2（4.2%）	×	1（2.1%）
i. 《命令的要求》	11（22.9%）	21（43.8%）	29（60.4%）
j. 《依頼的要求》	15（31.3%）	8（16.7%）	3（6.3%）
k. 《直接勧め》	2（4.2%）	0	×
l. 《行為質問》	3（6.3%）	2（4.2%）	2（4.2%）
m. 《願望質問》	×	2（4.2%）	×
n. 《意見質問》	5（10.4%）	4（8.3%）	0
		その他2（4.2%）	その他1（2.1%）
合計	48（100%）	48（100%）	48（100%）

どの表現タイプの形式が実際多く使われるのか、日本語の現代小説とその中国語・韓国語訳を用いて調べると、(19)の結果が得られた。日本語では《依頼的要求》（「して」「してください」）が一番多く使われており、《命令的要求》（「しろ」「しなさい」「お～ください」）が2番目に多かった。中国語の場合は逆で、《命令的要求》（「你做」）が《依頼的要求》（「请做」）より多かった。韓国語の場合は《命令的要求》

（「해라」「해요/하세요」）が一番多く、《義務》（「해야 해요/해야 돼요」「하지 않으면 안 돼요」）が2番目に多かった。ほかの用例が少ないため、日本語の原文がどのように訳されているのかを示す、次の(20)の結果と合わせて見てみたい。

(20) [勧め・助言]表現の日本語の原文とその訳の表現タイプ

日本語	中国語	韓国語
《比較評価》 2	《比較評価》 1 《義務》 1	《比較評価》 1 《義務》 1
《肯定評価》 3	《許可》 1 《意見質問》 1 《命令的要求》 1	《肯定評価》 2 《比較評価》 1
《許可》 2	《命令的要求》 2	《命令的要求》 2
《義務》 3	《義務》 2 《命令的要求》 1	《義務》 3
《意志表明》 2	《命令的要求》 2	《意志表明》 1 《義務》 1
《命令的要求》 11	《命令的要求》 6 《義務》 3 《依頼的要求》 1 《許可》 1	《命令的要求》 9 《比較評価》 1 《肯定評価》 1
《依頼的要求》 15	《命令的要求》 7 《依頼的要求》 5 《行為質問》 1 《意見質問》 1 その他1	《命令的要求》 10 《依頼的要求》 3 《肯定評価》 1 その他1
《直接勧め》 2	《依頼的要求》 2	《命令的要求》 2
《行為質問》 3	《意見質問》 1 《願望質問》 1 その他1	《行為質問》 2 《命令的要求》 1
《意見質問》 5	《命令的要求》 2 《意見質問》 1 《願望質問》 1 《行為質問》 1	《命令的要求》 5

《依頼的要求》と《命令的要求》タイプを比べれば、《依頼的要求》のほうがより柔らかく、より遠慮がちに聞こえると言

えよう。日本語の《命令的要求》タイプが[依頼]表現として使いにくく、[勧め・助言]表現として使えるのは、[勧め・助言]の場合、利益が相手にあるため、相手への配慮がその分軽減されるからであろう。一方、中国語と韓国語の《命令的要求》タイプは[依頼]と[勧め・助言]表現のどちらとしても使える。しかも、(20)で示した日本語の原文とその訳を見ると、《命令的要求》《依頼的要求》タイプだけでなく、ほかのタイプもかなりのわりあいで、中国語と韓国語で《命令的要求》タイプに訳されている。「して(も)いい」のような《許可》タイプや、「どう/いかが」「したら/すれば」「したらどう/してはどう」のような《意見質問》タイプは、日本語の感覚なら《命令的要求》タイプよりずっと弱めな表現であるが、それもある程度のわりあいで中国語と韓国語で《命令的要求》タイプに訳されている。このことから、[勧め・助言]では中国語と韓国語は日本語より強めな表現を多用する傾向がうかがえる。

次の(21)は日本語の《命令的要求》が中国語と韓国語で《命令的要求》タイプに、(22)は日本語の《許可》が中国語と韓国語で《命令的要求》タイプに、(23)は日本語の《意見質問》が中国語で《意見質問》に、韓国語で《命令的要求》タイプに訳されている用例である。

(21)「いいです。ここは私がやります。<u>あなたはお嬢さんを手伝ってやりなさい</u>」(容疑者:p.47)

“不用了,这边我来处理,<u>你　去　帮　美里</u>。”(p.32)

あなた 行きなさい 手伝う 美里

"아, 그만 됐습니다. 여긴 내가 할 테니.
따님을　도와주도록　하세요."(p.57)
娘さんを 手伝てあげるように しなさい

(22) 「明日の朝はぼくいないから、あるものはなんでも使っていいよ。」（キッチン：p.22）
"明天早上我不在，家 里　的 东西 随便　用　　啊。"(p.18)
家 なか の もの 気軽に 使いなさい ね

"내일 아침에는 나 없으니까, 있는 것　아무거나 써요"(p.23)
ある もの なんでも 使いなさい

(23) 「話は、ちょっとお休みして、おやつにしたら？」（トット：p.61）
"先　　歇　　一会儿　再　说　　吧，吃
点儿　点心　怎么样？"(p.48)
とりあえず 休憩する しばらく また 話しなさい ね 食べる
少し おやつ どう

"얘기는 좀　있다　하고 간식이나　먹거라."(p.59)
話は　少し あとで して おやつでも 食べろ

5．[誘い]表現の形式

5.1　[誘い]表現の位置づけ

蒲谷ほか（2009）によると、［誘い］表現は「行動＝自分と相手、決定権＝相手、利益・恩恵＝自分と相手」という構造を持っている。これは典型的な［誘い］表現と言えよう。しかし、そうでない場合も見られる。例えば、次の(24)は決定権が相手ではなく、むしろ話し手の側にあると感じられる例である。

(24)「いいかい。何人かでグループを作って、まず、先生たちが持って来たレンガを使って、カマドを作ろう。それから、手分けして、川でお米を洗って、火にかけたら、あとは豚汁だ。さあ、始めようか！」（トット：p.212）

この例は先生が生徒にこれからの作業について説明している場面で、話し手の先生は一方的に「カマドを作ろう」という誘いを生徒に伝えているだけである。生徒がそれを受け入れないこともほとんど想定されないため、「カマドを作ろう」と言った後、先生が生徒に意志を確認したり意見を聞いたりもせず、そのまま話を続けた。「？カマドを作らないか」と言い換えにくいことからも、この例は決定権が話し手にあると確かめられる。

庵ほか（2000）で挙げられている(25)の例もこれと似たものだと考えられる。

(25)（教室で先生が）さあ、授業を｛○始めましょう／○始めましょうか／？始めませんか｝。（庵ほか2000：152）

庵ほか（2000）は、こういった例を「その行為をすることがあらかじめ約束されている場合や、習慣になっている場合」であると捉えている。このような決定権が話し手にある［誘い］表現を、本稿では、「習慣的誘い」と呼ぶことにする。

また、典型的に［誘い］表現は自分と相手の両方に利益があるが、実際に利益が相手に傾いている、あるいは自分に傾いている場合が見られる。次の(26)は利益が自分に傾いている例である。

(26)「正解だ」
「やった。じゃあ、今からラジオを電気屋さんに持って行って、直してもらおうよ」（博士：p.75）

この例では、話し手（家政婦の息子）は聞き手（博士）と問題を解けたらラジオを修理に行くように約束をしていたため、「今から…直してもらおうよ」とその約束の実行を聞き手に促している。この場合は、話し手と聞き手の両方に利益があるというより、話し手のほうがその行為の実行を強く望んでいて、聞き手に実行の決断を促しているものであるように思われる。このように自分の側の利益が中心になっている［誘い］表現を、本稿で「懇願的誘い」と呼ぶことにする。

(27)「ママが間違っていました。たとえ一瞬でも博士を信用しなかったのは、人として恥ずかしいことでした。謝ります。反省します。」…（中略）
「うん、分かった。仲直りしよう。でも僕は怪我をした日のことを、絶対に忘れないからね」（博士：p.125）

(27)は利益が相手に傾いている例である。話し手の息子が母の謝罪を受け入れると決意したときに、「仲直りしよう」という

［誘い］を母に持ちかけた。この場合、［誘い］の行為は話し手が自分で考案したものというより、聞き手のしようとする行為を了承する意味合いが強いと思われる。このような利益が聞き手に傾いている［誘い］表現を、本稿で「了承的誘い」と呼ぶことにする。

したがって、蒲谷ほか（2009）が提示した[誘い]表現の構造を、本稿の立場によって捉え直すと、次の(28)となる。

(28) 本稿における[誘い]表現の位置づけ

	行動	聞き手の決定権 弱←――――→強	利益・恩恵
典型的な[誘い]	自分と相手	強	自分と相手
習慣的な[誘い]	自分と相手	弱	自分と相手
懇願的な[誘い]	自分と相手	強	自分
了承的な[誘い]	自分と相手	弱	相手

5.2 ［誘い］表現の形式バリエーション

日本語・中国語・韓国語の[誘い]表現の形式バリエーションを平叙文、命令文、疑問文の3類型に分けて、表現タイプごとに整理すると、次のようになる。

5.2.1平叙文の形式

平叙文では「a.相手を含めての我々の意志を表明する表現《意志表明》」が用いられる。

a.《意志表明》

J01a.しよう	ラーメンを食べに行こう。
C01a.我们　做　吧 私たち　しよう ね	我们　去　吃　拉面　吧。 私たち 行こう 食べる ラーメン ね
K01a.하자/합시다 しよう/しましょう	들어갑시다. 入りましょう
K02a.해요 しましょう	한잔 해요. 一杯 しましょう
K03a. 하지요 しましょう/するのでしょうか	같이　식사하시죠. 一緒に 食事しましょう

5.2.2 命令文の形式

命令文では、「b.相手に我々の行動を許可するように頼む表現《許可依頼》」、「c.相手に一緒に行動することを命令するような表現《命令的要求》」が用いられる。

b.《許可依頼》

C02b.让　我们　做 させる 私たち　する	让　我们　一起　努力。 させる　私たち 一緒に　努力する

c.《命令的要求》

C03c.你　一起　做　吧 あなた 一緒に しよう ね	你　也 一起　去　吧。 あなた も 一緒に 行こう ね

5.2.3 疑問文の表現形式

疑問文には、「d.相手に我々の意志を確認する表現《意志確認質問》」、「e.相手の今後の行動をたずねる表現《行為質問》」、「f.相手の願望をたずねる表現《願望質問》」、「g.提案に対して相手の意見をたずねる表現《意見質問》」が用いられる。

d.《意志確認質問》

J02d. しようか	そろそろ帰ろうか。
C04d. 我们　做，好吗？ 私たち する いいか	我们　去　看　电影，好吗？ 私たち 行く 見る 映画 いいか
C05d. 我们　要不要　做？ 私たち したいか する	过年　要不要　回　趟　老家？ お正月 したいか 帰る 一度 実家
K04d. 할까요? しましょうか	같이 저녁을 먹을까요? 一緒に 夕食を 食べましょうか

e.《行為質問》

J03e. しないか	映画を見に行かない？
C06e. 你　一起　做　吗？ あなた 一緒に する　か	我 想　去 旅游，你　一起 去 吗？ 私 したい 行く 旅行 あなた 一緒に 行く か
K05e. 할래요?/안 할래요?/ 하지 않을래요? しますか/しませんか	같이 쇼핑 안 갈래? 一緒に 買い物　行かない

f.《願望質問》

C07f. 你　要不要　一起　做？ あなた したいか 一緒に する	我 想　去 旅游，你　要不要 一起 去？ 私 したい 行く 旅行 あたな したいか 一緒に 行く

g.《意見質問》

J04g. 一緒にどう / いかが	バーベキューをやるんだけど、一緒にどう？
C08g. 我们　做　怎么样？ 私たち する いかが	我们　去　看　那个 电影 怎么样？ 私たち 行く 見る あの 映画 いかが
C09g. 你　一起　做　怎么样？ あなた 一緒に する どう	你　也 一起 去 看看　怎么样？ あなた も 一緒に 行く 見てみる どう
C10g. 要不　我们　做？ さもなければ 私たち する	要不　我们 今天 不去了 吧？ さもなければ 私たち 今日 行かない か
C11g. 要不　你　一起　做？ さもなければ あなた 一緒にする	要不　你　跟 我们 一起　走 吧？ さもなければ あなた と 私たち 一緒に帰る か
K06g. 하는게　어때요? すること どうですか	같이 영화를 보는게　어때? 一緒に 映画を 見ること どう

5.3 考察

[誘い]表現の形式バリエーションををまとめると、次の(29)になる。日本語には《許可依頼》《命令的要求》《願望質問》タイプが、韓国語には《許可依頼》《願望質問》が欠けていることがわかる。

(29) [誘い]表現の形式バリエーション

表現タイプ	日本語	中国語	韓国語
a.《意志表明》	J01a.しよう	C01a.我们做吧	K01a.하자/합시다 K02a.해요 K03a.하지요
b. 《許可依頼》	×	C02b.让我们做	×
c.《命令的要求》	×	C03c.你一起做吧	(K01a.하자/합시다 K02a.해요 K03a.하지요)[2]
d.《意志確認質問》	J02d.しようか	C04d.我们做，好吗？ C05d.我们要不要做？	K04d.할까요?
e.《行為質問》	J03e.しないか	C06e.你一起做吗？	K05e.할래요?/안할래요? /하지 않을래요?
f.《願望質問》	×	C07f.你要不要一起做？	×
g.《意見質問》	J04g.一緒にどう/いかが	C08g.我们做怎么样？ C09g.你一起做怎么样？ C10g.要不我们做？ C11g.要不你一起做？	K06g.하는게 어때요?

中国語の《許可依頼》タイプの「让我们做」の本来の意味は

「わたしたちに～させてください」であるが、「誘い」の文型として慣用化している。発表者や進行役がややかしこまった口調で述べることが多い。英語の「Let's」に似た表現で、それに当てはまる日本語と韓国語はないようである。

中国語の《命令的要求》の「你一起做吧（あなたも一緒に～しようよ）」という表現は命令文「你做」（あなたは～して／しなさい）に「一起」（一緒に）と終助詞「吧」（ね）を付け加えた形で、相手を引き込む[誘い]を表すことができる。韓国語の《意思表明》タイプの表現「하자/합시다」「해요/하지요」は動作主が聞き手の場合、《命令的要求》として捉えることもできる。日本語の「しろ／しなさい」のような命令表現が[誘い]に使われないのであろう。これは日本語と中国語・韓国語と異なるところである。

《願望質問》タイプに当てはまる日本語と韓国語の表現「したいですか」「하고 싶어요？」は、相手の願望を確認する意味であるため、それだけでは[誘い]の機能はないと思われる。ただし、文脈によって、含意される場合がある。

また、「グループ型」誘いなのか「引き込み型」誘いなのかにおいても、日本語・中国語・韓国語の表現形式では違いが見られる。日本語記述文法研究会（2003）の定義によれば、「グループ型」とは、「話し手と聞き手が1つのグループとして共同して行う行為の実行を聞き手に提案することによって、聞き手をその行為に誘うものである」。「引き込み型」とは、「話し手が実行している、あるいは実行しようとしている行為に聞き手を引き込もうとするものである」。例えば、次の(30)はグループ型で、(31)は引き込み型だと提示している。

(30) A「夏休み、どこに行く？」
B「海に行こうよ」

(31) A「あ、もう帰るの？」
B「うん。君も帰ろう」

（日本語記述文法研究会2003：63）

安達（1995）は、日本語の「しよう」「しないか」はグループ型と引き込み型の両方に使われるが、「しようか」は引き込み型には使われないと指摘している。しかし、韓国語の場合を見ると、「しようか」と同じタイプの形式「할까요? 」）が引き込み型にも使える。日本語と韓国語のこの違いは人称の制限の違いに由来するものだと考えられる。グループ型は話し手と聞き手が一緒に行動を起こすので、「私たちは一緒に～」となるのである。引き込み型は聞き手の意向を聞くので、「あなたも～」となるのである。日本語では、「*あなたも～しようか」は非文となるため、引き込み型に使われない。一方、韓国語の「할까요? 」は「私たち一緒に～しましょうか？」「あなたも一緒に～しましょうか？」の両方とも文が成立するので、グループ型にも引き込み型にも使われる。例えば、「퇴근 길에 한 잔 할까요?（仕事帰りに一杯飲みましょうか？）のような例は両方の意味になり得る。つまり、日本語の表現形式は引き込み型に使えないものもあるが、韓国語の表現形式はすべてグループ型と引き込み型両用である。中国語の場合、グループ型か引き込み型かによって、人称「我们（私たち）」「你（あなた）」を省略せずに使い分ける傾向がある。たとえば、「你一起（あなたも一緒に～）」のようにはっきり言えば、引き込み型となる。

実際、どの表現タイプの形式が多く使われるのか、日本語の現代小説とその中国語・韓国語訳を用いて調べると、次の(32)の結果が得られた。用例がすべてグループ型の[誘い]であった。そして、言語に関わらず《意思表明》タイプがもっとも多かった。ただし、この結果では表現タイプが偏っているため、今後さらに用例を集めてより詳しい考察をしたい。

(32) [誘い]表現の日本語とその訳の表現タイプ別用例数

表現タイプ	日本語	中国語	韓国語
a.《意志表明》	25（83.3%）	25（83.3%）	22（73.3%）
b.《許可依頼》	×	0	×
c.《命令的要求》	×	0	×
d.《意志確認質問》	4（13.3%）	2（6.7%）	4（13.3%）
e.《行為質問》	1（3.3%）	0	1（3.3%）
f.《願望質問》	×	0	×
g.《意見質問》	0	1（3.3%）	0
		その他2（6.7%）	その他3（10.0%）
合計	30（100%）	30（100%）	30（100%）

6．[申し出]表現の形式

6.1 [申し出]表現の位置づけ

蒲谷ほか（2009）によると、[申し出]表現は、「行動＝自分、決定権＝相手、利益・恩恵＝相手」という構造を持っている。「行動」と「利益・恩恵」に関して、本稿は蒲谷ほか（2009）と同じ立場をとるが、「決定権」に関しては、やはり強弱の程度に幅があると考える。話し手が相手のために援助を行うことを自分から申し出たあと、援助の行動を実施するかの決定権は、基本的に受け入れる側の聞き手にあるが、表現形式によってはやはり「話し手の強制力・聞き手の決定権」に違いがある。たとえば、次の用例(33)(34)を比較すれば、その違いが分かるであろう。

(33)「私がケーキ屋さんまで走って、もらってきましょう」
（博士：p.262）

(34)「果物でもお切りしましょうか」（博士：p.211）

したがって、蒲谷ほか（2009）が提示した[申し出]表現の構造を、本稿の立場によって捉え直すと、次の(35)となる。

(35) 本稿における[申し出]表現の位置づけ

	行動	聞き手の決定権 弱←――――→強	利益・恩恵
申し出	自分	強	相手

6.2 [申し出]表現の形式バリエーション

日本語・中国語・韓国語の[申し出]表現の形式バリエーションを平叙文、命令文、疑問文の3類型に分けて、表現タイプごとに整理すると、次のようになる。

6.2.1平叙文の形式

平叙文には、「a.援助する意志を表す表現《意志表明》」、

「b.援助できる能力を主張する表現《能力主張》」が用いられる。

a.《意志表明》

J01a.する	傘貸すよ。
J02a.してあげる	傘貸してあげるよ。
J03a.しよう	傘を貸しましょう。
J04a.してあげよう	傘を貸してあげましょう。
C01a.我 做 私 する	我 借 你 伞。 私 貸す あなた 傘
K01a.할게요 します	제가 좀 거들게요. 私が ちょっと 手伝いますよ
K02a.해줄게요 してあげます	제가 도와 드릴게요. 私が 手伝ってさしあげます

b.《能力主張》

J05b.できる	傘貸せるよ。
J06b.してあげられる	傘貸してあげられる。
C02b.我 可以 做 私 できる する	我 可以 借 你 伞。 私 できる 貸す あなた 傘
K03b.할 수 있어요 することができます	우산 빌릴 수 있어. 傘 貸すことができる
K04b.해 줄 수 있어요 してあげることができます	우산 빌려 줄 수 있어. 傘 貸してあげることができる

6.2.2 命令文の形式

命令文には、「c.相手に自分の援助行動を許可するように頼む表現《許可依頼》」、「d.直接援助行動をするときに伴う表現《直接行動》」が用いられる。

c.《許可依頼》

J07c.させてください	手伝わせて下さい。
C03c.让　　我　　做 させなさい わたし する	让　我 帮　你　吧。 させる 私 手伝う あなた ね
K05c.하게 해주세요 させてください	제가 돕게　해주세요. 私が 手伝うように してください

d.《直接申し出》

J08d.はい。/ どうぞ。	はい。
C04d.给。 あげる	给。 あげる
K06d.자./여기　있어요. さあ / ここ あります	자. さあ

6.2.3 疑問文の形式

疑問文には、「e.相手にものが必要かどうかをたずねる表現《要望質問》」、「f.自分の援助する意志を述べて相手に確認する表現《意志確認質問》」、「g.相手の自分への願望をたずねる表現《要求願望質問》」が用いられる。

e.《要望質問》

J09e.いるか	傘いる？
C05e.你　要　吗？/你　要不要？ あなた ほしい か/あなた ほしいかどうか	你　要　伞 吗？ あなた ほしい 傘 か
K07e.필요해요? いりますか	우산 필요해요? 傘　いりますか

f.《意志確認質問》

J10f.しようか	傘貸しましょうか。
J11f.してあげようか	傘貸してあげましょうか。
C06f.我 做，好吗？ 私 する いいか	我 帮　你　拿，好吗？ 私 手伝う あなた 持つ いいか

K10h.할까요? しましょうか	안내　할까요? 案内 しようか
K11h.해줄까요? してあげましょうか	도와 드릴까요? 手伝ってさしあげましょうか

g. 《要求願望質問》

C07g.要　我 做吗？/ 要不要 我　做？ 　したい 私 する か/したいか わたし する	要不要　我 帮　你　拿？ したいか 私 手伝う あなた 持つ

6.3 考察

[申し出]表現の形式バリエーションをまとめると、次の(36)になる。日本語と韓国語には《要求願望質問》タイプの形式が欠けている。

(36) [申し出] 表現の形式バリエーション

表現タイプ	日本語	中国語	韓国語
a.《意志表明》	J01a.する J02a.してあげる J03a.しよう J04a.してあげよう	C01a.我做	K01a.할게요 K02a.해줄게요
b.《能力主張》	J05b.できる J06b.してあげられる	C02b.我可以做	K03b.할 수 있어요 K04b.해 줄 수 있어요
c.《許可依頼》	J07c.させてください	C03c.让我做	K05c.하게 해주세요
d.《直接申し出》	J08d.はい。/どうぞ。	C04d.给。	K06d.자./여기 있어요.
e.《要望質問》	J09e.いるか	C05e.你要吗？/你要不要？	K07e.필요해요?
f.《意志確認質問》	J10f.しようか J11f.してあげよ	C06f.我做，好吗？	K08f.할까요? K09f.해줄까요?

	うか		
g.《要求願望質問》	×	C07g.要我做吗？/要不要我做？	×

［申し出］の行為は利益が相手にあるため、日本語と韓国語では、相手に恩恵を与えることを表す形式「てあげる」「아/어주다」を使う場合がある。形式バリエーションのなかで、《意志表明》《能力主張》《意志確認質問》タイプは恩恵の有る形式と無い形式を2通りずつ持っている。中国語には専用の恩恵表現はないが、「我帮/给你做～」のように、「帮（助ける）」「给（あげる）」などの言葉をよく使う[3)]。

小説の用例の日本語の原文と中国語・韓国語の訳文を比べると、恩恵の形式が必ずしも同時に使われるわけではない。これは文型「てあげる」「아/어주다」そのものの制限によるものもあれば、[申し出]の場面における恩恵に対する捉え方の違いによるものもあると考えられる。次の用例(37)(38)(39)を見てみたい。

(37)「みかげちゃん、もう抜けていいよ。先生には急な旅行で買い物があるからってうまく言っといてあげるよ。」

（キッチン：p.98）

"美影，你先走吧。我们 会 跟 老师 说 你 要 去 购物，
私たち つもり に 先生 言う あなた したい 行く 買い物
为 突然的 旅行 做 准备，帮 你 瞒过去。"(p.96)
のために 突然の 旅行 する 準備 手伝う あなた ごまかす

"미카게, 그만 가도 괜찮아. 선생님한테는 갑자기 여행을 하게 돼서
先生には 突然 旅行を することに なる
물건 사러 나갔다고 할 테니까" (p.95)

物　買いに 出たと するつもりだから

(38)「痛いんだったら、お医者さんにもらった薬を飲まなきゃ。お水持ってくるね」（博士：.114）

"痛的话就把医生给的药吃了。妈妈 去 给　你　拿 水 。"(p.83)

ママ 行く のために あなた 持つ 水 来る

"아프면, 병원에서 받은 약 먹어야지. 물 가져올게." (p.104)

水 持ってくる

(39)「この雨じゃ、自転車、無理やろ？車で送ってくよ」

（悪人：p.218）

"雨下得这么大，没办法骑脚踏车吧？坐　我们　的 车 回去吧。"(p.133)

乗る 私たち の 車 帰る ね

"이렇게 비가 오면 자전거는 힘들겠지? 차로 데려다줄게" (p.197)

車で 送ってあげる

(37)の日本語、(37)(38)の中国語、(39)の韓国語では「てあげる」「帮/给」「아/어주다」が使われている。先行研究や母語話者の意見を総合すると、日本語は恩着せがましい印象を避けるために、相手との人間関係に配慮し、「てあげる」の使用を避ける場合がある。一方、中国語と韓国語は行為自体が恩恵を与えることであるかどうかによって、恩恵形式の有り無しを使い分ける傾向がある。

また、次の(40)は日本語の現代小説とその中国語・韓国語訳における用例数であるが、日本語・中国語・韓国語のいずれも

《意志表明》タイプがもっとも多く、《意志確認質問》が2番目に多かった。ただ、中国語の《意志表明》タイプがやや多めで、《意志確認質問》がやや少なめであることが分かった。そして、(41)で示した日本語の原文とその訳を見ると、「しようか/してあげようか」のような《意志確認質問》タイプの日本語は、大半が中国語で「我做」（私が～する）のような《意志表明》タイプに訳されている。自らの意志を表明する《意志表明》タイプは、相手の意志を尊重する疑問文類の《意志確認質問》タイプより、強制力の強い形式と言えよう。このことから、[申し出]表現では、中国語は日本語・韓国語より強めな表現を多用する傾向がうかがえる。

(40) [申し出]表現の日本語とその訳の表現タイプ別用例数

表現タイプ	日本語	中国語	韓国語
a.《意志表明》	13（59.1%）	14（63.6%）	13（59.1%）
b.《能力主張》	1（4.5%）	1（4.5%）	1（4.5%）
c.《許可依頼》	1（4.5%）	1（4.5%）	0
d.《直接申し出》	0	0	0
e.《要望質問》	0	0	0
f.《意志確認質問》	7（31.8%）	2（9.1%）	7（31.8%）
g.《要求願望質問》	×	2（9.1%）	×
		その他2（100%）	その他1（4.5%）
合計	22（100%）	22（100%）	22（100%）

(41) [申し出]表現の日本語の原文とその訳の表現タイプ

日本語	中国語	韓国語
《意志表明》13	《意志表明》10 《意志確認質問》1 その他2	《意志表明》12 《意志確認質問》1

《能力主張》1	《能力主張》1	《能力主張》1
《許可依頼》1	《許可依頼》1	《意志表明》1
《意志確認質問》7	《意志表明》4 《要求願望質問》2 《意志確認質問》1	《意志確認質問》6 その他1

(42)「私がケーキ屋さんまで走って、もらってきましょう」

（博士：p.262）

"我 跑 到 蛋糕店 去 拿回来 吧。" (p.196)

私 走る まで ケーキ屋 行く もらってくる ね

"내가 빵가게에 뛰어가서 받아올게요." (p.241)

私が パン屋へ 走っていって もらってきます

(43)「果物でもお切りしましょうか」（博士：p.211）

"我 给 您 切 点 水果 吧。"(p.157)

私 ために あなた 切る 少し 果物 ね

"과일이라도 깎을까요?"(p.194)

果物でも 切りましょうか

用例(42)(43)の日本語と韓国語訳では、それぞれ強制力の強めの《意志表明》タイプと弱めの《意志確認質問》タイプが使われているが、中国語訳ではどちらも強めの《意志表明》タイプに訳されている。

7．表現形式と表現意図の対応関係

第3～6章では、［依頼］［勧め・助言］［誘い］［申し出］の各場面における日本語・中国語・韓国語の表現形式を検討してきた。本章では視点を転換し、表現形式がどのような表現意図に用いられるかを考察することで、行動展開表現の全体像を明らかにし、言語間のずれを可視化することを目指す。

7.1 表現形式のまとめ

［依頼］、［勧め・助言］、［誘い］、［申し出］の形式バリエーションはそれぞれ第3章の表(10)、第4章の表(18)、第5章の表(29)、第6章の表(36)のとおりに示したが、ここでは、1つの表現形式がどのような表現意図に用いられているかを見るために、すべての表現形式を表現タイプごとにまとめたい。まず日本語については、(44)に示すように表現タイプを平叙文・命令文・疑問文の順に列挙し、同名のタイプは統合して代表的な形式を挙げる。そして、右側の欄にそれぞれの表現タイプが表し得る表現意図を○印で示す。複数の表現意図に用いられる場合は網かけで示す。ただし、そのタイプに属するすべての形式が該当しない場合は、形式の横に[依] [勧] [誘] [申]と個別に示すことにする。

(44) 日本語の表現形式

表現タイプ	形式	依	勧	誘	申
《依頼宣言》	よろしくお願いします	○			
《勧め宣言》	お勧めします / お勧めです		○		
《意志表明》	する[申] / してあげる[申] / しよう[勧] [誘] [申] / してあげよう[申]		○	○	○
《能力主張》	できる / してあげられる				○
《願望表出》	してもらいたい / してほしい	○	○		
《感情表出》	してもらえれば助かる	○			

《思考表出》	してもらえればと思う	○			
《比較評価》	したほうがいい		○		
《肯定評価》	したらいい		○		
《許可》	して（も）いい		○		
《義務》	するべきだ / しないといけない		○		
《命令的要求》	しろ / しなさい / お～ください		○		
《依頼的要求》	して[依] [勧] / してちょうだい[依] / してくれ[依] / してください[依] [勧]	○	○		
《許可依頼》	させてください				○
《直接勧め》	どうぞ。		○		
《直接申し出》	はい。 / どうぞ。				○
《意志質問》	してくれないか	○			
《行為質問》	するか[勧] / しないか[勧] [誘]		○	○	
《意志確認質問》	しようか[誘] [申] / してあげようか[申]			○	○
《可能質問》	できるか	○			
《依頼可能質問》	してもらえないか / お願いできるか / してもらっていいか	○			
《要望質問》	いるか				○
《意見質問》	どう[勧] / したら[勧] / したらどう[勧] / 一緒にどう[誘]		○	○	

同様に中国語の表現形式を一覧に示すと、次の(45)になる。

(45) 中国語の表現形式

表現タイプ	形式	依	勧	誘	申
《依頼宣言》	麻烦你了 / 麻烦你做	○			
《勧め宣言》	我推荐你做		○		
《意志表明》	我们做吧[誘] / 我做[申]			○	○
《能力主張》	我可以做				○
《願望表出》	我想麻烦你做[依] / 我希望你做[依] [勧]	○	○		
《比較評価》	你最好做 / 你还是做好		○		
《肯定評価》	你做好了		○		
《許可》	你可以做		○		
《義務》	你应该做		○		
《仮定》	我要是你的话，我就做		○		
《命令的要求》	你做[依] [勧] / 你一起做吧[誘]	○	○	○	
《依頼的要求》	请做	○	○		

《許可依頼》	让我们做[誘] / 让我做[申]			○	○
《直接勧め》	请。		○		
《直接申し出》	给。				○
《意志質問》	你做，好吗？ / 请做，好吗？	○			
《行為質問》	你做吗？[勧] / 你一起做吗？[誘]		○	○	
《意志確認質問》	我们要不要做？[誘] / 我们做，好吗？[誘] / 我做，好吗？ [申]			○	○
《可能質問》	你能做吗？	○			
《依頼可能質問》	能麻烦你做吗？ / 麻烦你做，好吗？	○			
《願望質問》	你要不要做？[勧] / 你要不要一起做？[誘]		○	○	
《要望質問》	你要不要？				○
《要求願望質問》	要我做吗？				○
《意見質問》	怎么样？[勧]/你做怎么样？[勧]/要不你做？[勧]/我们做怎么样？[誘]/你一起做怎么样？[誘]/要不我们做？[誘]/要不你一起做？[誘]		○	○	

韓国語の表現形式の一覧は次の(46)のとおりである。

(46)韓国語の表現形式

表現タイプ	形式	依	勧	誘	申
《依頼宣言》	잘부탁합니다	○			
《勧め宣言》	추천합니다/권해 드립니다		○		
《意志表明》	하자[勧] [誘]/합시다[勧] [誘]/해요[誘]/하지요[誘]/할게요[申]/해줄게요[申]		○	○	○
《能力主張》	할 수 있어요/해 줄 수 있어요				○
《願望表出》	해주기바랍니다	○			
《感情表出》	해주면 좋겠어요/해주면 감사하겠습니다	○			
《思考表出》	해주셨으면 합니다	○			
《比較評価》	하는게 좋아요/하는 편이 좋아요		○		
《肯定評価》	하면 좋아요/하면 돼요		○		
《義務》	해야 해요/해야 돼요/하지 않으면 안 돼요		○		
《命令的要求》	해요[依] [勧] [誘]/하세요[依] [勧]/해라[勧]/하자[誘]/합시다[誘]/하지요[誘]	○	○	○	
《依頼的要求》	해줘요/해주세요	○	○		
《許可依頼》	하게 해주세요				○
《直接申し出》	자./여기 있어요.				○

《意志質問》	해주시겠어요? /해줄래요?	○			
《行為質問》	할래요?/안 할래요?/하지 않을래요?		○	○	
《意志確認質問》	할까요? [誘] [申]/해줄까요? [申]			○	○
《可能質問》	해줄 수있어요?	○			
《依頼可能質問》	부탁해도 될까요?	○			
《要望質問》	필요해요?				○
《意見質問》	어때요? /하는게 어때요?		○	○	

7.2 多目的表現形式

上記の表現形式のうち、複数の表現意図に用いられるものは「多目的」表現形式とも言える。まず、[依頼]、[勧め・助言]、[誘い]、[申し出]のうち、3つの表現意図に用いられる表現形式について見てみよう。

日本語の《意志表明》タイプの「しよう」は[勧め・助言]、[誘い]、[申し出]の3つに使える。次の(47)は[勧め・助言]の例で、(48)は[誘い]の例で、(49)は[申し出]の例である。

(47)「今度博士に頼んで、ゆっくり見せてもらいましょう。順番を間違えてない？厳密に分類してあるんだから……」

(博士：p.241)

(48)「ここが片付いたら、家に帰る途中、公園で屋台のラーメン食べような。」(キッチン：p.56)

(49)「私がケーキ屋さんまで走って、もらってきましょう」

(博士：p.262)

韓国語の「하자/합시다」(～しましょう)は、日本語の「しよ

う」と少し違うのは、［勧め・助言］と［誘い］に使えても、［申し出］に使えないことである。たとえば、上の(47)(48)(49)の用例はそれぞれ次の(50)(51)(52)のように訳されている。［勧め・助言］の例(50)と［誘い］の例(51)では同じく「하자」が使われているが、［申し出］の例(52)では「할게요」（私が～する）が使われている。

(50) "다음에 박사님한테 보여달라고 부탁하자. 차례 안 틀렸어? 꼼꼼하게
今度 博士に 見せるように お願いしよう
분류돼 있으니까……" (博士：p.221)

(51) "여기 일 다 끝나면 집으로 돌아가는 길에, 포장마차에서 라면 먹자"
屋台で ラーメン 食べよう
(キッチン：p.54)

(52) "내가 빵가게에 뛰어가서 받아올게요." (博士： p.241)
私が パン屋へ 走っていって もらってきます

中国語の場合、もっとも多目的の表現形式は《命令的要求》タイプの「你做 / 你一起做吧」であり、［依頼］［勧め・助言］、［誘い］の3つに使える。引き込み型の［誘い］に使う場合は、「你做」（あなたは～して / しなさい）という基本文型に「一起」（一緒に）や終助詞を付け加えて、「你一起做吧」（あなたも一緒に～しようよ）のようにすることが多い。たとえば、次の(53)は［依頼］の例で、(54)は上の(47)の［勧め・助言］の用例の中国語訳で、(55)は［誘い］の例である。

(53) "……你 马上就 动手 改写 《空气蛹》, 我们没有时间了。
あなた すぐに 始める 書き直す 『空気さなぎ』

改写完毕的原稿，还必须尽早送到堆积如山的应征稿里，把原来的稿子换下来。十天内，你能写好吗？”(1Q84：p.65)

(54) “下回 你 求 博士 给你 看个够 吧。没搞乱顺序吧？
今度 あなた 頼む 博士 あなたに 好きなだけ見る ね
他分类分得很严密的……”（博士：p.180）

(55) “这我自己也知道，也不想想妈妈这么辛苦是为了谁。别老看棒球书了，偶尔 也 帮着 一起 想想 嘛。”(博士：p.60)
たまに も 手伝う 一緒に 考える よ

これと似たように、韓国語の《命令的要求》タイプの「해요」も［依頼］（～して）、［勧め・助言］（～しなさい）、［誘い］（～しよう）の3つのに使える。中国語と少し違うのは、韓国語の「해요」はグループ型と引き込み型［誘い］の両方に使える。たとえば、次の(56)は［依頼］の例で、(57)は［勧め・助言］の例である。

(56) “에게, 간단하네요. 금방 풀 수 있어요. 박사님도 숙제 냈으니까 제 부탁도 들어줘요. 라디오 좀 고쳐놓으세요.”（博士：p.56）
ラジオ ちょっと 直しておきなさい

(57) “내일 아침에는 나 없으니까, 있는 것 아무거나 써요” (キッチン：p.23)
ある もの なんでも 使いなさい

日本語の《命令的要求》タイプの「しなさい」などが［依頼］に用いられないのは、日本語では依頼の場合、「くれる・もらう」のように自分が利益を受けることを明示する必要があるからである。それに対して、中国語・韓国語では自分が利益・恩恵を受けることを表さない表現形式でも［依頼］の表現意図を表しうると言えよう。

次に、2つの表現意図に用いられる表現形式について見てみよう。日本語の《願望表出》タイプの「してもらいたい／してほしい」、《依頼的要求》の「して／してください」は［依頼］と［勧め・助言］の両方に用いられる表現形式である。同じタイプの中国語の「我希望你做」（わたしはあなたが～することを希望する）、「请做」（どうぞ～してください）も［依頼］と［勧め・助言］の両方に用いられる。韓国語の場合は、《依頼的要求》タイプの「해줘요/해주세요」（～してください）と《命令的要求》タイプの「하세요」が［依頼］と［勧め・助言］の両方に用いられる。

［勧め・助言］と［誘い］の両方に用いられる表現形式は、日本語・中国語・韓国語では共通して《行為質問》タイプと《意見質問》タイプがあるが、中国語の場合は、それ以外に《願望質問》タイプの「你要不要做？/你要不要一起做？」も使える。基本文型の「你要不要做？」（あなたは～したいか？）に「一起」（一緒に）を付け加えて「你要不要一起做？」（あなたも一緒に～したいか）にすれば、引き込み型の［誘い］に使える。中国語では願望を聞くことがそんなに失礼に当たることではないため、日本語・韓国語よりも多く使われている。

［誘い］と［申し出］の両方に用いられる表現形式は、日本語・中国語・韓国語では共通して《意志確認質問》があるが、中国語の場合は、それ以外に《意志表明》タイプの「我们做吧/我做」（私たちは～しよう／わたしはが～する）、《許可依頼》タイプの「让我们做／让我做」[4]（私たちは～しよう／わたしが～する）も使える。たとえば、次の(58)は用例(49)の中国語

訳で、［申し出］の例である。(59)は［誘い］の例である。

(58) “我 跑 到 蛋糕店 去 拿回来 吧。”(博士：p.196)
私 走る まで ケーキ屋 行く もらってくる ね

(59) 所以，在回去的路上，小豆豆向大家大声提议说：
“明天，我们 还 来 散步 吧。”
あした 私たち また 来る 散歩 ね
孩子们都兴奋地跳起来，异口同声地说：“就这么说定啦！”
(トット：p.47)

以上の分析から明らかになった日本語・中国語・韓国語の間のずれについては、次のイメージ図を用いて視覚化することができる。A～Dの重なる部分が言語によって違うのがわかるであろう。

(60) 日本語・中国語・韓国語の間で見られるずれ

日本語	中国語	韓国語
A=しよう B=して/してください、してもらいたい/してほしい C=しないか、どう/一緒にどう D=しようか	A=你做/你一起做吧 B=请做、我希望你做 C=你做吗？/你一起做吗？、你要做吗？、～怎么样？、要不～？ D=我做/我们做吧、让我做/让我们做、我做，好吗？/我们做，好吗？	A=해요 B=하세요、해줘요/해주세요 C=할래요?/안 할래요?/하지 않을래요?、어때요? /하는게 어때요? 、하자/합시다 D=할까요?

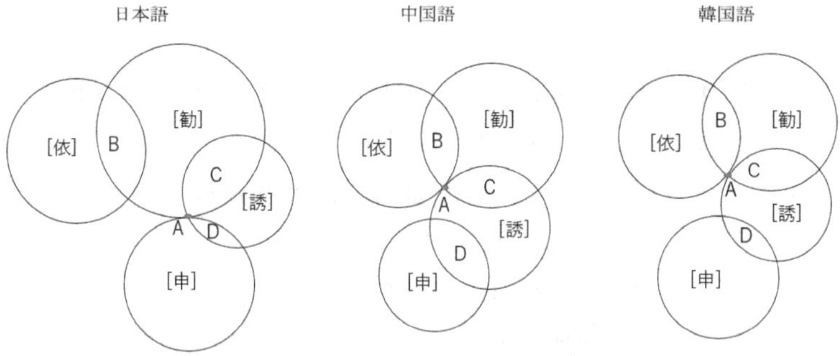

8. おわりに

本稿は、［依頼］、［勧め・助言］、［誘い］、［申し出］の4つの代表的な行動展開表現を取り上げて、主に以下の点について日本語・中国語・韓国語の対照研究を行った。

まず、行動展開表現の分類基準となる3要素を検討した。行動に関しては、［依頼］と［勧め・助言］の行動者は聞き手であり、［誘い］の行動者は話し手と聞き手であり、［申し出］の行動者は話し手である。決定権については、これら4カテゴリーはいずれも聞き手の決定権が相対的に強いものの、使用される表現形式によって「聞き手の決定権 / 話し手の強制力」の度合いに幅が存在することを指摘した。利益に関しては、［依頼］の利益は話し手側にあり、［勧め・助言］と［申し出］の利益は聞き手にある。［誘い］の利益は典型的には双方にあるが、話し手偏重または聞き手偏重の場合も存在することを確認した。

それから、行動展開表現の全体像を解明するために、本稿は表現意図から表現形式を見ることと、表現形式から表現意図を見ることの2つの方向を提案した。これにより、表現意図と表現形式の多対多な関係、および日本語・中国語・韓国語の間の体系的な差異について、いくつかの重要な知見を得ることができた。

表現意図から表現形式を見れば、［依頼］表現の場合、日本語は自分が利益・恩恵を受けることを明示する表現が多く使われる。それに比べて、中国語・韓国語では《命令的要求》タイプの「你做」「해요/하세요」のような自分が利益・恩恵を受けることを表さない表現形式でも［依頼］の表現意図を表しうる。［勧め・助言］の場合、日本語では話し手の強制力が弱めな表現タイプが比較的多く使われているのに対し、中国語と韓国語は《命令的要求》に代表されるような強めな表現タイプが比較的多く使われている。［誘い］の場合、「グループ型」と「引き込み型」があるが、韓国語の表現形式は最も汎用性が高く、両方とも適用可能である。日本語の表現形式はすべてグループ型に適用可能であるが、「しようか」は引き込み型には使えないのである。中国語は人称によって表現形式を使い分ける傾向があるのである。［申し出］は利益が相手にあるので、自分から相手に恩恵を与えることを表す表現形式が使われる場合がある。中国語と韓国語は行為自体が恩恵を与えることであるかどうかによって、恩恵形式の有り無しを使い分ける傾向があるが、日本語の場合は、行為自体より相手との人間関係が優先されるようである。

表現形式から表現意図を見ると、日本語の「しよう」は［勧め・助言］、［誘い］、［申し出］の3つの表現意図に用いられる。中国語の「你做/你一起做吧」および韓国語の「해요」は［依頼］、［勧め・助言］、［誘い］の3つの表現意図に用いら

れる。その他に、［依頼］と［勧め・助言］、［勧め・助言］と［誘い］、あるいは［誘い］と［申し出］の両方に使用可能な表現形式も存在する。これらの「多目的」表現形式はみな「行動者」と「利益」を表すのに幅を持っているからこそ、複数の表現意図を表せるのである。日本語・中国語・韓国語における多目的の表現形式のタイプが異なることは表現形式の使用範囲にずれがあることを意味する。これが学習者の語用論レベルの転移の一因になっているのであると思われる。

冒頭で提示した「自分が所属するサークルのコンサートに相手を誘う」場面について考察すると、日本語には［依頼］と［誘い］の両方に適用可能な表現形式が存在しないため、日本語母語話者は人間関係を考慮しながら表現形式を選択して使用している。［依頼］の表現形式は、たいてい恩恵表現を伴うため、日本語母語話者にとって、［依頼］と［誘い］は非常に明確に区別された表現意図であろう。一方、中国語と韓国語には［依頼］・［誘い］・［勧め・助言］の三者に共通して使用可能な表現形式が存在するため、中国語・韓国語母語話者にとって、これらの表現意図の区別がより曖昧なはずである。日本語で話すときも、つい中間的な感覚を持って表現しようとする可能性が考えられる。さらに、［勧め・助言］と［誘い］の両方に使える《行為質問》タイプの表現形式「你（一起）来吗？」「갈래요?」の影響を受け、加えて中国語・韓国語では日本語ほど恩恵表現を伴う形式を使わないため、結果的に「（コンサートに）来ない？／いらっしゃいませんか」という表現形式が使われてしまうものと考えられる。語用論レベルの転移がこれらの要因の複合作用で起こったのではないかと思われる。

しかし、本研究は主に形式の観点から日本語・中国語・韓国語の対照分析を行ったものであり、人間関係や場面設定などの要素については考察することができなかった。今後は用例調査以外の研究方法も取り入れ、行動展開表現の使用実態についてより詳細な分析を行いたい。また、本稿では［指示・命令］や［許可］など他の行動展開表現について考察する余裕がなかったが、各種類の行動展開表現が互いに緊密な関係にあることは言うまでもない。さらに、本研究の成果を教育の場で活用するためには、学習者の習得・指導法に関する研究も必要であり、これらを今後の課題としたい。

□ **付記**：本稿は、筆者の博士論文「行動展開表現の日本語・中国語・韓国語・英語の対照研究」（2013年、神戸大学）の一部に加筆修正したものである。

[注]

1) 韓国語では、聞き手によって 6 つの待遇法（上称、中称、等称、下称、略待丁寧形、略待普通形）を使い分けているが、本稿では、慣用的な言い方以外、略待丁寧形「아/어요」の形で基本形を示す。韓国語の待遇法について、詳しくは梅田（1991）を参照したい。
2) 「하자/합시다」「해요/하지요」は動作主が聞き手の場合、命令文として捉えることもできるため、ここでは、平叙文のa類と命令文のc類の両方に分類している。生越（1995）によれば、韓国語は命令と勧誘の形式が共通な場合があり、その違いがあいまいである。
3) 中国語の「帮/替/为（ために）」などは語彙的に恩恵の対象を表すことができ、申し出の場面でよく使われる。ほかに、「给」という言葉もよく使う。「给」は、受け手、受益者、受損者、受身、使役、処置などを表す多岐にわたる用法があり、後ろに来る動詞によって文法の制限上使えない場合がある。

4) この場合の「让」は許可の意味が薄く、文型として慣用化している。許可の意味を強く持つ動詞として使われる場合と区別できる。たとえば、次の例において、「让我」は「わたしに～させてください」のように許可の意味が強く、[依頼]になっている。 我心头翻涌起一股热流，激动地说，"请让我暂时睡在这里，直到找到新的住处。" （日本語の原文：次住む所を見つけるまで、ここで眠らして下さい。）（キッチン：p.25）

【用例出典】

1．小川洋子（2005）『博士の愛した数式』新潮文庫（「博士」と省略）
小川洋子著，李建云译（2005）《博士的爱情算式》,人民文学出版社
오가와 요코 지음, 김난주 옮김(2004)〈박사가 사랑하는 수식〉이레
Yoko Ogawa. Translated by Stephen Snyder (2009) *The Housekeeper and the Professor*. New York: Picador.

2．黒柳徹子（1984）『窓ぎわのトットちゃん』講談社文庫（「トット」と省略）
黑柳彻子著，赵玉皎译（2003）《窗边的小豆豆》，南海出版公司
구로야나기 테츠코 지음, 김난주 옮김(2000)〈창가의 토토〉프로메테우스출판사
Tetsuko Kuroyanagi. Translated by Dorothy Britton (1996) *Totto-chan: The Little Girl at the Window*. Tokyo: Kodansha International.

3．東野圭吾（2005）『容疑者Xの献身』文藝春秋（「容疑者」と省略）
东野圭吾著，刘子倩译（2008）《嫌疑人X的献身》，南海出版社
Keigo Higashino. Translated by Alexander O. Smith & Elye J. Alexander (2001) *The Devotion of Suspect X*. New York: Minotaur Books.
히가시노 게이고 지음, 양억관 옮김(2006)〈용의자X의 헌신〉현대문학

4．村上春樹（2009）『1Q84 BOOK1』新潮社（「1Q84」と省略）
村上春树著，施小炜译（2005）《1Q84 BOOK1》，南海出版社
무라카미 하루키 지음, 양윤옥 옮김 (2009)〈1Q84 BOOK1〉문학동네

Haruki Murakami. Translated by Jay Rubin & Philip Gabriel (2011) *1Q84*. New York: Alfred A. Knopf.

5. 吉田修一（2009）『悪人』（上）朝日文庫（「悪人」と省略）

吉田修一著, 王华懋译(2010)《恶人》,文化艺术出版社.

요시다 슈이치지음, 이영미 옮김 (2008)〈악인〉은행나무.

Shuichi Yoshida. Translated by Philip Gabriel (2010) *Villain*. New York: Pantheon Books.

6. 吉本ばなな（1998）『キッチン』角川文庫（「キッチン」と省略）

吉本芭娜娜著, 李萍译(2009)《厨房》,上海译文出版社.

요시모토 바나나 지음, 김난주 옮김 (1999)〈키친〉민음사.

Banana Yoshimoto. Translated by Megan Backus (1994) *Kitchen*. New York: Washington Square Press.

【参考文献】

安達太郎（1995）「勧誘文―シナイカとショウとショウカ―」宮島達夫・仁田義雄（編）『日本語類義表現の文法（上）単文編』くろしお出版

庵功雄・高梨信乃・中西久実子・山田敏弘（2000）『初級を教える人のための日本語文法ハンドブック』スリーエーネットワーク

庵功雄・高梨信乃・中西久実子・山田敏弘（2001）『中上級を教える人のための日本語文法ハンドブック』スリーエーネットワーク

梅田博之（1991）『スタンダードハングル講座2 文法・語彙』大修館書店

王志英（2005）『命令・依頼の表現：日本語・中国語の対照研究』勉誠出版

沖裕子（1995）「勧め的依頼表現について」『日本語学』14-11、pp.42-49

生越まり子（1995）「依頼表現の対照研究―朝鮮語の依頼表現―」『日本語学』14-11

蒲谷宏・川口義一・坂本惠（1998）『敬語表現』大修館書店

蒲谷宏・金東奎・高木美嘉（2009）『敬語表現ハンドブック』大修館書店

木村英樹（1987）「依頼表現の日中対照」『日本語学』6-10、pp.58-66

元智恩（2008）「『白い巨搭』における日韓の勧誘の言語行動」『日本文化研究』第25輯、pp.91-107

黄明淑（2011）「「誘い」表現における中日対照研究―「誘導発話」に着目して―」『人間文化創成科学論叢』14、pp.67-75

黄丽敏・陈加松（2009）「简析现代汉语“给”字句中的“给”」『安徽文学』8、安徽省文学艺术界联合会

坂本惠・川口義一・蒲谷宏（1994）「「行動展開表現」について―待遇表現教育のための基礎的考察－」『日本語教育』82、pp.47-58

坂本惠・蒲谷宏（1995）「「申し出」表現について」『国語学研究と資料』19、pp.25-35、国語学研究と資料の会

鹿嶋恵（2000）「『助言』における表現選択と意図の伝達：相互作用過程とコンテクストからみた談話分析『三重大学日本語学文学』11、pp.106-94

周红（2010）「现代汉语“给”字句研究综述」『玉林师范学院学报』31-3、玉林师范学院

申鉉竣（2004）「「～てもいい」に対応する韓国語の表現」『人文』3、pp.147-157

高梨信乃（1996）「条件接続形式を用いた〈勧め〉表現-シタライイ、シタラ、シタラドウ-」『現代日本語研究』3、pp.1-15

________（2007）「評価のモダリティと実行のモダリティ」『神戸大学留学生センター紀要』13、pp.35-64

________（2011）「行為要求について：日本語教育における問題」『神戸大学留学生センター紀要』17、pp.1-17

友松悦子・宮本淳・和栗雅子（2010）『新装版 どんなときどう使う日本語表現文型辞典』、アルク

日本語記述文法研究会（編）（2003）『現代日本語文法4 モダリティ』くろしお出版

日本語記述文法研究会（編）（2009）『現代日本語文法7』くろしお出版

浜田麻里（1995）「依頼表現の対照研究―中国語における命令依頼の方略―」『日本語学』14-11、pp.69-75

姫野伴子（1991）「依頼と勧誘―受益者表現の日英対照を中心に―」『世界の日本語教育 日本語教育論集』1、pp.69-81

姫野伴子（1997）「行為指示型発話行為の機能と形式」『埼玉大学紀要教養学部』33-1

姫野伴子（1998）「勧誘表現の位置―「しよう」「しようか」「しないか」―」『日本語教育』96、pp.132-142

姫野伴子（2000）「勧めの表現形式」『留学生教育』3、pp.1-11

水島梨紗（2012）「日本人EFL学習者による発話行為「招待・勧誘（Invitation）」の習得について：大学英語クラスにおける協同学習の取り組みと効果の検証」『札幌学院大学人文学会紀要』91、pp.85-98

宮崎和人・安達太郎・野田春美・高梨信乃（2002）『モダリティ』、くろしお出版

山岡政紀・李奇楠（2004）「依頼表現の日中対照研究」、北京大学日本文化研究所・日本语言文化系编『日本语言文化研究 第五辑』、学苑出版社

山岡政紀（2004）「日本における配慮表現研究の現状」『日本語日本文学』14、創価大学日本語日本文学会

山岡政紀（2008）『発話機能論』、くろしお出版

山下由美子（2011）「「しよう」「しようか」の意味・用法：日本語教育への提案」『創価大学大学院紀要』33、pp.299-327

山梨正明（1986）『発話行為』（新英文法選書12）、大修館書店

楊吟（2013）「申し出表現の形式―日本語・中国語・英語・韓国語の対照研究―」『国文論叢』46、pp.48-64、神戸大学文学部国語国文学会

吉成祐子（2008）「間接的な＜申し出＞表現に関する語用論的研究、」博士学位論文、神戸大学文化学研究科

李鳳姫（1990）「上級の日本語教育―韓国人学習者の場合―」『日本語教育』71、pp.33-43

劉月華・潘文娯・故イ著、相原茂監訳（1996）『現代中国語文法総覧』、くろしお出版

林淑珠（1982）「日本語と中国語の命令・依頼表現の比較―丁寧度の観点から―」『国語学研究』22、東北大学文学部

林炫情・玉岡賀津雄（2010）「韓国語の行為要求表現とその否定表現の丁寧度に関する研究」『山口県立大学学術情報』3、pp.11-23

日中韓の依頼行動の談話構造の対照研究

—会話者間の相互行為の分析を中心に—

金鍾完 (江原大学)

1．はじめに

21世紀を迎え、韓国人・中国人・日本人が同一の社会や集団の中で共生することは日常的な現象となっている。三国の文化的連続性により、日常生活において相互の異質性が意識される場面は少ないが、業務的あるいは私的な場面で、依頼・ほめ・断りなどの言語行動が交わされる際には、それぞれの言語文化に根ざした行動規範の違いにより、誤解や摩擦が生じることがある。

1980年代以降、こうした異文化間コミュニケーションに着目した対照研究が日中韓の三国の言語行動を対象として、活発に展開されてきた。特に、依頼行動に関しては多くの実証研究が行われ、言語的表現の比較やストラテジーの類型化が進められている。しかし、これらの研究の多くは、会話参加者のうち発話者（依頼者）側の言語行動に焦点を当てる傾向が強く、被依頼者との相互行為という観点は相対的に軽視されてきた。

近年では、こうした分析枠組みの限界を認識し、言語行動を会話参加者間の「相互行為（interaction）」として捉え直す動きが見られるようになっている。本稿では、依頼行動における依頼者と被依頼者間の相互行為に着目し、韓国語・中国語・日本語の母語話者間で展開される依頼談話の構造的特徴を比較検討する。

2．先行研究および理論的背景

2.1 先行研究の概観

日本語における依頼行動に関する先行研究は、大きく三つの側面から分類される。(1)依頼表現の形式とその類型、(2)対人配慮に基づく言語ストラテジー、(3)依頼談話の構造的特徴、に関するものである。こうした研究は、日中韓三国の母語場面および異文化接触場面における依頼行動の類似点と相違点を明らかにしてきた。

しかし、多くの研究は依頼行動における発話者（依頼者）に焦点を当て、相手である被依頼者の反応やその相互作用についての分析は限定的であった。依頼行動は本質的に他者との相互的なやりとりであり、発話は常に相手の反応を想定しつつ調整されるものである。たとえば、指導教授に推薦状の作成を依頼する場合、単に適切な表現を選んで伝達するだけで依頼が成立するわけではない。教授の反応に応じて、依頼者の言語行動も逐次的に修正されていくものである。

日高水穂（2014）は、日本語の依頼行動における談話構造を分析し、依頼の本体である［主行為］に先立って［相手の状況確認］が行われ、核心的内容が段階的に提示される傾向があることを指摘している。また、「よかったら」「〜してもらえないかなと思って」など、被依頼者に選択の余地を残す表現が用いられやすい。被依頼者は依頼内容を受諾する場合と拒否する場合で異なる応答表現を選択し、承諾時には「助かります」や「いいですよ」、拒否時には「ごめんなさい」などの謝罪表現が用いられる。このように、依頼行動のやりとりは多層的な相互行為の積み重ねによって構成されている。

柳田直美（2015）は、外国人との接触経験の有無によって、日本語母語話者の相互行為ストラテジーに差異が生じることを明らかにした。具体的には、接触経験のある話者は相手への配慮をより明示的に示す傾向が強く、非接触者は定型的なやりとりに依拠する傾向が見られた。さらに、金鍾完（2018）は、韓国語・中国語・日本語の母語話者が行う依頼行動のうち、会話開始部分に着目し、依頼者と被依頼者の相互行為の特徴を比較した。その結果、三国における依頼談話の構造には言語的・文化的背景に由来する明確な差異が存在することが確認された。

これらの研究成果から、依頼行動においては、依頼者の発話内容のみならず、被依頼者の反応が次の発話を規定し、またそれに対してさらなる応答が返されるといった、動的な相互行為の連鎖が形成されていることが明らかになっている。

2.2 研究の理論的背景

本稿では、日中韓三国における依頼行動のうち、特に［依頼部］に現れる情報提供談話、すなわち、依頼者が指導教授に対して依頼の背景や内容を説明し、依頼の目的達成を図る過程で展開される談話に着目する。そして、この情報提供談話における依頼者と被依頼者の相互行為の特徴を明らかにすることを目的とする。

従来の研究においては、柳慧政（2004）、金鍾完（2013）らが依頼行動に見られる情報提供の言語的特徴について言及しているが、情報提供談話内における会話参加者間の相互行為の様相を体系的に取り扱った研究は極めて少ない。

浦光博ほか（1986）は、会話における基本的なプロセスとして、「参加者が互いに情報を提供し、それを共有し、共有された情報に基づいて発話をやりとりしながら、目的の達成を目指す」と述べている。また、ザトラウスキー・ポリー（1993）は、会話における「ストラテジー」を「発話者が会話を通じて目的（goal）を達成するために用いる手段」と定義した。さらに、尾崎明人（1993）や藤井聖子（2000）は、この「ストラテジー」という概念を、話者に限定せず、会話の円滑な進行や問題解決を目指して会話参加者が用いるすべての言語的手段と定義している。

以上のような理論的枠組みに基づき、本稿では依頼談話における会話参加者の相互行為に関する分析を行う。とりわけ、依頼行動の目的を遂行するために提供される情報のやりとりに焦点をあて、依頼者と被依頼者の相互調整的な言語行動の特徴を明らかにすることを目指す。

3．分析資料および分析方法

3.1 分析資料

本研究で用いる分析資料は、韓国の学術振興財団の2008年度基礎研究課題支援事業（人文社会分野）における2年課題「日中韓三国の異文化コミュニケーションに関する普遍性と特殊性研究」の一環として収集されたロールプレイ音声データである。

調査では、韓国語・中国語・日本語を母語とする大学生が、指導教授に対して「アメリカ大学探訪支援プログラム」への応募に必要な推薦書および同意書の作成を依頼するという設定でロールプレイを行い、その会話を録音・文字化した。言語別に各10名、計30名の参加者のデータを収集し、これを分析資料とした。依頼行動の状況設定は以下の通りである。

【依頼者（学生）の設定】

(1) 学生はアメリカ大学探訪プログラムの存在を偶然知り、参加を決意した。

(2) 申請には、探訪計画書とともに、学科長教授の署名を含む同意書の提出が求められる。

(3) 指導教授（学科長）は30〜40代で、学生とは数回の面識がある。

(4) 同意書には、教授の個人情報（年齢・収入など）を記載する必要があり、署名・押印が必須である。

(5) 学生は数日前に訪問の約束をしており、当日に同意書とともに推薦書の依頼も行う予定である。

【被依頼者（教授）の設定】

(1) 教授は学生の訪問に自然に応対する。

(2) 自己紹介や依頼の説明が不十分な場合は、必要に応じて質問を行う。

(3) 学生の説明後、依頼内容を肯定的に評価し、同意書作成に同意する。

<表1> 調査の概要

	調査時期	調査対象者
中国	2009年4月	中国人大学生11人（CC01~CC11)-男子3人/女子8人
韓国	2009年5~6月	韓国人大学生10人（KK01~KK10)-男子5人/女子5人
日本	2009年10月	日本人大学生10人（JJ01~JJ10)-男子6人/女子4人

分析資料の談話は概ね以下のような流れになる。

主行動	依頼(1)	1.（学生の）依頼内容の説明 2.（学生の）同意書作成の依頼 3.（教授の）同意書作成の承諾 4.（学生の）同意書の保証人としての責任を説明
主行動	ほめ	5.（教授の）依頼行動へのほめ 6.（学生の）ほめへの応答
主行動	依頼(2)	7.（学生の）推薦状の依頼 8.（教授の）推薦状依頼への承諾

3.2 分析方法

本稿では、依頼行動の達成に向けて展開される情報提供談話における相互行為の様相を明らかにするために、会話参加者（依頼者・被依頼者）の発話を以下の分類に基づいて分析する。

【依頼談話に現れる発話タイプの分類】

(1) 行為要求

依頼者による行為要求：被依頼者に具体的な行為（推薦書・同意書の作成）を求める発話。

JJ02-125: ありがとうございます。最後に、サインをお願いいただければと

被依頼者による行為要求：依頼者に具体的な行為を求める発話。

JJ04-69: うわぁ。じゃあ書いてください。

(2) 情報の共有

会話参加者が言語行為（本稿では依頼行為）に関連する情報を自発的に相手に提供したり、あるいは相手に要求し、その要求に応じて情報を提供する発話を指す。本稿では主に依頼者による情報提供が中心的に行われ、それに対する情報が不足している場合、被依頼者（指導教授）から情報要求がなされる。そして再び依頼者が情報を提供するという流れが一般的である。

依頼者による情報要求：被依頼者から新たな情報を引き出そうとする発話。

JJ02-118: じゃあ、何時に伺えばよろしいですか。

被依頼者による情報要求：依頼内容が不明確な場合に、依頼者に対して補足情報の提示を求める発話。

JJ02-17: そうですか。その、どういった内容のことなんですか。

依頼者による情報提供：申請理由、必要書類の内容、プログラムの概要など、依頼に関わる背景情報を提示する発話。

JJ02-18: えっと、アメリカエアラインが企画しているプログラムで、大学生、大学院生20名をアメリカの大学に派遣するという、アメリカエアラインが費用を負担してくれるんですよ。

被依頼者による情報提供：被依頼者の情報を依頼者に提示する発話。

JJ03-96: ちょっとね、私今から授業があって、

(3) 情報の加工

情報の評価：相手の発話内容を評価・確認する発話。

JJ03-26: あ、そうか。いつもよくそういうこと調べてるんだ。

情報の確認：相手の発話内容をきちんと理解しているかを確認しようとする発話。主に相手の発話を繰り返すことで、相手の発話に対する自分の理解を表明する発話。

JJ07-113: うーん、明日までですか。えーと、推薦状ですよね。

共同発話：会話を円滑に進めるために、相手の発話を予測・補完して行う発話。

JJ06-43　学生: まぁハーバード大学の近くにちょっと行きたいなと思って

JJ06-44　教授: おお、いいですね。

JJ06-45　学生: 思ってるんですけども。

JJ06-46　教授: **で、そこで自分の関係の**

共有表明

評価的あいづち：相手の話に対する共感や評価を示す相づち的発話

JJ07-22　学生: えっと、好きなアメリカの大学に、えっと一こちらの大学の休みの時に伺うことができて、

JJ07-23　教授: うん。

JJ07-24　学生: その航空券と滞在費を、この会社が全て持ってくれるというプログラムで、

JJ07-25　教授: うん。

理解表明：相手の意図を理解したことを示す積極的な表現

JJ07-35　教授: **そっか。**じゃあその友達になんか、あ一すごく好きなんだね？（笑）

JJ07-36　学生: **そうですね。**ちょっとあこがれているめんはあるんですけども。

JJ07-37　教授: **そっかぁ。すごぃな、それは。**

このような分類に基づき、日中韓三国の依頼談話における相互行為のパターンを比較分析し、各文化に固有の相互行為戦略を抽出することが本稿の目的である。

4．分析

本章では、前章で示した談話構造の枠組みに基づき、依頼者と被依頼者との間に展開される相互行為の様相について、以下の4つの観点から分析を行う。

(1) 談話資料に現れる発話タイプの使用実態の分析
(2) 情報提供談話における日中韓母語話者の相互行為の実態分析
(3)「褒め」発話における被依頼者と依頼者の相互行為
(4) 依頼「承諾」発話における被依頼者と依頼者の相互行為

4.1 発話タイプの使用実態分析

〈表2〉 発話タイプの使用実態

	行為要求		情報の共有				情報の加工			共有表明		合計
	依頼者による行為要求	被依頼者による行為要求	依頼者による情報提供	依頼者による情報要求	被依頼者による情報提供	被依頼者による情報要求	共同発話	情報の確認	情報の評価	理解表明	あいづち	合計
韓国	31 (3.4%)	24 (2.6%)	397 (43.5%)	8 (0.9%)	49 (5.4%)	77 (8.4%)	7 (0.8%)	43 (4.7%)	34 (3.7%)	11 (1.2%)	229 (25.1%)	913
中国	50 (7.5%)	16 (2.4%)	240 (36.0%)	9 (1.3%)	58 (8.7%)	99 (14.8%))	2 (0.3%)	31 (4.8%)	61 (9.1%)	13 (1.9%)	87 (13.0%)	667
日本	55 (5.8%)	14 (1.5%)	310 (32.4%)	15 (1.6%)	148 (15.5%)	85 (8.9%)	6 (0.6%)	20 (2.1%)	36 (3.8%)	93 (9.7%)	174 (18.2%)	956

分析資料における発話タイプの使用実態を日中韓別に比較すると、全体の発話数は話者交代（turn-taking）を基準として計測した。中国語場面の発話数が韓国語・日本語に比して少ない理由は、韓国語・日本語においては依頼者による情報提供発話の合間に被依頼者があいづちや理解表明を挿入して会話に積極的に関与するのに対し、中国語場面では依頼者の発話が一通り終わった後に被依頼者が反応する構造が多く見られたことに起因する。

依頼行動の場面設定上、依頼者による情報提供と被依頼者の共有表明が主要な発話タイプとなることが予想されたが、実際にも「依頼者による情報提供」と「共有表明」は、韓国語で69.8%、日本語で60.3%、中国語で50.9%を占めた。一方、中国語場面では「被依頼者による情報要求」および「情報の評価」の比率が高く、被依頼者が会話を主導する傾向が示唆された。

さらに、日本語場面では「被依頼者による情報提供」や「理解表明」の頻度が相対的に高く、会話の展開において被依頼者の積極的な参与が特徴的であった。

このような全体的傾向を踏まえ、以下では具体的な発話タイプに即した談話構造の違いについて詳述する。

4.1.1「依頼者による情報提供」と「共有表明」の談話構造

この構造は、本稿の依頼行動において最も基本的なものである。

談話例1

KK10-10　학생: 예, 실례하겠습니다. 그 여기를 보시면 미국대학에 탐방하는 프로그램이　依頼者による情報提供

		있어서	
KK10-11	교수:	응	あいづち
KK10-12	학생:	제가 이번에 응모를 하려고 하는데 다른 게 아니라 교수님 동의서가 꼭 필요해갖고	依頼者による情報提供
KK10-13	교수:	응	あいづち
KK10-14	학생:	교수님 동의서를 좀 받아가야 할 거 같은데.	依頼者による情報提供
KK10-15	교수:	음, 왜 이 프로그램에 참가하려고? 미국에 관심이 있었나?	被依頼者による情報要求
KK10-16	학생:	예. 뭐 미국이	依頼者による情報提供
KK10-17	교수:	응	あいづち
KK10-18	학생:	이제 세계에서 미치는 영향력이라든지 미국이 어떻게 변하는지에 대해서	依頼者による情報提供
KK10-19	교수:	응	あいづち
KK10-20	학생:	우리나라도 많이 변하게 되잖아요? 영향도 많이 받고.	依頼者による情報提供
KK10-21	교수:	응	あいづち

韓国語場面では、依頼者による情報提供の合間に「응（うん）」といった単純なあいづちが繰り返し用いられ、依頼者が話しやすい雰囲気を形成している。このようにあいづちを使うことによって、依頼者による情報提供発話を続けやすくする談話ストラテジーである。

談話例2

JJ02-24	학생:	あ、はい。将来留学を考えていて、	依頼者による情報提供
JJ02-25	교수:	あぁ・・	あいづち
JJ02-26	학생:	先に大学の様子を見に行きたいなと。	依頼者による情報提供

JJ02-27	교수:	なるほど。おほほ（笑）ちゃっかり～	理解表明
JJ02-28	학생:	はい。	あいづち
JJ02-33	교수:	何を	被依頼者による情報要求
JJ02-34	학생:	はい	あいづち
JJ02-35	교수:	どうするんですか。	被依頼者による情報要求
JJ02-36	학생:	結構、先生の個人情報を向こうに提出しなくてはいけなくて、	依頼者による情報提供
JJ02-37	교수:	あぁ、そうですか。	理解表明
JJ02-38	학생:	はい。できればと思ってお伺いしたんですけど、収入とかも聞かなくてはいけなくて	依頼者による情報提供
JJ02-39	교수:	あ、そうですか。分かりました。	理解表明

一方、日本語場面では、「へえ」「そうなんですか」といった多様なあいづちに加え、「すごいですね」「なるほど」などの理解表明も多く、被依頼者の積極的な共感的参与が顕著である。すなわち、韓国語場面では「응（うん）」といったあいづち表現によって単に依頼者の話を聞いていることを示すにとどまっているのに対し、日本語場面では、依頼者の話を聞いていることを示すだけでなく、依頼者が提供する新たな情報に対して、驚きや感嘆、嘆息など多様な反応を示している。これは、分析資料における依頼談話が依頼者によって一方的に進められるのではなく、被依頼者も積極的に参加しながら進められている談話であることを、［共有表明］を通じて明確に表していると考えられる。

談話例3

CC04-13	学生：我要申请。然后呢，他们那个活动呢，主要是那个什么，选拔咱们中国的20个大学生或是研究生，去申……去探访你所希望的美国的……大学。	依頼者による情報提供
CC04-14	老师：嗯	あいづち
CC04-15	学生：啊……啊……去的话，我想去，因为我很想去美国，去大学，去看看。原因是想去体验一下美国的大学到底是什么情况。而且将来有打算去美国留学。所以说，嗯……想……希望能去。然后，这个活动的时间呢，是……放假的时候。	依頼者による情報提供
CC04-16	老师：哦，放假的时候。	情報の評価

対照的に、中国語場面では、依頼者の情報提供発話の合間に被依頼者の反応はほとんど見られず、情報提供の終了後に「そうか」「了解した」といった評価発話がなされ、その後に必要な情報を求めるという談話構造が確認された。これは談話の主導権を指導教官である被依頼者が持とうとするストラテジーだと考えられる。これは、韓国語場面においては談話の主導権を依頼者に維持させるために「응（うん）」といった単純なあいづち表現のみを用いるのに対し、日本語場面では多様なあいづち表現や理解表明を用いて談話を進行させていくという点で、対照的な傾向であるといえる。第4.1.2節では、このような中国語場面における被依頼者（指導教授）の談話ストラテジーについて考察する。

4. 1. 2「被依頼者の情報要求」と「情報評価」の談話構造

談話例 4

CC06-16	学生：申请书嘛，我已经写完了。但是这个同意书和推荐信嘛，还得就是今天来就是主要想拜托一下老师。但是这同意书吧，它……它是说的时候是说，主要是由您担保一下就是在美国探访期间内发生一些意外情况，但是我觉得像……一般情况下，既然是这么一种活动，再说我们也是成年人了，我觉得没什么，不会发生什么意外的情况吧，所以就是还是这次机会太难得了，想麻烦老师能不能给我填一个同意书。	依頼者による情報提供 依頼者による行為要求
CC06-17	老师：哦～哦，就是有这么一个活动。	情報の評価
CC06-18	学生：对。	依頼者による情報提供
CC06-19	老师：你想去美国，是假期吧哈？	被依頼者による情報要求
CC06-20	学生：假期，对。10天，对。大约这段时间。	依頼者による情報提供

談話例4は、中国語場面において主に見られる情報提供の談話構造である。依頼者の長く続く情報提供発話の中で、被依頼者は共有表明をほとんど使用せず、依頼者による情報提供発話が終了した後に、その内容を整理する［情報の評価］の発話を行い、その後に依頼者による情報提供発話に不足があると判断される場合、あるいはより多くの情報が必要とされる場合に、［被依頼者による情報要求］の発話がなされる。そして依頼者は、それに応じて関連する内容を提供する［依頼者による情報提供］の発話へと続いていく。

中国語場面に特徴的なのが、「依頼者による情報提供」の終了後に被依頼者が「情報の評価」→「被依頼者による情報要求」→「依頼者による情報提供」という順で会話を主導する構造である。これは、韓国語や日本語における依頼者主導の構造とは明らかに異なり、より対等性や主導権を重視する文化的傾向が示唆される。

4.1.3「被依頼者による情報提供」の談話構造

本稿の分析資料は、依頼者が同意書および推薦書を依頼する談話資料であるため、［被依頼者による情報提供］という発話タイプの使用頻度はそれほど高くない。そのため、韓国語および中国語の分析資料においては、［被依頼者による情報提供］の使用頻度はあまり高くなく、「では、そうだね、とりあえず良い趣旨のことだから手伝おうか？」（KK07-39）のように、依頼を承諾する自らの行動を説明する発話として現れる場合が多い。しかし、「被依頼者による情報提供」は、日本語場面で比較的多く観察された。例えば、依頼者が推薦書作成の期限を「明日まで」と伝えた際、指導教授が自身の授業や会議の予定を述べることで、推薦状を書く時間の都合を説明し、依頼を受けるか否かの判断に繋げている。

談話例5

JJ02-108	学生:	はい。審査に受かりやすい・・	依頼者による情報提供
JJ02-109	教授:	えーとですね。今日ちょっと授業がこれからあって、え～その後、会議がずっと続くんです	被依頼者による情報提供

ね。

JJ02-110	学生:	はい。お忙しいですね。	情報の評価
JJ02-111	教授:	えーっと、自宅に帰ってから仕上げたいと思いますから	被依頼者による情報提供
JJ02-112	学生:	はい	あいづち
JJ02-113	教授:	えー、明日ですね、	被依頼者による情報提供
JJ02-114	学生:	はい	あいづち
JJ02-115	教授:	ん～明日まで、明日だったら大丈夫ですよ。	被依頼者による情報提供
JJ02-116	学生:	あ、ほんとですか。	理解表明

談話例5では、依頼者が「今日中に推薦書を作成してほしい」と依頼するが、その期間があまりにも短く、推薦書の作成が困難であることを伝える場面である。このとき、日本人の指導教授（被依頼者）は、本日授業や会議があり、自宅に帰ってからでなければ推薦書を作成できない旨を述べており、[被依頼者による情報提供] という発話タイプを用いて会話を進行させている。

談話例 6

KK07-86	학생:	예에. 이게 마감 날짜가 삼 일 후라서, 죄송한데 내일까지는	依頼者による情報提供
KK07-87	교수:	내일 받을 거면 좀 일찍 왔어야지.	情報の評価
KK07-88	학생:	아, 제가 늦게	情報の評価
KK07-89	교수:	자, 내일…… 자 내일이면……	被依頼者による情報提供

談話例 7

CC09-133	老师：我最近特别忙。
CC09-134	学生：特别忙？
CC09-135	老师：嗯～ 怎么不早来呢？你早来几天就好了。

一方、韓国語・中国語場面では、被依頼者が自らの事情を説明するよりも、「明日までに推薦書を作成してほしい」と言う依頼の急さに対する不満や指導的な叱責の表現が主であった。

4.2 被依頼者の「褒め」発話における相互行為

4.1節の情報提供談話における相互行為を通じて、依頼者は自分がアメリカ大学探訪プログラムに参加しようとする理由を指導教授（被依頼者）に伝えることになる。指導教授はこのような依頼者の行動を称賛し、依頼を［承諾］する発話へとつなげていく。このような指導教授（被依頼者）の「褒め」は、依頼者にとって予期していなかった発話であり、それに対して何らかの反応を示すことになる。

このとき、現れる反応は、大きく分けて、(1) 感謝表現、(2) 同意表現、(3) 謙譲表現、(4) 笑い（非言語行動）、(5) 話題転換、の5つが確認された。

<表3>　褒めに対する依頼者の反応

	感謝表現	同意表現	謙譲表現	笑い（非言語行動）	話題転換
韓国語	7	1	1	0	0
中国語	0	4	1	2	3
日本語	1	5	3	0	1

全体的な使用実態をみると、韓国語母語話者は主に「はい、ありがとうございます」といった感謝表現を多く用いており、日本語母語話者は同意表現および謙譲表現を使用している。最後に、中国語母語話者においては、同意表現と話題転換の使用が見

られた。以下にその具体的な使用実態を示す。

(1) 感謝表現

褒めに対する感謝表現は、韓国語母語場面において最も多く現れている。

談話例 8

K02-57	교수: 자신은 있는 건가?
K02-58	학생: 열심히 해보겠습니다.
K02-59	교수: 자 그 일단은 **그 자세는 굉장히 훌륭하네**,
K02-60	학생: **네, 감사합니다.**

(2) 同意表現

褒めに対する同意表現は、韓国語場面では「はい」といった同意表現が単独で使われることはなく、「はい、ありがとうございます」のように感謝表現と共に用いられる場合がほとんどであった。

これに対し、中国語および日本語場面では、「はい」「ええ」あるいは「嗯」といった表現が単独で発話される例が見られた。

(3) 謙譲表現

褒めに対する謙譲表現は、日中韓三国の中でも主に日本語場面において顕著に見られた。こうした謙譲表現は主に否定応答詞を用い、指導教授の褒めに対して「いいえ」「いや」と応じる形式や、自身の努力を大したことではないとする発話によって構成されていた。

談話例 9

J04-45　　教授: **ふうん、えらいわね**。そんなこと。うふふ笑（笑）授業以外にやるなんて。うふふ（笑）

J04-46　　学生: **いいえ**。

談話例10

J08-28　　教授: **えらいね、**そんなこと考えて（笑）　余裕だね。

J08-29　　学生: あ、**もう授業にあまり出なくてもいい分、**

J08-30　　教授: あぁ、そう。

(4) 笑い（非言語行動）

指導教授の褒めに対して、具体的な言語表現を用いず、「笑い」のみでそれを受け入れる事例が、中国語場面において観察された。

談話例11

C08-31　　老师：那你还挺那个……挺努力的哈。去抓住一些机会哈，去……还挺好的，这事是好事，恩。

C08-32　　学生：（笑）

(5) 話題転換

本節における話題転換とは、指導教授の承諾表現に対して特別な反応を示すことなく、次の段階へと発話を進めていく場合を指す。このような発話は、中国語母語場面でしばしば見られた。

談話例12

C05-17　　老师：**你也挺积极的**，呵呵，去去积极抓住一些机会啊。

C05-18　学生：（笑）

C05-19　老师：也挺好的啊。嗯，**挺好挺棒的。**

C05-20　学生：**嗯，然后，就是，可能它**……它这个同意书的话，可能就是需要我来问老师您，然后我自己来填写，可能会涉及到一些就是说，嗯……比较老师个人的这种信息，嗯……不知道老师您这边能配合我一下吗？（笑）我是真的是挺想去的。

被依頼者が依頼者の動機や行動に対して好意的な評価（褒め）を行う場面では、依頼者の反応に言語的・非言語的な多様性が見られた。

韓国語場面では、「ありがとうございます」のような感謝表現が中心で、日本語場面では、「いえいえ、そんな」「まだまだです」などの謙譲表現が頻出し、礼儀正しさを重視した反応が見られた。中国語場面では、「嗯」「是的」などの同意表現や、言語化せずに笑いで反応するケース、または話題を転換するケースも観察された。

4.3「承諾」発話における相互行為

依頼者と被依頼者の相互行為によって、依頼に関する情報が提供され、その依頼内容を被依頼者が受け入れることによって、被依頼者は依頼を承諾するに至る。依頼者にとっては、これにより自身の目的が達成されることになる発話である。

このような被依頼者の承諾発話に対して、依頼者はどのように反応するのか。分析資料においては、以下のような反応が確認された。

〈表 4〉 依頼の承諾に対する依頼者の反応

	感謝表現	確認+感謝表現	同意表現	話題転換
韓国語	4	0	3	2
中国語	0	0	4	6
日本語	3	4	1	2

(1) 感謝表現

被依頼者（指導教授）が依頼を承諾すると、依頼者は「네,감사합니다(はい、ありがとうございます)」といった表現を用いて会話を続ける。このような応答は主に韓国語場面において観察された。

談話例13

K03-47　　교수: 으음. 자 그 그것을 높이 평가해서 자 **부탁을 들어주는 쪽으로 할까?**

K03-48　　학생: **감사합니다, 교수님.**

(2) 確認＋感謝表現

これは主に日本語場面において見られる応答形式である。被依頼者（指導教授）の承諾発話に対して、「いいですか」や「本当ですか」などで承諾の意思を再確認し、その後に「ありがとうございます」と感謝の表現を述べる形式である。

談話例14

J04-57　　教授: うん、**じゃあ大丈夫ですよ。**

J04-58　　学生: **いいですか？**

J04-59　　教授: **いいですよ。**

J04-60　　学生: **ありがとうございます。**いくつか個人情報を頂きたいのですが。

(3) 話題転換

被依頼者（指導教授）の承諾発話に対し、感謝などの反応を挟まず、すぐに次の話題である同意書作成に移行しようとする発話が主に観察される。これは中国語場面において頻繁に見られる傾向である。

談話例15

C10-35　　老师：挺不错。嗯，那个，那等于是需要我帮你做什么呢

C10-36　　学生：哦，就是这个同意书，因为那个，涉及到怕在那边发生什么事故啊，或者是非法滞留啊什么的，然后就需要有教授的那个担保责任的这样的一个同意书。

本稿の分析資料では、被依頼者が依頼に対して肯定的な返答を行った際の、依頼者の反応にも文化的傾向の違いが表れている。韓国語場面では、即座に感謝を表す反応が多く、「네,감사합니다(はい、ありがとうございます)」が定型として用いられる。日本語場面では、「本当ですか」「よろしいでしょうか」といった確認的反応と感謝表現を組み合わせた応答が一般的である。中国語場面では、感謝や確認を省略し、会話を次の段階に即座に進める「話題転換」の傾向が強く見られた。

5．おわりに

本稿では、日中韓三国における依頼行動の談話構造を、会話参加者間の相互行為という観点から分析した。その結果、以下の

点が明らかになった。

情報提供談話において、韓国語・日本語話者は主に「依頼者による情報提供」と「共有表明」によって談話を展開するのに対し、中国語話者は「依頼者による情報提供」後に「情報の評価」「被依頼者による情報要求」を通じて被依頼者が談話を主導する構造が特徴的であった。

被依頼者による「褒め」発話に対する依頼者の反応として、韓国語は感謝表現、日本語は同意・謙譲表現、中国語は話題転換や非言語的反応（笑い）が主に用いられた。

「承諾」発話に対する依頼者の応答も文化によって異なり、韓国語では感謝、日本語では確認＋感謝、中国語では即時の話題転換が目立った。

これらの分析結果は、依頼行動という日常的かつ社会的な行為においても、文化ごとの相互行為の様相が明確に異なることを示している。今後の課題としては、こうした相互行為の文化的特性が日中韓三国間の接触場面、すなわち異文化コミュニケーションにおいて、どのように調整・変容されるかについて、さらなる検討が求められる。

□ **付記**：本稿は、『日本語文学』第81輯（韓国日本語文学会、2019年）に収録された同題の論文に修正を加えたものである。

【参考文献】

尾崎明人（1993）「接触場面の訂正ストラテジー―「聞き返し」の発話交換をめぐって」『日本語教育』81，pp.19-30．日本語教育学会

ザトラウスキー・ポリー（1993）『日本語の談話の構造ー勧誘のストラテジーの考察』くろしお出版

日高水穂（2014）「談話の構成からみた現代語の配慮表現」『日本語の配慮表現の多様性』くろしお出版、pp.261-278

一二三朋子（2002）『接触場面における共生的学習の可能性ー意識面と発話内容面からの考察』風間書房

藤井聖子（2000）「在日日系ブラジル人と日本人との接触場面の一分析ーコミュニケーション・ストラテジー考察」『日本語と外国語の対照研究Ⅶ日本語とポルトガル語(2)ーブラジル人と日本人との接触場面』pp.151-192 国立国語研究所

柳田直美（2015）『接触場面における母語話者のコミュニケーション方略』ココ出版

柳慧政（2004）「依頼談話の日韓比較研究—依頼のための情報提供の現れ方を中心に—」『日本學報』第58輯，韓國日本學會，pp.163-174

김종완（2013）한중일 의뢰행동의 스트라테지의 대조연구－설문지 조사의 '정보제공'의 실태분석을 통해서－『日本文化研究』48집，동아시아일본학회，pp.107-130

_____（2018）「한중일 의뢰행동에 나타나는 상호행위 양상연구-대화개시부의 분석을 중심으로-」『日本研究』제 48집 중앙대학교 일본연구소, pp.71-88

東アジアにおける有力姓氏とその発生要因

金光林（新潟産業大学）

1．はじめに

世界の各国の姓氏について調べてみると、大概は少数の姓氏に人口が集中する現象が見られる。東アジアの場合もこのような現象は明確に現れる。

2010年に中国政府が行った第６次全国人口センサスによると、中国の人口は約13億７千万人と統計されているが、その中で王、李、張、劉、陳、楊、黄、趙、周、呉の人口順位の上位10位に入る姓氏の人口が約5.4億人であり、上位５位の王、李、張、劉、陳の姓氏だけ４億人近い人口になっている[1)]。

韓国の2000年の人口センサスによって確認された人口数の上位10位までの姓氏は金、李、朴、崔、鄭、姜、趙、尹、張、林の順であり、この上位10位までの姓氏の人口が韓国の人口約4500万人の中で64.1％を占め、金、李、朴の上位３位の姓氏の人口が44.9％を占めるという[2)]。

2005年の統計によると、ベトナムで人口数の多い14の姓氏は阮、陳、黎、範、黄、潘、武、鄧、裴、杜、胡、呉、楊、李であり、これらの14の姓氏がベトナムの人口数の85%を占めるという。特に上位3位までの阮、陳、黎の姓氏だけでベトナム人口の約58%を占めるという[3)]。

日本の姓氏（名字）は約30万と言われ、中国・韓国・朝鮮・ベトナムほど有力姓氏の占める人口の割合が高いとは言えないが、それでも佐藤、鈴木、高橋、田中、伊藤、渡辺、山本、中村、小林、加藤の上位10位の姓氏が日本の人口の10%を占めると言われている[4)]。

本稿においては、東アジアの中国、韓国・朝鮮、ベトナム及び日本における有力（またはポピュラーな）姓氏への集中現象に着目し、それぞれの国における姓氏の変遷史を辿りながら、姓氏の集中現象の発生要因を究明し、社会制度としての姓氏の本質に迫りたい。

2．中国における有力姓氏

中国の姓氏の構造は基本的に周代に確立された。そして中国の漢民族の大半の姓氏は秦漢以前の「氏」に由来している。

中国の姓氏の数に関しては、唐代の『元和姓纂』に1,233個が収録され、宋代の『姓解』には2,568個、明代の『万姓統譜』には3,700個が収録された。1981年に北京出版社が刊行した『中国姓氏大全』には、5,600個、1996年に教育科学出版社が刊行した『中華姓氏大辞典』には、歴史上と現代の中国の姓氏11,969個が収録された。しかし、現代に中国人が常用する姓氏は約3,000前後といわれ、その中で漢民族の常用姓氏は約500個程度だといわれる。その中でも、人口数の上位に入る数十個の有力姓氏に人口が集中している[5)]。

中国の姓氏の発展過程を辿ってみると、王朝ごとに有力な姓氏が存在していたことが分かる。

中国の姓氏の発展過程における最初の有力な姓は姫氏である。伝説上の漢民族の始祖である黄帝に由来したと言われる姫氏は、周朝の国姓であり、西周の分封制により姫氏に由来する諸侯が多数現れた。しかし、西周時代に天子による「賜姓命氏」により、この時期に中国の姓氏は大量に生まれた反面、国姓である姫氏が大幅に増加することはなかった。

周朝以降、有力な王朝である漢朝においては、劉氏が国姓になり、大幅に増えた。漢朝建立以来の分封政策、功臣への賜姓政策によって劉氏が増加し、和親政策によって匈奴など少数民族が劉氏を名乗ったことも増加の一因となった。東漢時代には、外戚の影響力が強まり、外戚の姓も増加し、中でも梁氏の増加が目立った。しかし、梁氏は後に没落した。

魏晋南北朝時代には、王朝の交代が頻繁で、周辺の異民族（少数民族）が中原に入り政権を建てることが多かったために、それぞれの王朝の国姓が大幅に増加し、大姓になることはなかった。それに反して、東漢時代から台頭した有力な豪族たちの姓が大幅に増加した。魏晋時代には王氏が特に増加し、東晋においては「王与馬、共天下」といわれるほどに王氏が国姓である司馬氏を凌ぐ有力な姓氏となった。

南北朝時代の大姓の事情はやや複雑になった。東晋においては、司馬氏の王族とともに南遷した「僑姓」と呼ばれた王、謝、袁、粛の4姓が大姓となり、東南部では土着の「呉姓」と呼ばれた朱、張、顧、陸が大姓となり、北方の山東では「郡姓」と号した王、崔、蘆、李、鄭が大姓となった。他にも関中でも「郡姓」と号した韋、裴、柳、薛、楊、杜が大姓となり、漢姓を名乗った北方異民族の「虜姓」－元、長孫、宇文、宇、陸、源、竇が大姓となった[6)]。

隋朝の国姓は楊氏であるが、王朝が短命に終わり、有力な姓氏には至っていない。

唐朝の国姓は李氏であり、李氏は大姓の一つであるが、むしろこの時代には民間では崔氏がもっとも多かった。そのために唐太宗が高士廉に編纂させた『氏族志』に第一位に崔氏が上がった。唐代には、崔、蘆、李、鄭が特に門閥が高い姓氏となり、王氏を加えて唐代の五大姓氏となった。

宋朝の国姓は、趙氏であり、この時代には、趙、銭、孫、李、周、呉、鄭、王が有力な大姓であった。

元朝には、皇族がモンゴル人であり、姓を名乗る習慣が定着しなかったために、国姓が存在せず、張、王、劉、李、趙がこの時代の漢民族の大姓であった。

明朝には、それまでポピュラーでなかった朱氏が国姓である理由から急速に増加した。それでもこの時代の漢民族の大姓の順位は王、陳、張、劉、郭、呉、楊、李、胡、朱であり、朱氏はもっとも有力な姓氏にはなれなかった。

清朝の漢民族の大姓は、陳、李、張、黄、何であり、清王朝は意識的に孔子に由来する孔氏を漢民族の第一大姓と規定したが、人口の上では前者には及ばなかった。

姓氏に関しては、知識の普及を目指し、宋代に『百家姓』

（504氏収録）、明代の『皇明千家姓』（1,968氏収録）、清代の『御制百家姓』などが編纂されたが、ポピュラーな姓氏は凡そ収録したものの、韻文として構成され、『百家姓』では国姓の趙氏を第一姓とし、『皇明千家姓』では国姓である朱氏を第一姓とし、『御制百家姓』では清王朝が孔子を崇敬したことから孔氏を第一姓にするなど、王朝による政治的意図と編者の地域的特色が反映されたために、人口数の順位を正確には伝えられなかった。

中国科学院遺伝及び発育生物学研究所の袁義達研究員と彼が率いる研究グループが2007年に歴史文献と国際上で通用する姓氏頻率に関する研究方法を駆使して行った調査によると、中国の宋代、元代、明代の人口数の上位10位に入る姓氏はそれぞれ次の通りであった[7)]。

宋代：王、李、張、趙、劉、陳、楊、呉、黄、朱

元代：王、張、李、劉、陳、趙、呉、楊、黄、周

明代：王、張、李、陳、劉、楊、呉、黄、周、徐

現在の中国における人口数の多い姓氏の順位については、時期別に複数の調査結果が出ている。

中国科学院の杜若甫・袁義達研究員らのグループが1987年に1982年の中国政府の第３次人口センサスの結果に基づき、57万人あまりの姓氏をサンプルに、そして1970年に台湾で出版された『台湾地区人口の姓氏分布』を参考に人口数の多い姓氏の順位を調査したが、上位20位は李、王、張、劉、陳、楊、趙、黄、周、呉、徐、孫、胡、朱、高、林、何、郭、馬、羅であった。

この研究によって、中国の漢民族の姓氏には、大姓と希少姓との格差が大きく、大姓に人口が集中し、姓氏の地域分布にも

差異が現れていることが分かってきた。

この研究によると、上位３位に入る李、王、張の姓氏はそれぞれ当時の中国人口の７％を超え、これら三つの姓氏の人口が約2.7億人に達し、上位19位までの姓氏が人口の55.6％を占め、上位100位までの姓氏が人口の87％を占める。姓氏の地域分布の差異も明らかで、北方地域では、王、李、張、劉の順位であり、南方地域では、陳、李、黄、林、張の順位であり、北方と南方の間に位置する長江流域では、李、王、張、陳、劉の順位である。他にも、北方では、趙、孫、馬、劉が南方より多く、南方では、朱、呉が北方より多いし、各省ごとに地域に多い姓氏が存在することも分かった。例えば、広東の梁、羅、広西の梁、陸、福建の鄭、台湾の蔡、安徽の汪、江蘇の徐、朱、浙江の毛、沈、江西の胡、廖、湖北の胡、湖南の譚、四川の何、鄧、貴州の呉、雲南の楊、河南の程、甘粛の高、寧夏の万、陝西の薛、青海の鮑、新疆の馬、山東の孔、山西の董、郭、内モンゴルの潘、東北三省の宇などがそれである[8)]。

他にも、1982年に中国文字改革委員会と山西大学が1982年の全国の第３次人口センサスの統計資料に基づき、コンピューターを駆使し、北京、福建、広東、遼寧、四川、上海、陝西地域の174,900人の姓名のサンプルを調査した結果によると、人口数の多い姓氏の上位20位は、

王、陳、李、張、劉、楊、黄、呉、林、周、叶、趙、呂、徐、孫、朱、高、馬、梁、郭

であった。

2007年に中国公安部が全国の戸籍人口に対する統計に基づいて算出した人口数の多い姓氏の上位20位は、

王、李、張、劉、陳、楊、黄、趙、呉、周、徐、孫、馬、朱、胡、郭、何、高、林、羅であった。この中で、第1位を占める王氏の人口は9,288.1万人であり、中国の総人口に占める比率が7.25%であった[9)]。

2010年に中国政府が行った全国人口センサスに基づき、国家統計局人口就業司のスタッフ武潔、楊建春が『国家統計』2014年第6期に発表した人口数による姓氏順位はすでに述べているが、第1位の王氏が人口数9,468万人、人口比率7.10%、第2位の李氏が9,276万人、人口比率6,96%、第3位の張氏の人口数8,550万人、人口比率6.4%、第4位の劉氏の人口数6.882万人、人口比率5.16%、第5位の陳氏が5,673万人、人口比率が4.26%である。上位五つの姓氏だけで中国の総人口の39.9%を占めっている。

中国の姓氏順位の統計においては、第1位が王氏と李氏で入れ替わる場合があるが、これは両者の人口数の差が大きくないためであると考えられる。

以上のように中国おいて人口が少数の大姓への集中する背景は次のように考えられる。

(1)まずは、由緒があり、多様であり、広く分布してことに関連がある。

中国随一の大姓である王氏の事例を調べてみると。王氏だけでも中国の伝説上の始祖である黄帝の子孫、虞舜の子孫、殷の王子比干の子孫、匈奴ら複数の異民族の王族の子孫というそれぞれ源流があり、王姓は周代の王族、諸侯である姫氏、嬀氏、子氏から由来し、名門貴族を示す郡望堂号も数多くある。王氏の源流は伝承の上では帝王諸侯へとつながり、王氏はいずれもその子孫ということになる。帝王諸侯の子孫ということを明確に示していることがおそらく王氏が広範に広がり、人口数が増加した重要な要因であろう。

(2)大姓は歴史上において国姓であることが多かった。国の支配者の姓であるために当該王朝においては勢力を誇り、また王朝の支配者は賜姓という手段を使い、国姓を広めた。国姓または名門の大姓には税金と賦役において優遇措置が取られることもあったので、これらの姓氏は経済的にも恵まれた。そのために国姓は当該王朝においても大概人口の急速な増加が見られた。いわゆる人口学上の「マタイ効果」である。例えば、中国の大姓の中で、李、劉、趙は歴史上においていずれも複数の王朝を建立し、そのことによってこれらの姓氏が大幅に増加したことは間違いない事実である。

(3)門閥氏族制度は有力氏族増加の重要な要因となった。

門第とは中国の封建時代の貴族階級の氏族的等級のことである。秦漢以来、中央集権の政治制度の確立によって西周時代に実施していた「世卿世禄」という世襲的氏族の等級制は廃止になったが、政治的・経済的に優位に立つ少数の氏族に権力が集中し、「門第」と呼ばれる門閥が形成された。三国時代の魏朝が「九品官人之法」または「九品中正制」を実施し、官吏を選ぶ権力をいわゆる上品の名門氏族に与え、名門氏族に官吏への登用が保障された。

南北朝時代に、南方では北方から晋の王室と一緒に移転してきた王、謝、袁、粛の4氏が「僑姓」として最高の名門に数えられ、北方では、王、崔、蘆、李、鄭が「郡姓」と呼ばれる名門大姓であった。魏晋南北朝から隋・唐の時代に至るまで門閥制度が盛行し、名門氏族の門閥意識は皇帝をも凌ぐほどであった。この時代には「門第」以外に「郡望」も重視された。有力な姓氏である王氏と張氏が国姓ではなかったにも関わらず、人口の増加が著しかったのは、この門財閥制度との関連が深い。

(4)中国の前近代の一夫多妻制により、社会的地位と経済的優越は子孫の生育にも有利に働き、名門氏族の子孫繁盛の土壌を作った。

(5)家系を重んじる意識、同姓村落の形成、共同体内部での婚姻などの要因も、社会的に有力な姓氏への偏中を助長したと考えられる。

中国の姓氏は多くの場合、その源流を中国の三皇五帝に求めているという特徴を持っている。

中国の漢民族の姓氏の中でよく使われている120個の姓氏（大姓）が漢族人口の90.11%を占めると言われている[10)]。この120個の漢族の大姓の中で約90%以上はその由来を確認できるが、そのほとんどが中国の伝説上の三皇五帝に源流を求めている。ここで注目されるのは、明らかに漢族とは異なる異民族である匈奴、鮮卑までも記録の上では黄帝に源流を求めていることである。

古代中国の王族、名門貴族がその氏族の源流を伝説上の三皇五帝に求める傾向はすでに周代には存在していたと見られる。周代に存在していたこのような意識は中国の姓氏に関する『左伝』『国語』『世本』『史記』『漢書』『潜夫論』などの書物によって記録され、以後も著述された姓氏に関する多くの書物によって継承されたと考えられる。中でも、司馬遷が著した『史記』では五帝や夏・殷・周に関わる伝聞や記録、伝説を一貫した因果関係を持たせて史書に組み立てたのであり[11)]、中国の漢民族の歴史観と祖先意識を決定づける重要な書物となったのである。

3. 朝鮮における有力姓氏

朝鮮の姓氏は中国文化が輸入され、漢字が使用されてから形成された。6世紀に建立された新羅の石碑には人の姓氏は見えず、名前と所属の部族名、または村落名だけが見える。これは古代の朝鮮社会には人の名前だけ存在し、姓氏が使用されていなかったことを裏付ける。古代の朝鮮は中国と接触しながら中国式の漢姓を受容したのである。三国時代に高句麗と百済では4世紀から5世紀にかけて、新羅では6世紀頃から王族と中央の貴族層の中で姓氏が使われていたと見られる。

朝鮮における姓氏の形成と普及過程を時期別に見ると、王族と中央貴族層の中で中国式の漢姓が使用された時期は三国時代後期から統一新羅時代に及び、社会の支配層の中で姓氏が普及し、姓氏と本貫（祖先の本籍地）体系が確立されたのは高麗時代初期からである。高麗時代初期である1055年に姓氏を持つ者だけに科挙試験に受験できる資格を与えるという法令が公布され、この時期に高麗の支配層の中で姓氏の普及が加速化された。そして高麗時代の全般にかけて良民層に姓氏が拡大された。しかし賎民層に姓氏が普及され始めたのは16世紀の末からであり、それ以前までには姓氏を持たない無姓の賤民が全人口の約40%であったと言われる[12)]。それが16世紀の末頃から時代的・社会的変動とともに賤民層の身分の上昇とともに姓氏を持つ人口が急増した。1894年の近代的身分解放によって姓氏が朝鮮で完全に普及され、1909年に制定された民籍法によって誰でも姓氏と本貫を持つように法制化された。

朝鮮の姓氏の数は統計によって若干異なるが基本的に二百数十個程度である。朝鮮で最初に姓氏について体系的に整理した文献である『世宗実録』「地理志」（1454）には265個が記録され、その次の姓氏に関する体系的な文献である『東国輿地勝覧』（1486）には277個が記録されている。1930年の国勢調査では朝鮮の姓氏が250個として知られ、韓国における1960年の人口センサスでは258個、1975年の人口センサスでは249個、1985年の人口センサスでは274個、2000年の人口センサスでは姓氏が286個、本貫が4,179個であった[13)]。

朝鮮の姓氏には、「本貫」という概念があるが、この本貫は始祖、または中始祖の出身地、または定着地に基づいて定めるので、同じ姓であっても氏族の発展過程で新しい本貫が多く生まれるので、姓氏の10倍以上に本貫が多いわけである。しかし、近年には韓国に帰化する外国人による新しい姓氏と本貫の創製により、姓氏と本貫は増加傾向にある。

朝鮮で姓氏が形成された過程を分析してみると、次のような特徴が見つかる。

(1)古代の朝鮮社会には最初は名前だけ存在し、姓氏がなかったが、中国との接触を通して中国の影響を受けながら中国式の姓氏、即ち「漢姓」が導入され、普及されていった。この過程で高句麗、百済、新羅、伽倻の王族たちは始祖たちの神秘な誕生説話と国名に結びつけながら王族の姓を創製した。そのためにこれらの王族の姓は中国ではかなり珍しいか、あるいは存在しない姓であった。このような意味から考えると、古代朝鮮の諸王国は中国式の漢姓を無条件に受容したわけではなく、諸王国の始祖たちの誕生説話または国名に結びつけながら主体的に姓を作ったのである。このような方式の姓氏の創製は王族に限るものではなく、一部の貴族たちにも見られた現象である。

(2)朝鮮の貴族層が漢姓を受容する過程でも独自的な努力を見つけることができる。高句麗と百済の貴族層の姓氏の中には中国の姓氏をそのまま受容する場合もあったが、始祖の誕生説話と関連させたか、人々の名前の一部を取ったか、部族名から取ったような姓氏も使用された。高麗を建国した太祖王建は自分を国王に推戴した開国功臣たちに彼らの名前の最初の発音と似たような姓を賜ったのである。このような現象はモンゴル族、満州族、その他の中国周辺の異民族の中国式姓氏の受容過程でも見られている。

しかし、新羅の貴族たちの姓氏からはこのような独自な努力が見られず、当時、唐の有力な姓氏であった李、崔、孫、鄭、裵、薛が新羅の6部族の名前の代わりに使用された[14)]。

(3)高麗時代に入り、支配層の中で姓氏が普及され、高麗時代の全般にかけて姓氏が良民層にまで拡大されていく過程で中国式の姓氏、即ち漢姓は大量に受容された。この過程で本来は始祖たちが中国出自でないにも関わらず漢姓を受容しながら始祖たちを中国出自と名乗る場合がけっこう存在したと見られる。三国時代、統一新羅時代にも事実関係とは無関係に始祖たちを中国出自とする場合が存在したと見られるが、高麗時代に入り、漢姓が普及される過程で中国と同じ姓氏を使用するという理由から始祖たちを中国出自とする現象が深化されたと見られる。

三国時代、統一新羅時代を経て中国の文物が大量に輸入され、漢字、儒教、中国式社会制度が定着されながら朝鮮の上流層の中に中国に対する憧憬意識、即ち慕華思想が深化し、このような意識が背景にあったから朝鮮では始祖を中国出自とする外来姓氏が大量に創製されたと判断できる。もちろん、前近代には朝鮮に中国からの移住民がかなり多かったので、実際に始祖たちが中国出自による姓氏も多い。

朝鮮で漢姓を受容する過程で始祖たちを中国出自と名乗る現象は高麗時代に限るものではなく、朝鮮王朝時代にまで持続された。何故なら高麗時代には支配層には姓氏が基本的に確立されたが、良民層と賎民層にまで姓氏が普及されたのは朝鮮王朝末期にまで及ぶからである。一方、各氏族の由来を記録する家系図（族譜）が高麗時代に中国から受容され、それが普及されるのは朝鮮王朝時代に入ってからである。家系図が普及される過程で姓氏の起源を新しく作り出すことが多かったと考えられる。

(4)朝鮮の姓氏の中で始祖たちの中国出自による外来姓氏がかなり多い（朝鮮の280個あまりの姓氏の約半分が外来姓氏であり、その大半が始祖たちの中国出自説を名乗っている）にも関わらず、朝鮮で人口数が一番多い姓氏の中にはいわゆる外来姓氏が少なく、土着姓氏が人口の多数を占める現象も注目に値する。

韓国での2000年の人口調査によって確認された人口数が多い10番までの姓氏は金氏、李氏、朴氏、崔氏、鄭氏、姜氏、趙氏、尹氏、張氏、林氏の順であり、人口数が多い10番までの本貫は金海金氏、密陽朴氏、全州李氏、慶州金氏、慶州李氏、慶州崔氏、晋州姜氏、光山金氏、坡平尹氏、清州韓氏の順であった[15]。この中で、始祖の中国出自を名乗る氏族は趙氏、張氏、林氏、清州韓氏であるが、このようないわゆる外来姓氏より土着の姓氏が人口数の上では絶対的に多い。事実、高麗時代後期から朝鮮王朝時代にかけて始祖が外部から移住してきた外来姓氏はほとんど稀少な姓氏であって人口数も比較的に少ない。趙氏、張氏、林氏、清州韓氏などのような人口数が多い姓氏も始祖たちの中国出自説を名乗るが、それが確実な事実である可能性はそれほど高くないはずである。このように見ると、朝鮮の姓氏の中で外来姓氏がほとんど半分くらいに及びながらも実際の人口数では外来姓氏が多数を占めていないことが分かる。

朝鮮の文献記録によって前近代の大姓について調べると次の通りである。

『高麗史』（1451）に登場する人物を姓氏別に統計した資料によると、高麗王族と外国人を除き、官僚を多く輩出した16位までの姓氏の順位は李、金、崔、朴、鄭、王、尹、韓、柳、宋、張、安、洪、林、呉、権であり[16]、間接的な資料であるが、これらの姓氏が当時の社会で有力であったことを裏付ける。

また、高麗時代前期の代表的な門閥貴族は、仁川李氏、慶州金氏、海州崔氏、開城王氏、平山朴氏、慶州崔氏、江陵金氏、貞州柳氏、水原崔氏、利川徐氏などである[17]。

朝鮮で最初に姓氏について体系的に整理した文献である『世宗実録』「地理志」（1454）の「姓氏条」には、収録された265個の姓氏について、「天降姓」「賜姓」「土姓」「属性」「入姓」「投化姓」などに分類し、全国の姓氏を地域別に列挙している。この記録には当時の人口数による姓氏の順位は直接的には示されていなかった。

朝鮮王朝時代の官僚を務めた李宜顕（1669－1745）が著した『陶谷叢説』の「雑著編」に朝鮮の289個の姓氏について「著姓」「希姓」「僻姓」「複姓」の四つに分類した。ここで「著姓」とは人口数の多いか、社会的に影響力の大きい姓氏を、「希姓」「僻姓」とは人口数の少ない姓氏、「複姓」とは複字姓を指すものである。

「著姓」としてまず次の12個を上げている。

李、金、朴、鄭、尹、崔、柳、洪、申、権、趙、韓

次に「次之」としての「著姓」16個を上げている。

呉、姜、沈、安、許、張、閔、任、南、徐、具、成、宋、兪、元、黄

他にも、「又次之」としての「著性」25姓を上げているが、これらの中には現代の韓国の人口数の多い姓氏がすべて網羅されている。

1930年に朝鮮総督府が朝鮮で実施した国勢調査に基づいた、人口数による姓氏順位は金、李、朴、崔、鄭、趙、姜、張、韓、尹、呉、林、申、安、徐、黄、洪、全、権、柳、高、文の順位であった[18)]。

1985年に韓国政府が行った人口センサスに基づき、姓氏と本貫について統計した結果、274個の姓氏と3435個の本貫が確認され、人口数による姓氏上位20位は、

金、李、朴、崔、鄭、姜、趙、尹、張、林、韓、申、呉、徐、権、黄、宋、安、柳、洪であり、本貫別人口数の上位10位は、

金海金氏、密陽朴氏、全州李氏、慶州金氏、慶州李氏、晋州姜

氏、慶州崔氏、光山金氏、坡平尹氏、清州韓氏であった。

ここで、人口数の上位３位の金氏（8,785,554人），李氏（5,985,037），朴氏（3,435,640人）だけで当時の韓国人口約４千万人の半分に近い数に及んだ[19)]。

2000年に韓国政府が行った人口センサスに基づき、姓氏と本貫について統計した結果、286個の姓氏と4,179個の本貫が確認され、人口数による姓氏上位20位は、

金、李、朴、崔、鄭、姜、趙、尹、張、林、呉、韓、申、徐、権、黄、安、宋、、柳、洪

であり、本貫別人口数の上位10位は、

金海金氏、密陽朴氏、全州李氏、慶州金氏、慶州李氏、晋州姜氏、慶州崔氏、光山金氏、坡平尹氏、清州韓氏であった。

ここでも、人口数上位３位の金氏（9,925,949）、李氏（6,794,637人）、朴氏（3,895,121）だけで当時の韓国人口（45,985,289人）の44.9%を占めた[20)]。

以上の統計からは朝鮮（韓国）の姓氏における大姓への集中傾向が明確に現れている。

朝鮮（韓国）の姓氏における大姓、または有力な姓氏への集中現象の要因は次のように考えられる。

(1)『世宗実録』「地理志」（1454）以来、朝鮮における姓氏の区分は、「天降姓」（新羅・伽倻の王族の姓の「金」「朴」「昔」）、「賜姓」（国王から賜った姓）、「土姓」（土着上流階級の姓）、「属姓」（社会的地位の低い者の姓）、「入姓」（他所から移住してきた者の姓）、「投化姓」（外国から帰化した姓）に分け、中でも「天降姓」、「賜姓」を上位に置く傾向が見られた。「天降姓」は始祖の神話伝説と遡り、朝鮮

において最も権威と由緒のある姓氏であり、「賜姓」は新羅の6部族の貴族に与えた李、崔、孫、鄭、裵、薛と高麗初期に建国者王建が与えた姓氏を主に指し、「天降姓」に次いで由緒のある姓氏である。この両者のカテゴリーに入る姓氏が朝鮮の大姓となることが多かった。中国の場合と同じく、朝鮮でも帝王と貴族に由来する姓氏は社会的に有力であり、姓氏の普及過程でそういう姓氏は人口増加に有利であった。

(2)朝鮮の姓氏の普及過程で、新羅、伽倻、朝鮮王朝（李朝）の国姓と関連する姓氏（「金」、「朴」）が朝鮮の姓氏の主流を占めるようになり、王朝が他の勢力によって滅亡された高句麗、百済、高麗の国姓と関連する姓氏（「高」「扶余」「王」）は増加しなかったか、または減少したのである。

(3)新羅時代の「骨品制」、朝鮮王朝時代の「両班」制度に現れるように、貴族意識と門閥意識が有力な姓氏への集中を加速させ、16世紀末以降の姓氏の大衆化の過程でおいて有力姓氏を名乗る「冒姓」現象が現れ、1894年の「甲午更張」による近代的身分解放と1909年の民籍法の実施時期に、これまでの無姓層が「金」「朴」「李」などの有力姓氏を名乗る現象が深化した。

(4)前近代社会の一夫多妻制も政治的・経済的に有力な姓氏の人口を増加させたと考えられる。

4．ベトナムにおける有力姓氏

ベトナムの姓氏については、研究資料の不足、筆者の言語力の制限によりその詳細を明らかにすることは難しいが、凡その状況を述べると次の通りである。そしてベトナムも多数の民族から構成される多民族国家であるため、ここでは中国の漢民族の場合と同じく、ベトナムの総人口のうち圧倒的比率を占めるベト族（キン族）（1989年の人口センサスによると、総人口凡そ6,500万人のうち86.8%を占めるという[21)]）の姓氏についてベトナムを代表する姓氏として論じたい。

ベトナム人の姓氏は約200個程度（すべての民族の姓氏の合計が約769個[22)]）だと言われている。

ベトナムの姓氏の形成においては固有の姓氏の存在があまり見当たらず、漢姓を採用する場合が多かったと見られる。序文ですでに述べたとおり、2005年の統計によると、ベトナムで人口数の多い14の姓氏は阮、黎、範、黄、陳、潘、武、鄧、裴、杜、胡、呉、楊、李であり、これらの14の姓氏がベトナムの人口数の約の90%を占めるという。この中で特に阮氏・黎氏・範氏・黄氏だけでベトナムの人口の半分を超えることになる。特に阮(グエン)氏はとりわけ多く、この姓氏はベトナムの北部では人口の約48%を占め、南部では約28%を占めるという調査結果も出ているという[23)]。阮氏の人口が非常に多い理由は次の二つにあると言われている。一つは、陳朝期（13世紀初頭～15世紀初頭）に全王朝の国姓である李氏を名乗ることが禁止され、阮氏への改姓が強制されたことである。もう一つは、阮朝期（19世紀初頭～20世紀中葉）に、黎朝の重臣であった鄭氏の姓を名乗っていた人々が阮王朝の報復を恐れ、阮氏に改姓したことである。

これらの姓氏はベトナムにおける歴代の王朝の国姓の場合が多く、始祖の起源を中国に求めることも多い。ベトナムの姓氏における人口数の上位を占める阮、黎、陳、胡、呉、李　らの姓氏がいずれもベトナムの歴代の王朝の国姓である。王権の持つ政治的影響力と国王からの賜姓によって国姓はベトナムにおいても最も有力な姓氏になりやすかった。中国のウェーブサイトに発表された「朝鮮、韓国、ベトナムには何故中国式姓氏が多いのか」という論文[24]においては、ベトナムの複数の王朝の建国者、またはその始祖は中国人の子孫だという主張がなされている。具体的に名前が上がっているのは、呉朝の呉権（河北省の出身）、丁朝の丁部領（広東省の出身）、前黎朝の黎恒（四川省の出身）、李朝の李公蘊（福建省の出身）、陳朝の陳日煚（福建省の出身）、胡朝の胡季犛（浙江省の出身）、鄭朝の鄭検（福建省の出身）、阮朝の阮福映（福建省の出身）である。これらの王朝の建国者、またはその祖先が中国人の子孫という伝承はおそらくベトナム、または中国側の文献に伝わっていると思われるが、これは歴史事実である可能性がある一方、朝鮮の姓氏の場合もそうであるが、始祖が中国に起源すると言われる場合の多くが実際の事実と関連がなく、漢姓を受け入れ、中国の漢民族と同じ姓氏を使うことによってベトナムにおけるそれぞれの姓氏の始祖が中国に起源すると言われてきた可能性も高い。

5. 日本における有力姓氏

古代の日本では、氏（うじ）は血族集団を指す名称であり、姓（かばね）は有力な氏族の職業か家柄の地位を指す世襲的名称であった。古代の中国で姓が血族集団を指す名称であり、氏が姓の系統を区別するために使用されたのと相反する概念として使用された。

日本の姓氏は５世紀頃から成立したと推定されている。５世紀は日本の古代国家の創立期であり、大和王権が全国的に支配体制を形成する過程で氏姓制度が成立し、中央の貴族、地方の豪族たちは大和王権に対する貢献度、社会的地位によって王権から氏と姓を賜り、その特権的地位を世襲した。このような氏と姓は地名、官職名に由来するものが多かったと見られる。古代国家の確立期であった７世紀の後半に真人（まひと）、朝臣（あそみ）、宿禰（すくね）、忌寸（いみき）、道師（みちし）、臣（おみ）、連（むらじ）、稲置（いなぎ）など８種類の姓（「八色の姓」）が制定され、氏姓制度は定着し、良民たちも氏を持つようになった。

平安時代中期頃から古代の氏姓制度が崩壊されていく過程で、職業か家柄の地位を示す世襲的な姓は漸次使用されなくなり、特定な家族集団を示す名称として名字（または苗字）が使用され始め、名字は中世全般にかけて支配層の間で普及され、平民は公には名字を名乗ることができなかった。明治維新期に入り、近代の戸籍制度の成立より日本では誰でも名字を使用できるようになり、この時期に短期間に多数の名字が生まれた。日本の名字は氏（うじ）を発展的に継承したものである。

日本の姓氏の形成過程を調べてみると、まず目に付く特徴は、漢字を使って姓氏を示しながらも中国式の漢姓をそのまま受容しなかったことである。

日本の古代の氏姓制度の確立期に編纂された『新撰姓氏録』の姓氏と氏族の分類を調べてみると、日本の姓氏の特徴がよく反映されている。

『新撰姓氏録』には、当時の近畿地域の1,182氏族が「皇別」

「神別」「諸藩」という三つのカテゴリー分類され、「皇別」と「神別」に分類される氏族たちは日本の記紀神話の中の神々の子孫とされている。そして『新撰姓氏録』の中で「諸藩」に分類された外来氏族は当時の近畿地域の1,182氏族の中の約3分の1ほどである。

『新撰姓氏録』においては、当時の日本社会での実質的な地位と関係なく、記紀神話の神々の子孫とされる「皇別」「神別」に属する氏族たちを外来氏族より上位に位置させていて、古代日本の姓氏の体系の中で外来的なものより土着的なものに優越性を付与していたことが分かる。これは朝鮮の古代王族たちが中国式の漢姓を受容しながらも始祖たちの神秘な誕生説話と関連させながら新しい姓氏を創製したのと似た性格を持つ。

『新撰姓氏録』の中で「諸藩」に分類された外来氏族は当時の近畿地域の1,182氏族の中の約3分の1ほどであったが、これらの外来氏族の姓氏を調べてみると、一部の王族たちが出身国の国名を姓氏として使用したか、一部が中国式の漢姓を使用した以外に、大半が当時日本で普通に使用された日本式の姓氏を使用していた。『新撰姓氏録』が編纂された9世紀の初めにはすでに日本の姓氏が中国式の漢姓と異なる体系として形成されていたことを物語る。

そして日本が基本的に中国式の漢姓を採用しなかった点、古代の土着貴族の起源を記紀神話の中の神々たちに帰結させている点を考えると、古代の日本で姓氏を創製していく過程で朝鮮のように事実と関係なく始祖たちの出自を中国に求める現象がそれほど一般化しなかったと判断できる。

日本では古代の王族、土着貴族の起源を記紀神話に求めたことが日本人の祖先意識に大きく影響を与え、平安時代以降から日本の有力な家系の多くが記紀神話の神々、特に天皇の子孫と名乗る現象が濃厚になっていった。

ここで、日本の時代別の有力な姓氏について調べることにしたい。

古代の氏姓制度の中で有力な氏族といえば、中臣（なかとみ）、蘇我（そが）、大伴（おおとも）、物部（もののべ）、海部（あま）などである。

中臣氏は神職を職業とする豪族で、この氏族から伊勢、大田、大家（おおやけ）、葛野（かどの）など10数種の大族に分れ、鎌足が天智８年（669）に姓氏を藤原に改めると、藤原氏が他氏を圧倒し、以後、平安時代まで権勢を振るった。

蘇我は土地を開拓し、農耕を中心とした豪族で、大和国高市（たけち）郡の地名に由来し、物部氏を滅ぼして馬子の時代まで権勢を振るったが、大化の改新のときに滅んだ。蘇我蝦夷の弟倉麻呂の子などの傍系が後世にも栄えた。

大伴氏は天皇に随従する武族の出身で、物部氏、曽我氏と権力を三分にしたが、藤原氏が実権を握ると衰亡に向った。弘仁14年（822）に淳和（じゅんな）天皇の諱を避けて大伴を伴氏に改めた。

物部氏は用具・武器その他の生産に従事した豪族で、蘇我氏とに対抗で物部守屋が蘇我馬子に殺されてから朝廷内で勢力を失った。

海部の原義は海と関連し、この氏族は海洋生活と関係があったようである。

平安時代以降になると、「源平藤橘（げんぺいとうきつ）」と呼ばれた源、平、藤原、橘の４氏族が政権の中枢につき、この四つの姓氏から多くの姓氏が派生し、俗に日本人の系譜を遡れば、ほとんどが「源平藤橘」に行き着くといわれるほどである。武家社会においては大半の武士が「源平藤橘」の子孫と名乗ったため、近代に苗字が普及する過程で多くの苗字と家系図が「源平藤橘」と関連を持つようになった。例えば、織田信長が桓武平氏、豊臣秀吉が藤原氏の子孫、徳川家康が清和源氏の子孫を名乗ったことがその典型的な事例であり、この場合はいずれも詐称と見られている。

源氏は天皇家の分家が皇族を離れる際に賜った姓氏で、弘仁5年（814）に嵯峨天皇の皇子が「源」の姓を賜ったことに由来する。源氏は嵯峨天皇から生まれた嵯峨源氏以外にも、清和源氏、村上源氏など21の源氏流派が生まれ、源氏から派生した現代の日本の苗字は1000個以上もあると言われ[25)]、大阪府、石川県、富山県に多いと言われる。

平氏は源氏誕生から少し遅れた天長2年（825）に桓武天皇の子孫が平姓を賜ったのに由来する。平氏も桓武平氏、仁明平氏、文徳平氏、光孝平氏などの流派があるが、桓武平氏が最も繁栄した。平氏と関連する現代の日本の苗字は東北に多いと言われる。

藤原氏は大化の改新の後、中臣鎌足が天智天皇から藤原姓を賜ったことに由来する。藤原氏は奈良時代にさらに四家に分家し、後に多数の苗字がこの姓氏から派生した。

橘氏は6世紀後半の敏達天皇の子孫にあたり、奈良時代の諸兄（もろえ）が祖である。橘氏は源氏、平氏、藤原氏に比べて子孫が少ない。兵庫県に関連する姓氏が多いと言われる。

日本の姓氏研究家丹羽基二氏が調べたところによると、現代日本の人口数の多い十大姓の佐藤、鈴木、高橋、伊藤、渡辺、斎藤、田中、小林、佐々木、山本のルーツが、藤原、源氏、平氏の流れを汲む場合が多く、さらに現代日本の人口数の多い百大姓のルーツも藤原、源氏、平氏に行き着く場合が多い[26)]。もちろん、これは血縁的なつながりのない場合が多数であり、名門貴族を羨望する社会現象の現われである。

日本の姓氏においては、天皇家に由来する姓氏が多く、また伝承上の始祖が記紀神話の神々に遡ることが多い。このような現象は、中国の漢民族の姓氏の主流が伝説上の三皇五帝に遡り、朝鮮の有力な姓氏が古代王国の神話伝説に遡るのと一脈相通する。東アジアの中国、朝鮮、ベトナムの方式に日本の国姓を求めれば、天皇家が国姓の大本ということであろう。

それにしても、日本の姓氏が中国、朝鮮、ベトナムのように数百程度に集約されず、約30万個[27)]もあるということはどう理解すべきか。これについては次のような要因が考えられる。

(1)日本の姓氏は地名、職業名、物象名などに由来したが、その中の多数が地名に由来している[28)]。それぞれの地域の多様な地名に由来したために自ずと姓氏の数が多数になったと思われる。

(2)日本の家族制度は中国、朝鮮、ベトナムの場合に比べて血縁によって続くという意識が濃厚ではなく、そのため姓氏の分化が常に行われ、多数の姓氏に発展する素地となった。

(3)日本の政治体制が中国、朝鮮、ベトナムのような中央集権型ではなかったので、古代社会の場合を除くと、中央の政治権力による姓氏への影響力（王権により賜姓・改姓）が薄く、これも姓氏が多様化する一因にもなったと考えられる。

(4)明治時代に入り、近代国家の納税、徴兵など国民管理の必要性により明治３年（1870）の「平民苗字許可令」、明治８年（1875）の「平民苗字必称義務令」が発布され、江戸時代までに公に苗字（名字）を名乗ることができなかった平民層も苗字を持つことが義務化されたために、極めて短期間に平民たちが馴染みのある地名から多数の苗字を新しく作ったことが日本の姓氏の数を増加させた。近代初期に朝鮮でも戸籍制度が法律として成立し、それまで姓氏を持たなかった平民が姓氏を持つことを義務化された際、社会的に有力な姓氏である金、朴、李を名乗ることが多く、それによって少数の姓氏に集約されたのとよい対照をなす。

□ **付記**：本稿は『新潟産業大学経済学部紀要』第54号（2019年10月発行）に収録した論文に若干手を加えて再録したものである。

【注】

1) 2010年に中国政府が行った第６次全国人口センサスによる姓氏順位とその人口に関する統計は中国政府公式統計ではないが、国家統計局人口就業司のスタッフ武潔、楊建春が『国家統計』2014年第６期に人口数上位の姓氏順位を発表している。本稿では、この論文の統計資料に基づいている。

2) 2000年の韓国政府の人口センサスによる姓氏順位とその人口に関する統計は、韓国のフリー百科事典『斗山百科』（http://www.doopedia.co.kr/）に掲載された「韓国の姓氏制度」項目による。

3) フリー百科事典『Wikipedia』の「Vietnamese name」(http://en.wikipedia.org/wiki/Vietnamese_name)の項目による。『Wikipedia』におけるベトナムのポピュラーな１４の姓氏とその姓氏がベトナム人口に占める割合の根拠はLê Trung Hoa, *Họ Và Tên Người Việt Nam*(*Vietnamese Family and*

Personal Names, Social Sciences Publishing House,2005)による。

4) ウェーブサイト『名字由来ネット』（http://myoji-yurai.net/）の統計による。日本人の名字が約30万個に近いと知られており、上位10位の名字については資料によって異なる場合がある。

5) 中国の姓氏の数に関する以上の統計数値は、郭譲舜著『中国人の姓名―姓名の由来と名前の取り方』（安徽人民出版社、2000年）の16-18頁による。

6) 南北朝時代の地域別の大姓については『新唐書』「柳沖伝」に記述が見える。

7) 袁義達・張誠著『中国姓氏―群体遺伝と人口分布』（華東師範大学出版社、2002年）の21-49頁による。

8) 同上書、49-57頁による。

9) 1982年に中国文字改革委員会と山西大学が行った姓氏順位の統計と1997年に中国公安部が行った姓氏順位の統計は中国語版フリー百科事典『wikipedia』（http://zh.wikipedia.org/）の「中国姓氏排名」項目からの引用である。

10) 中国河南省炎黄姓氏文化基金会のウェーブサイト（http://www.yhxswh.com）に掲載された「一百二十大姓遡源」（同サイトに2013年4月14日付けに掲載された署名なしの文章）に中国の漢民族の120の大姓（ポピュラーな姓氏）の由来が説明され、そのほとんどが系譜的に中国の伝説上の三皇五帝につながり、この120の大姓の人口が中国漢民族の人口の90.11％であると説明している。類似の説明は中国の漢民族の姓氏に関する書物においてなされる場合が多く、90.11％という数字の根拠は必ずしも正確な人口統計によるものよりは、凡その推定のようである。

11) 司馬遷が著した『史記』は、「五帝本紀」から叙述を始め、夏・殷（商）・周・秦の諸王朝の始祖たちがいずれも系譜的に黄帝とつながるような記述を行っている。司馬遷は『史記』の「五帝本紀」の太史公曰という形の注釈の中で、五帝の伝説が中国の民間で流布しており、決して空虚な話ではないとして、史書の始まりに書き入れたと説明している。

12) 李樹建著『韓国の姓氏と族譜』（ソウル大学校出版部、2003）の

333-334頁。

13) 以上の統計資料は、李樹建著『韓国の姓氏と族譜』（ソウル大学校出版部、2003）の339-351頁と崔徳教・李勝羽編『韓国姓氏大観』（創造社、1985）の22-27頁、韓国のウェーブサイト『斗山百科』（http://www.doopedia.co.kr/）に掲載された「韓国の姓氏制度」による。

14) 新羅が中国式姓氏を受容する過程で六部族からなる貴族たちにそれぞれ李、崔、孫、鄭、裵、薛の姓氏を賜ったことが高麗時代に編纂された『三国史記』「新羅本紀」に記録されている。

15) 以上の統計資料は韓国のウェーブサイト『斗山百科』（http://www.doopedia.co.kr/）に掲載された「韓国の姓氏制度」による。

16) 李樹建著『韓国の姓氏と族譜』（ソウル大学校出版部、2003）の267頁による。

17) 同上書、272頁による。

18) 韓国の『京郷新聞』1967年12月13日付け記事「我が国の姓氏合計326種」による。

19) 李樹建著『韓国の姓氏と族譜』（ソウル大学校出版部、2003）の345-348頁による。

20)以上の統計資料は韓国のウェーブサイト『斗山百科』（http://www.doopedia.co.kr/）に掲載された「韓国の姓氏制度」と韓国語版フリー百科事典『wikipedia』（http:/ko.wikipedia.org/）の「大韓民国の人口順姓氏目録」項目による。

21) 松本脩作・大岩川嫩編『第三世界の姓名—人の名前と文化』（明石書店、1994）の148頁。

22) 同上書、150頁による。

23) 同上書、150)頁による。

24) 中国河南省炎黄姓氏文化基金会のウェーブサイト（http://www.yhxswh.com）に掲載された中国語題名「朝鮮、韓国、越南何為有那么多中国姓氏」（同サイトに2013年４月22日付けに掲載された署名なしの文章）においてこのような主張がなされている。

25) 森岡浩著『分布とルーツがわかる苗字地図』（日本実業出版社、200

4）94頁。

26）丹羽元二著『姓氏・地名・家紋総合事典』（新人物往来社、1988）24-45頁。

27）丹羽基二著『地名苗字読み解き事典』（柏書房、2002）40頁。ここで、丹羽氏は現代日本の姓氏の苗字を約29万2000個ほど算定し、新しい苗字がつねに生まれる事情を考えて約30万という表現を取っている。

28）丹羽基二著『姓氏・地名・家紋総合事典』（新人物往来社、1998）では、日本の姓氏の８割から８分が地名に由来すると推定している。同書16頁。

【参考文献】

太田亮著（1941）『姓氏と家系』創元社

島村修治著（1977）『世界の姓名』講談社

新人物往来社（1991）『日本姓氏家系総覧』(別冊歴史読本・事典シリーズ第11号)

＿＿＿＿＿＿（2002）『日本を知る姓氏と苗字』(別冊歴史読本20号)

松本脩作・大岩川嫩編（1994）『第三世界の姓名―人の名前と文化』明石書店

森岡浩著（2004）『分布とルーツがわかる苗字地図』日本実業出版社

郭譲舜著（2000）『中国人的姓名―姓名的由来和名字取法』安徽人民出版社

何暁明著（2001）『姓名与中国文化』人民出版社

籍秀琴著（1997）『中国姓氏源流史』文津出版社

王大良主編（2003）『中国的百家姓』百花文芸出版社

巫聲恵編著（2000）『中華姓氏大典』河北人民出版社

楊復竣著（2010）『中国伝統文化之根―中国本源文化伏羲文化・中国姓氏史』上海大学出版社

袁義達・張誠著（2002）『中国姓氏一群体遺伝和人口分布』華東師範大学出版社

張連芳主編（1992）『中国人的姓名』中国社会科学出版社
李樹建著（2003）『韓国の姓氏と族譜』ソウル大学校出版部
金正賢著（2001）『興る姓氏滅びる姓氏』朝鮮日報社
崔徳教・李勝羽編（1985）『韓国姓氏大観』創造社
片泓基著（1999）『韓国の姓氏発生史及び氏族別人物史』良賢斎

■ 著者紹介(あいうえお順)

Emily Sung（エミリー・ソン）

韓国・梨花女子大学中語中文学科卒業、韓国外国語大学日語日文学科修士課程修了、日本・早稲田大学社会科学研究科博士課程修了、博士（学術）。早稲田大学助手、上智大学博士研究員を経て、現在、早稲田大学先端社会科学研究所招聘研究員。カナダで言語関連ソフトウェア・ウェブ開発に従事。主な業績として、「日中韓３か国における医学用語の現状」（『日本研究』62号、韓国外国語大学日本研究所、2014年）、「東アジア３か国語における代用表記について－「障碍・障害」及び「喀血・咯血」を中心に－」（『日本研究』73号、韓国外国語大学日本研究所、2017年）、「配慮の日本語」（『日本語学』第40巻第2号、明治書院、2021年）など。

金玉雪（きん・ぎょくせつ）

中国・延辺大学朝鮮語専科（短期大学）卒業、延辺大学経済管理学院中国少数民族経済学科修士課程修了、韓国・圓光大学大学院日語日文学博士課程修了、文学博士。短期大学卒業後、中国で幼稚園教師、会社勤務等を経て2000年日本に留学、日本語学校、専門学校に学ぶ。専門学校在学中に創業、「株式会エビススタッフ」を設立（代表取締役社長）、2010年帰国して夢耀(北京)信息技術有限会社」を設立（代表取締役）。会社経営がたわら2018年～2021年延辺大学経済管理学院中国少数民族経済学科修士課程修了、2022年～2024年韓国・圓光大学大学院博士課程修了（文学博士）。主な業績として、「『ナル』における韓国語・中国語との対照研究」（『日本語文学』第103輯2023年）など。

金光林（きん・こうりん）

中国・東北師範大学卒業、東京大学大学院総合文化研究科博士課程修了。博士（学術）。現在新潟産業大学経済学部教授。主な業績として、『北東アジア事典一環日本海圏の政治・経済・社会・歴史・文化・環境』（編集協力、国際書院、2006年）、『歴史・文化からみる東アジア共同体』（共著、創土社、2015年）、『森鴎外事典』（編集協力、新曜社、2020年）。『東アジア理解講座一歴史・文明・自然・環境』（編著、明石書店、2023年）、『ユーラシア周縁地帯における近現代』（共著、臨川書店、2025年）「高麗神社からみた朝鮮渡来文化」（『比較文学研究』第64号、1993年）、*"A Comparison of the Koreanand Japanese Approaches to Foreign Family Names" (Journal of Cultural Interactionin East Asia Volume5*、2014年）など。

金鍾完（キム・ジョンワン）

韓国中央大学日語日文学学科卒業、早稲田大学大学院日本語教育研究科修士課程修了、韓国中央大学校大学院日語日文学学科博士課程修了、文学博士。現在、江原大学校非常勤講師。主な業績として、「韓日依頼行動の依頼ストラテジーの対照分析」（『日本文化学報』第79輯、韓国日本文化学会、2018年）、「日中韓の依頼行動の談話構造の対照研究―会話者間の相互行為の分析を中心に―」（『日本語文学』第81輯、韓国日本語文学会、2019年）、「NHKの災難報道においての避難の呼びかけの考察―2011年の東日本大震災と2024年の能登半島地震の災害特別放送を比較して―」（『日本語学研究』第80輯、韓国日本語学会、2024年）、「災難放送においての行為指示表現の分析―大雨特別警報の気象庁会見を中心に―」（『日本研究』第62輯、中央大学校日本研究所、2025年）など。

黄少安（こう・しょうあん）

中国・東北大学卒業、北京大学大学院修士課程、韓国・国立全北大学大学院博士課程修了。文学博士。現在全北大学日本・東アジア研究所研究員。主な業績として、「英語媒介の日中二次翻訳文から考える日中機械翻訳の傾向性」（『건지인문학』第35輯、全北大学校人文学研究所、2022年）、「中国人学習者（閩南方言話者）による日本語語頭破裂音のVOTとH1-H2 に関する研究――実験音声学的アプローチ」（『東アジア日本学研究』第13号、東アジア日本学研究学会、2025年）などがある。また、翻訳家として夢野久作『少女地獄』、東野圭吾『マスカレード・ナイト』を含む日本文学作品や絵本など数十冊を中国語に翻訳。

杉村泰（すぎむら・やすし）

日本・名古屋大学卒業、同大学院博士前期課程修了、同博士後期課程満期退学、博士（学術）。名古屋大学助手、講師、助教授、准教授を経て、現在同大学教授。主な業績として、『日語語法問題解疑』（外語教学与研究出版社、2007年）、『現代日本語における蓋然性を表す副詞の研究』（ひつじ書房、2009年）、「形式と意味の研究―テアル構文の２類型―」（『日本語教育』91号、1996年）、「現代日本語における文末表現の主観性―ヨウダ，ソウダ，ベキダ，ツモリダ，カモシレナイ，ニチガイナイを対象に―」（『世界の日本語教育』第11号、2001年）など。

楊吟（よう・ぎん）

中国・同済大学日本語学科卒業、神戸大学人文学研究科修士課程、博士課程修了、文学博士。中国・華東理工大学日本語学科専任講師。主な業績として、「やさしい日本語ニュースにおける行為要求表現」（『国文論叢』第58期、神戸大学文学部国語国文学会、2021年）、「申し出表現の形式―日本語・中国

語・英語・韓国語の対照研究―」（『国文論叢』第46期、神戸大学文学部国語国文学会、2013年）など。

李東哲（り・とうてつ）

中国・吉林大学日本語学科卒業、横浜国立大学大学院修士課程、新羅大学大学院博士課程修了、文学博士。延辺大学教授、新羅大学客員教授を経て、現在山東外事職業大学教授、東北アジア研究所所長。主な業績として、『日本語と日本語教育研究』（延辺大学出版社、2015年）、『中国母語話者の日本語の誤用研究』（環球出版社、2022年）、「非母語話者の誤用と誤訳に関する一考察―中国語母語話者の中日誤訳を中心に―」（『日本学研究』第63輯、檀国大学日本研究所、2021年）、「外国語教育における「表現の一般性について」―中国語母語話者の日本語作文例を中心に―」（『日語日文学』第101輯、大韓日語日文学会、2024年）など。